应用写作

YINGYONG

XIEZUO

主编 徐四海

南京大学出版社

图书在版编目(CIP)数据

应用写作 / 徐四海主编. — 南京：南京大学出版社，2014.8
ISBN 978-7-305-13580-4

Ⅰ. ①应… Ⅱ. ①徐… Ⅲ. ①汉语—应用文—写作 Ⅳ. ①H152.3

中国版本图书馆 CIP 数据核字(2014)第 157945 号

出版发行	南京大学出版社
社　　址	南京市汉口路 22 号　　邮　编　210093
出 版 人	金鑫荣
书　　名	应用写作
主　　编	徐四海
责任编辑	张彤彤　裴维维　　编辑热线　025-83592123
照　　排	南京南琳图文制作有限公司
印　　刷	扬州市江扬印务有限公司
开　　本	787×1092　1/16　印张 16.5　字数 401 千
版　　次	2014 年 8 月第 1 版　2014 年 8 月第 1 次印刷
	ISBN 978-7-305-13580-4
定　　价	33.00 元

网　址：http://www.njupco.com
官方微博：http://weibo.com/njupco
官方微信号：njupress
销售咨询热线：(025) 83594756

* 版权所有，侵权必究
* 凡购买南大版图书，如有印装质量问题，请与所购图书销售部门联系调换

前 言

应用文,也称应用文书,是人们在工作、学习、生活中为处理实际事务而写作的,有着鲜明的实用性特点和固用格式的文章。应用文写作是现代社会人们应对工作、学习和生活需要的一种基本技能,已成为21世纪人类生活行为能力的一部分。具备写作应用文的能力往往也是机关、企事业单位选拔现代人才的标准之一。随着办公现代化的逐步普及,作为信息载体的应用文书,将会伴随着时代的脚步,发挥出越来越重要的作用。

本教材根据地方和基层党政机关、社会团体、企事业单位职业岗位以及个人对应用文写作技能的需求选定教学内容,在培养应用型、技能型高等人才的目标引领下,按照任务导向、训练驱动的模式构建教材体系。主要有以下几个特点:

第一,把应用文书的特征和写作规律讲述贯穿于教材始终,着力培养学习者的自学能力。应用文书写作不同于一般的文章写作,最忌讳"形散神不散"、"文似观山不喜平"的写作经典,而要求主旨单一、明确,材料真实、有力,格式严谨、固定,语言简明、规整。同一类型的应用文书在写作方面都有大致相同的"套路",很少有"个性化"的成分。编著者试图通过多种形式的学习活动,固定的评析方式,培养学习者的自学能力,为其"无师自通"提供实用有效的学习方法;帮助学习者认识应用文书格式化、模块化的特征,掌握应用文书的写作规律,进而能够举一反三,快捷地学会写作应用文书。

第二,把教者与学习者的交互贯穿于教材始终,着力注入"教师"的人文关怀。全书从"任务导向"、"学习目标",把应用文书写作知识与技能训练融为一体,以学习活动的方式呈现给学习者,在"教师"与学习者的交互中启发学习者思考,解除其疑惑。"任务导向"中的"阅读例文"、"教师评析"等活动是学习者和"教师"之间的交互;"技能训练"中的"阅读与分析"、"分析与写作"、"教学互动"、"写作示例"、"教师评析"等,既有学习者的活动,也有"教师"的导学和支持服务,学习者与教材中的"教师"始终处于交互之中。学习者在学习活动中一直能够感受到"教师"的人文关怀,从而提高学习效率。

第三,把写作实践活动贯穿于教材始终,着力提高学习者写作应用文书的技能。本教材分六个模块,共讲述29个文种。每个模块由"学习目标"、"任务导向"和"技能训练"三个部分构成。"任务导向"和"技能训练"中的109篇例文,选自地方党政机关、社会团体或基层企事业单位的约占三分之一,编著者改写或编创的约占三分之二。"任务导向"部分的60篇"阅读例文"和"技能训练"部分的49篇"阅读与分析"、"写作示例",均安排有"教师评析"。编著者尝试把要灌输的写作知识变为学习者通过参与学习活动来习得,把教师在课堂中的讲解、帮助和对学习者的关怀通过教材传递给学习者。"综合测试"中的14篇分析例文和17篇写作材料供学习者进行自我评价,以了解自己是否达到了学习目标。

  本教材由徐四海教授主编。董农美、严澜、周效柱等老师参加了纪要、简报、计划、总结、经济文书和诉讼文书的撰稿工作。

  本教材吸收了近年来应用写作领域的最新研究成果,参考和借鉴了同行专家的有关著作和文章,在此谨致以诚挚的谢意!由于编著者水平和时间所限,书中难免有疏漏和不当之处,期盼广大学习者和同行专家给予批评指正。

二〇一四年八月二十八日

目　录

第一章　绪　论 ··· 1
　第一节　应用文书概述 ··· 1
　　一、学习目标 ··· 1
　　二、任务导向 ··· 1
　第二节　应用文书的构成要素与表达方式 ································ 5
　　一、学习目标 ··· 5
　　二、任务导向 ··· 5
　　三、技能训练 ··· 9

第二章　公务文书 ··· 13
　第一节　概　述 ·· 13
　　一、学习目标 ··· 13
　　二、任务导向 ··· 13
　　三、技能训练 ··· 20
　第二节　决　定 ·· 23
　　一、学习目标 ··· 23
　　二、任务导向 ··· 24
　　三、技能训练 ··· 30
　第三节　通　知 ·· 34
　　一、学习目标 ··· 34
　　二、任务导向 ··· 35
　　三、技能训练 ··· 43
　第四节　通　告 ·· 46
　　一、学习目标 ··· 46
　　二、任务导向 ··· 47
　　三、技能训练 ··· 51
　第五节　通　报 ·· 54
　　一、学习目标 ··· 54
　　二、任务导向 ··· 55
　　三、技能训练 ··· 60
　第六节　函 ··· 63
　　一、学习目标 ··· 63
　　二、任务导向 ··· 64

三、技能训练 ·· 70
第七节　报　告 ·· 73
　　一、学习目标 ·· 73
　　二、任务导向 ·· 74
　　三、技能训练 ·· 80
第八节　请　示 ·· 85
　　一、学习目标 ·· 85
　　二、任务导向 ·· 85
　　三、技能训练 ·· 89
第九节　批　复 ·· 92
　　一、学习目标 ·· 92
　　二、任务导向 ·· 93
　　三、技能训练 ·· 95
第十节　纪　要 ·· 97
　　一、学习目标 ·· 97
　　二、任务导向 ·· 98
　　三、技能训练 ·· 101

第三章　事务文书 ·· 104
第一节　简　报 ·· 104
　　一、学习目标 ·· 104
　　二、任务导向 ·· 104
　　三、技能训练 ·· 107
第二节　调查报告 ·· 114
　　一、学习目标 ·· 114
　　二、任务导向 ·· 114
　　三、技能训练 ·· 119
第三节　计　划 ·· 121
　　一、学习目标 ·· 121
　　二、任务导向 ·· 122
　　三、技能训练 ·· 127
第四节　总　结 ·· 130
　　一、学习目标 ·· 130
　　二、任务导向 ·· 131
　　三、技能训练 ·· 137
第五节　感谢信 ·· 141
　　一、学习目标 ·· 141
　　二、任务导向 ·· 142
第六节　邀请信　请柬 ·· 145

一、学习目标 ································· 145
　　二、任务导向 ································· 145
第七节　贺信(贺电) ······························ 148
　　一、学习目标 ································· 148
　　二、任务导向 ································· 149
　　三、技能训练 ································· 152
第八节　启　事 ··································· 155
　　一、学习目标 ································· 155
　　二、任务导向 ································· 155
　　三、技能训练 ································· 159

第四章　规章文书 ································ 163
第一节　概　述 ··································· 163
　　一、学习目标 ································· 163
　　二、任务导向 ································· 163
第二节　规　定 ··································· 164
　　一、学习目标 ································· 164
　　二、任务导向 ································· 164
　　三、技能训练 ································· 168
第三节　制　度 ··································· 170
　　一、学习目标 ································· 170
　　二、任务导向 ································· 171
　　三、技能训练 ································· 174

第五章　经济文书 ································ 177
第一节　合　同 ··································· 177
　　一、学习目标 ································· 177
　　二、任务导向 ································· 177
　　三、技能训练 ································· 184
第二节　协议书 ··································· 186
　　一、学习目标 ································· 186
　　二、任务导向 ································· 186
　　三、技能训练 ································· 189
第三节　招标书 ··································· 192
　　一、学习目标 ································· 192
　　二、任务导向 ································· 192
　　三、技能训练 ································· 198
第四节　投标书 ··································· 202
　　一、学习目标 ································· 202

二、任务导向 ·· 202
　　三、技能训练 ·· 205
第五节　意向书 ·· 207
　　一、学习目标 ·· 207
　　二、任务导向 ·· 208
　　三、技能训练 ·· 210

第六章　诉讼文书 ·· 213
　第一节　起诉状 ·· 213
　　一、学习目标 ·· 213
　　二、任务导向 ·· 213
　　三、技能训练 ·· 216
　第二节　答辩状 ·· 220
　　一、学习目标 ·· 220
　　二、任务导向 ·· 220
　　三、技能训练 ·· 223
　第三节　上诉状 ·· 225
　　一、学习目标 ·· 225
　　二、任务导向 ·· 225
　　三、技能训练 ·· 228
　第四节　申诉状 ·· 230
　　一、学习目标 ·· 230
　　二、任务导向 ·· 230
　　三、技能训练 ·· 233

第七章　科技文书 ·· 235
　第一节　概　述 ·· 235
　　一、学习目标 ·· 235
　　二、任务导向 ·· 235
　第二节　学术论文 ·· 237
　　一、学习目标 ·· 237
　　二、任务导向 ·· 237
　　三、技能训练 ·· 246

附录：
　一、党政机关公文处理工作条例 ·· 248
　二、公务文书常用模式化特定词语简表 ··· 254

主要参考书目 ·· 255

第一章 绪 论

第一节 应用文书概述

学习目标

一、技能目标
1. 能够归纳应用文书的特点
2. 能够分辨不同种类的应用文书

二、知识点
1. 应用写作与应用文书的含义
2. 应用文书的用途
3. 应用文书的特点
4. 应用文书的分类

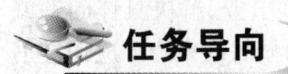
任务导向

一、应用写作与应用文书的含义

应用写作,即应用文书的写作。应用写作是一门学习应用文书写作知识,训练和提高应用文书写作技能的课程。

应用文书,又称应用文。应用文书是各级党政机关、社会团体、企事业单位或个人在工作、学习以及日常生活中办理公务、交流信息或处理个人事务、表达意愿时撰写的具有某种惯用格式的应用性文章。

二、应用文书的用途

(一) 处理公务和有关事务

曹丕在《典论·论文》中说:"盖文章,经国之大业,不朽之盛事。"上级机关或单位布置、指导各项工作,下级机关或单位向上级机关或单位请示、报告工作,不相隶属的机关或单位之间处理各种公务和有关事务,签订合同、协议,解决各种纠纷等,都一刻也离不开应用文书。

（二）宣传教育和组织协调

传达和宣传党和国家的方针政策，提高受文者的思想认识，组织和协调各级党政机关、社会团体和企事业单位各项行动，指导和推动各项工作的开展都离不开应用文书。应用文书已成为促进社会和谐发展的一个重要工具。

（三）交流信息和沟通情感

应用文书是当今社会管理组织之间、组织与个人、个人与组织之间交流、沟通和互动不可或缺的重要载体和桥梁，在交流信息、协调行动、接洽工作、沟通情感、实现共同的预定目标等方面发挥着重要作用。

（四）执行凭证和工作依据

在法治社会里，各级党政机关、社会团体和企事业单位在处理公务和有关事务时，都必须遵守一定的规范或程序，而一些公务文书和事务文书事实上就成了人们工作的规范和程序。尤其是一些颁布法规、制度的应用文书更是发挥了这一功能。因此，应用文书成了处理公务和有关事务的执行凭证和工作依据。

（五）记录情况和积累资料

白居易曾在《与元九书》中说："文章合为时而著。"应用文书反映了各级党政机关、社会团体、企事业单位和某些重要人物的种种活动，记录了各个时期政治、经济、军事和文化等方方面面的重要情况，随着时间的推移，日积月累，形成了大量资料，为今后进行相关方面的研究提供了方便。

三、应用文书的特点

（一）读者对象的明确性

读者对象明确是应用文书最本质的特点。为处理公务和日常事务、解决具体问题或达到某种目的，应用文书是必要的工具，它有特定的读者对象和明显的约束力。应用文书所具有的明确或特定的受文对象是其主要的文体特征。例如，向上级机关或单位请求指示或批准某些事项的请示，上级机关或单位非看不可；招标书发布以后，投标者一定会去认真阅读和研究；写一篇毕业论文，指导老师也一定会认真阅读和指导。因此写作应用文书，一定要有的放矢，明确读者对象。

（二）内容的真实性

应用文书是为解决实际问题而写作的，因此特别强调真实性。拟写应用文书必须从实际出发，按照客观规律行文。它要求统计的数据必须准确无误，有根有据，不能夸大，更不能虚构。内容真实是应用文书的基本写作原则。

（三）行文的时效性

应用文书大部分都有较强的时效性。它要求受文对象在一定的时限内完成或执行，时限过了，它就失去了效用，仅作为档案材料保存。例如，会议通知的对象已经开完会议，总结已过了一个阶段，合同已经履行完毕，毕业论文已被指导老师审阅通过，就失去了它们的基本效用。如果以后出现什么问题，需要查对时，就属于文书档案了。

（四）格式的稳固性

格式的稳固性和规范性是应用文书特有的属性之一。在漫长的使用过程中，应用文书已形成了相对稳定的文种、格式以及语言、数字使用的规范。各个文种都有固定的适用范围,不可随意交换使用。学习写作应用文书,务必要遵守约定俗成的规范,不能随心所欲,自行其是。以公务文书为例,其正文写作结构呈现的基本模块为:文头(目的式,或根据式,或原由式)→承启语→主体(即事项,并列式,或递进式,或混合式)→结尾(总结式,或希望式,或强调式,或祈请式,或说明式)。

 阅读例文

江苏省教育厅　江苏省公安厅关于
维护学校正常秩序的通告

为有效维护我省学校正常的教育教学秩序,保证学校各项工作有序进行,依照国家有关法律法规和省有关规定,特通告如下:

一、学校是传播知识、培养人才的重要场所。学校应当依法履行对学生进行安全教育、管理和保护的职责。教职工应遵守法律法规和学校规章制度,恪守职业道德。学生应遵守学校的规章制度和纪律要求,服从学校的教育和管理,避免伤害事故的发生。

二、学校要认真开展法制安全教育,切实提高师生员工的安全防范意识,预防各类不安全、不安定事件的发生。要加强安全管理,及时消除安全隐患,努力减少安全事故的发生。要建立健全各项安全管理制度,严格管理,严格依法、按章办事。

三、全体公民应遵纪守法,自觉履行公民义务。禁止任何单位和个人以任何理由、任何手段扰乱学校的正常教育教学秩序,侵害学校和师生员工的合法权益,危害学校师生员工的人身安全,损坏学校公共财产。

四、学校师生员工和聘用的工作人员在校内如发生非正常伤害事故,学校和相关部门应高度重视。事故发生后,各级组织或相关人员应立即报警(110)或报急救中心(120),及时抢救和处置。学校保卫人员应及时赶赴现场,协助公安或救护部门做好相关工作。受害人所在学校须及早通知直系亲属,做好对他们的接待和安抚工作。

五、经政府主管部门调查确定事故原因后,学校应成立工作组,负责做好善后处理工作。在善后处理工作中,学校和当事人亲属要根据国家法律法规和江苏省有关规定,尊重事实,相互协商妥善处置,或通过司法程序,依法处理。

六、在处理事件过程中,如有下列违反治安管理行为之一者,由公安机关依据《中华人民共和国治安管理处罚法》予以处罚;构成犯罪的,依法追究刑事责任。

1. 封堵校门及学校周边道路,妨碍学校正常交通秩序的。
2. 在校内及校园周边非法游行或寻衅滋事的。
3. 在校内焚烧纸钱、私设灵堂、摆放花圈、乱拉横幅、散发传单、张贴标语等聚众滋事的。
4. 非法携带易燃、易爆危险品和管制器具进入校园的。
5. 侮辱、威胁、恐吓、故意伤害学校工作人员或非法限制学校工作人员人身自由的。

6. 故意损毁或盗窃、抢夺学校公私财物的。
7. 利用网络或新闻媒介，故意歪曲事实真相的。
8. 其他扰乱学校正常教学、科研秩序的。

本通告自公布之日起施行。

江苏省教育厅　江苏省公安厅
二〇一二年十月二十六日

 教师评析

　　这份通告标题由发文机关名称、发文事项和文书种类三个要素构成。发文事项显现了该通告的主旨。正文第一段前三个分句写发布通告的目的，第四个分句是承启语，承上启下，引出通告主体部分的事项。第二段至第十五段是通告的主体部分，包括对学校的要求、对社会人员的要求、发案报警、案件处理、处罚和追究刑事责任等事项，采用的是并列式结构。第十六段说明本通告的实施时间。最后是落款，包括发文机关名称和成文日期。

　　正文的结构模块为：开头（目的式）→承启语→主体（事项，并列式）→结尾（说明式）。这份通告，主题鲜明，内容具体，层次清晰，语言庄重。掌握了应用文书写作的结构模块及其特征，写作时便可以不变应万变，收到事半功倍的效果。

四、应用文书的分类

　　应用文书使用范围十分广泛，种类有数百种之多，常用的应用文书也有几十种。按照一定的标准可以对应用文书进行分类，标准不同，分类的结果也相应不同。根据应用文书的特点、用途和使用对象，我们将应用文书分为以下六大类：

（一）公务文书

　　公务文书，简称公文，通常专指法定公文，即指党政军机关、社会团体、企事业单位在依法行政、处理公务时使用的具有法定效力和规范格式的应用文书。2012年4月12日，中共中央办公厅、国务院办公厅发布的《党政机关公文处理工作条例》规定有15种公务文书，即决议、决定、命令（令）、公报、公告、通告、意见、通知、通报、报告、请示、批复、议案、函、纪要。

（二）事务文书

　　事务文书，指党政军机关、社会团体、企事业单位或个人用来传递信息、沟通情况、交流经验、研究问题、规范行为、处理日常事务的应用文书。主要有调查报告、简报、计划、总结、规定、章程、制度、述职报告、演讲稿、会议记录、备忘录、传真、启事等。

（三）经济文书

　　经济文书，指经济活动领域中记载和反映经济活动的应用文书。主要有合同、协议书、市场调查报告、经济预测报告、可行性研究报告、经济活动分析报告、审计报告、招标公告、招标邀请书、招标说明书、投标书、意向书、产品说明书、广告等。

（四）仲裁文书与诉讼文书

　　仲裁文书与诉讼文书，指通过行政手段或依据法律程序来解决现实生活和个人生活中各种纠纷的应用文书。主要有仲裁申请书、仲裁答辩书、起诉状、答辩状、上诉状、申诉状等。

（五）书信类文书

书信类文书，指人们通过书面形式和对方谈话、互通消息或向有关组织和领导反映情况、表示意愿或传达感情、商讨事务的应用文书。主要有一般书信、专用书信、礼仪信函、求职信函等。

（六）科技文书

科技文书，指反映科技成就、研究成果和处理科技事务的应用文书。主要有科技索引、科技文摘、科技综述、开题报告、学术论文、实验报告、专利申请书、科技鉴定书等。

根据教学实际，本教材在以上六大类应用文书中将应用范围较广、使用频率较高的29个文种的写作作为主要讲授内容。

第二节　应用文书的构成要素与表达方式

一、技能目标
1. 能够分析应用文书的构成要素和表达方式
2. 能够分析应用文书的结构模式

二、知识点
1. 应用文书的构成要素及其特点
2. 应用文书的表达方式

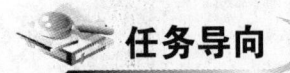

一、应用文书的构成要素及其特点

写作可以分为文学写作和一般文章写作。应用文书是一般文章的重要组成部分，写作应用文书属于一般文章写作。写作内容包含主旨、材料、结构和语言等基本要素。应用文书不仅具有这些基本要素，而且还有自己的特点。

（一）主旨单一、明确

主旨就是主题，是作者通过文章的具体材料所表达的中心思想或基本观点，是作者对客观事物的评价和态度。"以意为主，以文传意。以意为主，其旨必见。"（范晔《狱中与诸甥侄书自序》）同其他文章一样，主旨是应用文书的灵魂，它决定着应用文书的品位和质量。主旨单一是指一篇应用文书只能有一个中心思想，只能围绕一个主题，把问题说清楚、说透彻，而不能把关系不大甚至毫无关系的问题写到一篇应用文书中，避免造成多主题、多中心。一文一事、主旨单一是应用文书主旨明确的前提。应用文书显示主旨的方法

主要有以下几种:

1. 标题显旨。即用标题概括点明应用文书的主旨。决定、通知、通告、通报、请示、批复、函等公务文书经常采用标题显旨的方法,如《滨海市交通治安管理局关于加强国庆期间交通管制的通告》。标题显旨的方法能够让受文者很快了解应用文书的主旨,充分发挥公务文书的功能。

2. 开头显旨。即开宗明义,开头用一个主旨句,明白、准确地提出主旨。如《家电商品买卖合同》的第一句话:"为了增强买卖双方的责任感,确保双方实现各自的经济目的,经双方充分协商,特订立本合同,以便共同遵守",就是开宗明义的写法。大多数应用文书常采用这类显旨方法。

3. 小标题显旨。即把应用文书的主旨分解成几个部分,每个部分用一个小标题来显示。需要注意的是,各个小标题的排序,一定要符合逻辑关系。例如:

凤凰县旅游公司狠抓安全生产取得佳绩
——2013年安全生产工作总结

为保障我县旅游产业健康发展,认真贯彻市政府提出的"一主两翼"发展战略,在县委、县政府的领导下,按照年初制定的工作安排,我们全力抓好旅游安全生产工作,全年在安全生产方面无一例事故发生。具体说来,我们主要抓了以下几方面的工作。

一、加强组织领导,提高旅游安全意识

(略)

二、扎实落实旅游安全措施

(略)

三、全面加强旅游安全工作的督促管理

(略)

三个小标题都是围绕旅游安全生产提出的,每个小标题又各自涵盖了下面的文字。

4. 篇末显旨。即在应用文书的结尾点明写作主旨。如《中国人民银行上海分行关于发现变相货币的报告》的最后一句:"这两个单位印制购物券发给职工,违反了国家现金管理规定,为此,我们建议应按有关规定给予处罚。"

(二)材料真实、精当

材料是指写进应用文书的事实、依据以及相关背景。材料是应用文书写作的基础,是主旨依附的对象。只有材料真实可信,才能写出具有较强说服力的应用文书。写作应用文书,要选用第一手材料,并且严格检查它与现实的一致性。在真实的基础上,还要注意材料的典型性。选用的材料如能突现主旨,就能增强应用文书的表现力。具体来说,应用文书选择材料有以下几个要求:

1. 真实。即写进应用文书的材料必须准确无误,从大的事件到小的具体细节,甚至一句引语、一个数据,都不允许有丝毫的虚假。要据事论理,确保材料真实是应用文书的生命。

2. 切题。即写进应用文书的材料必须有针对性,能紧扣写作主题。选用的材料要明确、具体、典型。材料越典型,越能准确地说明观点。"以一当十"是应用文书选择材料的最高境界。

3. 精当。即材料要为主题服务。清代学者方东树提出了"事多而寡用之,意多而约用之"(《昭昧詹言》)的主张,即认为材料精当才能凸显主旨。点面结合的材料、对比强烈的材料、正反对立的材料、定性和定量相结合的材料最能凸显主旨,鲜明表达应用文书的观点。

4. 新颖。即写进应用文书的材料,一定要有时代感。能够表达客观事物的发展变化趋势,反映客观事物的新面貌,尽量选用现实生活中人们最关心的那些新人、新事、新思想、新成果和新问题的材料。

(三)结构严谨、固定

结构是指根据文章表现观点的需要,对材料进行处理和安排,通常称之为谋篇布局。同其他文章的结构一样,应用文书的结构是作者认识客观事物的思想脉络的外化形式,是作者写作思路的直接体现。文章的结构总是沿着作者的思路展开主题、组织材料、谋篇布局的。结构合理、严谨,是说文章结构的安排符合客观事物的本质和发展规律。应用文书的结构多表现为一种逻辑构成,如果文章的结构不严谨,则表明作者的思路不清晰、不缜密,逻辑思维无序。

不同种类的应用文书,其结构和格式不尽相同。每一种应用文书都有其比较固定的格式,结构固定是应用文书的一个重要特点,是应用文书区别于其他文章和文学作品的显著标志。应用文书的格式是有明确规范的,例如,请示正文的基本结构是:开头(说明请示原由或根据)→主体(说明请求上级机关或单位给予指示、批准或支持帮助的具体事项)→结尾(即"请批准"等惯用结束语);计划正文的基本结构是:前言(说明制订计划的原由、根据以及计划的对象)→主体(包括计划目标、完成计划的措施和步骤)→结尾(提出工作重点或强调有关事项,或发出简短的号召);学术论文正文的基本结构是:绪论(提出论述的问题或说明论述该问题的目的和社会意义)→本论(全面分析、论证问题,表述研究成果)→结论(高度概括本论中的主要观点,表明作者总的看法和意见)。

(四)语言简明、规整

语言是思想的外衣、信息的载体、交际的工具。应用文书的语言明显不同于文学作品的语言。文学作品的语言有丰富的美学体现,可以引人联想、发人深省,可以用比喻、夸张、拟人、双关、象征、摹状等修辞手法;而应用文书的语言特别强调准确、简明、规整、庄重。正如语文教育家叶圣陶所说:"公文不一定要好文章,可是必须写得一清二楚,十分明确,句稳词妥,通体通顺,让人家不折不扣地了解你说的是什么。"

1. 准确。指努力使语言的表达更加符合客观实际,准确无疑,确凿无误。要表达的内容、数字都必须确实可靠。遣词造句,要求语义明确,不能模棱两可。大量使用专业术语和行业词,往往会增强应用文书语言的准确性,如经济类应用文书语言准确性的特点就十分鲜明。

2. 简明。即简洁明了。应用文书的语言讲求实用,常常是单刀直入,直截了当地点明文章主题或要解决的问题。语言实实在在、朴实无华,有利于读者对象准确理解、领会和掌握应用文书的内容。因此,惜墨如金、简洁明快、"文约事丰"、"字字千钧"是一篇高质量应用文书语言上的显著特征。

3. 规整庄重。规整,指应用文书不仅要求使用规范化的书面语言,对句式、标点的要求也非常严格。庄重,是指应用文书尽量少用语气词,控制使用惊叹词、形容词,多用专用词、文言词,常用的如"兹有"、"致以"、"恭候"、"业经"等。在长期的写作实践中,应用文书的语言已经形成了准确规范、庄重典雅、言简意赅的鲜明特色。

二、应用文书的表达方式

表达方式,指写作时所采用的表达角度和方法。叙述、议论和说明是应用文书常用的表达方式。

(一)叙述

叙述,是应用文书最基本的表达方式。写作报告、通报、函、简报、总结、启事、调查报告、合同、招标书、起诉状等常用叙述方式表达。如"西海钢铁有限公司是全省最大的特种钢企业,全国500家最佳经济效益企业。长期以来,西海钢铁有限公司坚持'管理领先、质量为本、效益第一'的指导方针,艰苦创业,增产降耗,不断提高产品质量,生产年年快速发展,为振兴西北地方经济,发展我国钢铁工业作出了应有的贡献。"(《企业围绕市场转,产品随着效益转》,摘自振东钢铁有限公司《情况简报》)叙述的方式有顺叙、倒叙、插叙等,应用文书的叙述以顺叙居多。应用文书对叙述的人称有特定的要求。写作请示、报告、总结、计划、起诉状等必须采用第一人称;写作调查报告、毕业论文则主要使用第三人称。叙述经常与议论、说明结合运用,如夹叙夹议、叙事论理、叙述说明等。

(二)议论

议论,是应用文书中不可缺少的一种重要表达方式。议论有多种多样的方法,如举例论证法、因果论证法、对比论证法、引用论证法、归谬法等。议论常常和叙述结合使用,形成夹叙夹议的表达方式。写作决定、批复、通报、总结、诉讼文书、科技文书等经常用到议论表达方式。如"2013年是我公司技术改造、产品升级取得重大成效的一年,也是公司抢抓机遇、加快发展,实现各项工作再上新台阶的不平凡的一年。一年来,在集团公司的大力支持下,全公司1 300名员工为了公司的发展,企业的效益,不计报酬,不讲条件,默默无闻,兢兢业业地工作在各自的岗位上,确保安全生产365天,公司已进入了市级安全生产先进单位行列。"(《美孚电子有限公司2013年工作总结》)

(三)说明

说明,也是应用文书常用的一种表达方式。说明的方式多种多样,如举例说明、定义说明、比较说明、分类说明、引用说明等。决定、函、批复、制度、合同、诉讼文书、学术论文等常用说明表达方式。如"罗石冰的受贿事实已经凌宇县人民检察院侦查终结,查明罗石冰已构成受贿罪,但鉴于他在案发后,能主动坦白交代自己的罪行,并积极退赃,且受贿数额较小,凌宇县人民检察院于二〇一三年十二月二十一日决定,对罗石冰免予起诉,责令其具结悔过。罗石冰所退赃款36 500元已被依法没收,上缴国库。……经研究,决定撤销罗石冰同志销售科长职务,同时扣发其全年出勤奖金。"(《凌宇水泥制品有限公司关于罗石冰所犯受贿错误的处分决定》)

 **技能训练**

一、学会分析应用文书的构成要素和表达方式,认识应用文书的结构模式

 **阅读与分析 1**

江苏省委教育工委　江苏省教育厅
关于追授耿高鹏同学"江苏省舍己救人优秀大学生"
荣誉称号的决定

各市教育局、各高等学校:

耿高鹏同学生前系常州机电职业技术学院电气工程系电子 0932 班学生。2010 年 7 月 8 日,他为抢救一名落水儿童,英勇牺牲,年仅 21 岁。

耿高鹏同学在人民群众生命受到严重威胁的危急关头,不顾个人安危、舍己救人的先进事迹,在广大学生中和社会各界引起了强烈反响。耿高鹏同学用满腔热血直至宝贵生命诠释了当代大学生的价值追求和崇高精神,生动展现了当代大学生崭新的精神风貌,是当代大学生的优秀代表。为表彰耿高鹏同学的先进事迹,省教育厅决定追授耿高鹏同学"江苏省舍己救人优秀大学生"荣誉称号。

各地教育部门和各高等学校要组织广大学生向耿高鹏同学学习,学习他临危不惧、见义勇为的传统美德,学习他奋不顾身、不怕牺牲的英雄气概,学习他富有理想、弘扬正气的崇高思想,学习他乐于奉献、甘于献身的高尚情操。要充分认识开展向耿高鹏同学学习的重要意义。加强领导,精心组织,把学习耿高鹏同学先进事迹的活动与深入学习贯彻中央 16 号文件精神结合起来,与深入学习全国加强和改进大学生思想政治教育工作座谈会精神结合起来,与当前基层党组织创先争优活动紧密结合起来,深入研究大学生思想政治教育工作规律和大学生成长成才规律,科学总结加强和改进大学生思想政治教育的做法、成效和经验,采取更加有力措施,进一步提高大学生思想政治教育工作的科学化水平。要充分发挥先进典型的示范作用,教育和引导广大青年学生以先进典型为榜样,把自己的前途同国家、民族的命运紧密联系在一起,牢固树立正确的世界观、人生观、价值观和荣辱观,努力学习科学文化知识,积极加强品德修养,不断提升人生境界,自觉践行社会主义核心价值体系,努力成为德智体美全面发展的中国特色社会主义合格建设者和可靠接班人。

江苏省教育工委　江苏省教育厅
二〇一〇年八月十一日

 教学互动

1. 这份决定的标题由哪几个要素构成?决定的主旨是什么?主旨是怎样显现的?

2. 这份决定的作用和特点表现在哪些地方？各个构成要素有什么特点？
3. 正文的开头有什么特点？主体的叙述方式有什么特点？结尾有什么特点？
4. 正文的结构模块是怎样的？
5. 落款有什么特点？

教师评析

  这是一份褒奖临危不惧，为抢救落水儿童的生命而英勇牺牲的大学生耿高鹏的决定，发挥了决定这一应用文书宣传教育、记录情况和保存资料的作用。标题由发文机关名称、发文事项和文书种类三个要素构成。发文事项显现了决定的主旨。主送机关表明读者对象明确，正文第一段说明受表彰者的基本情况，表明内容具有真实性，成文日期则表明时效性强（时隔仅33天，且在暑假期间），全文套用了决定文种规范的格式。从应用文书构成要素看，这篇决定主旨单一、明确，标题即点明了主旨；材料真实、有力；结构严谨；语言简明、规整。

  从表达方式和决定的写作结构看，正文采用递进式结构，开头第一段以叙述方式，介绍被追授荣誉称号者的身份、牺牲的时间和原因以及年龄。第二、三两段为决定的主体部分。第二段以议论方式为主，对被追授荣誉称号者不怕牺牲的英雄气概给予赞扬和高度评价，进而提出决定的事项："追授耿高鹏同学'江苏省舍己救人优秀大学生'荣誉称号。"第三段先采用议论方式，向这份决定的读者对象发出学习被追授荣誉称号者"乐于奉献、甘于献身的高尚情操"的号召；接着采用说明方式，两个"要……"对学习被追授荣誉称号者的方法提出了指导意见。这份决定没有专门的结尾，称为秃尾文。落款由发文机关名称和成文日期两个要素构成。发文机关名称用全称，成文日期用汉字书写。

  这份决定的结构模块为：标题（三要素式，标题显现主旨）→正文[开头（概述自然情况及牺牲的原因）→主体（决定事项、号召学习并提出学习方法）]→落款（发文机关名称和成文日期）。

阅读与分析 2

榆林市人民政府办公厅关于
部门领导同志不兼任社会团体领导职务问题的通知

各区、县人民政府，市府各部门、各直属机构：

  为了贯彻政（政府）、社（社会团体）分开的原则，加快政府职能的转变，更好地发挥社会团体的独立作用，同时，为了有利于领导同志集中精力做好所负担的行政领导工作，根据国务院和省人民政府有关文件精神，经市人民政府同意，现就领导同志不兼任社会团体领导职务问题作出如下通知：

  一、社会团体是民间性质的社会组织。全市性的社会团体一经市民政局登记注册，便可依照本团体章程独立自主地开展活动。各社会团体要发挥自身优势，为行业、学科的发展，为社会主义两个文明建设作出贡献，成为党和政府与人民群众之间的桥梁和纽带。

  二、市人民政府及其各部门、各直属机构的领导同志（指现任市副局级以上领导同志)不得兼任社会团体的正、副会长(正、副理事长)、秘书长;已兼任社会团体领导职务的领导同志,要依照社会团体章程规定的程序,于2010年2月底之前辞去所兼任的社会团体领导职务。并由社会团体依照国务院《社会团体登记管理条例》的规定,到市民政局办理备案或变更登记手续。

三、根据国务院《社会团体登记管理条例》的规定,社会团体登记管理机关和业务主管部门,要加强对社会团体的监督管理和业务指导,使之健康发展。

本通知内容由市民政局负责解释。

榆林市人民政府办公厅
二〇一〇年一月六日

教学互动

1. 应用文书有哪些作用?其构成要素和表达方式各有什么特点?

从应用文书的用途、特点、类型、构成要素(主旨、材料、结构、语言)、表达方式(叙述、议论、说明)、层次结构(开头、主体、结尾)等角度对这份通知作全方位评析,掌握通知的结构特点,以加深对应用文书写作规律的认识。

2. 通知的结构具有约定俗成的格式,这份通知的结构模块是怎样的?

这份通知的结构模块为:标题(要素式,标题显现主旨)→正文[开头(目的式)→承启语(承上启下)→主体(通知事项,并列式)→结尾(说明式)]→落款(发文机关名称和成文日期)。

二、综合测试

(一) 填空

1. 应用文书发挥_____和积累资料的作用,为今后进行相关方面的研究提供了方便。

2. 应用文书具有读者对象的明确性、内容的_____性、行文的_____性和格式的_____性四个特点。

3. 应用文书同其他文章一样,具有_____、_____、_____和语言等基本要素。

4. 应用文书常用的表达方式有_____、_____和_____三种方式。

(二) 解释名词

1. 应用文书
2. 主旨
3. 结构

(三) 简答

1. 应用文书显示主旨的方法主要有哪些?
2. 应用文书对材料的选择有哪些要求?
3. 应用文书对语言的运用有哪些要求?

(四) 阅读分析

模仿"教师评析"的方法,对下面的通报作全面评析:

华西市上元区体育局安全检查情况通报

根据市安全工作委会文件精神,我局就"五一"期间安全自查工作提出了要求,各直属单位按照要求进行了安全自查,发现问题及时整改。5月23—30日,市体育局安全领导小组组织人员对局下属事业单位的安全情况进行了抽查,现将检查情况通报如下:

一、基本情况

1. 各单位对安全工作比较重视,能够结合各自实际,制订实施方案,并认真组织开展自查自纠和隐患排查整改工作。

2. 被抽查的单位均能认真落实"边查边改"的要求,对排查出的问题和隐患,能整改的立即整改,不具备立即整改条件的马上研究方案措施,纳入治理计划。

3. 体校本部有详细的安全检查(特别是消防器材的检查)台账记录;七里河体育公园也有安全检查台账。

4. 体育市场稽查支队召开了全市游泳场所安全开放工作会议,并邀请卫生、公安、工商等相关职能部门共同参与。会议布置了2013年华西市游泳场所安全开放工作要求,与各游泳场所签订了《2013年华西市游泳场所安全开放承诺书》,并部署了2013年游泳救生员、游泳教练员国家职业资格复训年审和新一轮的培训鉴定工作。

二、不足之处

1. 运动学校:水上基地安全救护措施(如救生圈、救生绳)不够,没有防护栏;枪弹库的管理没有严格执行枪、弹分开管理的规定;校区的消防器材灭火器没有及时更换或填充。

2. 七里河体育公园:公园内停车场雨棚自安装以来年久失修,连接雨棚的钢丝已锈断,如遇台风存在严重安全隐患;水域警示标志不明显。

3. 体育中心:有一部分消防器材,如灭火器存在压力不足或已失效,需更换或填充。

4. 专管中心:安全检查没有台账。

三、整改措施

1. 全力抓好安全隐患的排查和整治。要针对本次检查中发现的安全隐患和存在的突出问题,下大力气,采取有效措施,根除发现的隐患和解决好影响单位安全的问题。

2. 各单位要针对安全检查中发现的隐患整改情况,开展一次全面的"回头看",已整改的要进行验收性的书面检查评定,要求带队督查责任人签字认可;正在整改的要跟踪监督,分管领导和专职工作人员,要全面负起责任。

3. 建立健全安全组织机构网络。各单位要有专门的安全领导组织,分管领导要具体抓好抓实安全工作,各单位要确定一名信息联络员,负责与局安全领导小组的信息沟通和联络。

华西市上元区体育局

二〇一三年六月九日

第二章　公务文书

第一节　概　述

 学习目标

一、技能目标
1. 能够辨别不同类型的公务文书
2. 能够根据阅读例文的结构模块，归纳公务文书的写作"套路"

二、知识点
1. 公务文书的含义及其特征
2. 公务文书的分类
3. 公务文书的结构模块和格式

 **任务导向**

一、公务文书的含义及其特征

公务文书，简称公文，也称法定公文，是依法行政和进行公务活动的重要工具。

公务文书除了与其他应用文书具有共同的特点之外，还具有其独特的个性特征。

（一）内容以处理公务、事务为主

公务文书内容反映的基本上是处理公务和有关事务的活动，用途十分特殊，不同于其他类型的应用文书。

（二）形式以程式化、模块化为特征

公务文书在应用文书中是程式化程度最高的文种。一份公务文书应该包含的要素以及这些要素的排列方式，都有一定的规定和要求，不可随意变化。

二、公务文书的分类

2012年7月1日起施行的《党政机关公文处理工作条例》规定有15种公务文书，即决议、决定、命令（令）、公报、公告、通告、意见、通知、通报、报告、请示、批复、议案、函、纪要；同时废止了1996年5月3日中办印发的《中国共产党机关公文处理条例》和2000年8月24日国务院印发的《国家行政机关公文处理办法》。

可以从不同的角度,按照不同的标准对公务文书进行分类:

(一)按行文关系和行文方向分

1. 上行文。指下级机关或单位向隶属的上级机关或单位呈送的公务文书,主要有报告、请示等。

2. 平行文。指向同级机关或单位或不相隶属的机关或单位送交的公务文书,主要有函、平行的通知等。

3. 下行文。指上级机关或单位向下级机关或单位发送的公务文书,主要有决议、决定、命令(令)、公报、公告、通知、通报、批复、意见、纪要等。

4. 泛行文。指不限范围,行文面广泛的公务文书。主要有函、通告等。

(二)按紧急情况分

公务文书分为紧急文书和普通文书两类。紧急文书又分为"特急"和"加急"两类。

(三)按有无保密要求及机密等级分

公务文书分为无保密要求的普通文书和有保密要求的文书两类。涉密公文应当根据涉密程度分别标注"绝密"、"机密"、"秘密"和保密期限。

(四)按具体职能分

公务文书的文种不同,职能也有所不同,可以分为以下类型:

1. 法规性文书。指用来颁布法令、法律或对有关问题作出规定的公务文书。如命令(令)、通知的一部分等。

2. 指挥性文书。指直接体现上级机关或单位决策和意图,对有关事项进行处理,对有关工作起指挥或指导作用的公务文书。如决议、决定、通知、批复等。

3. 报请性文书。指下级机关或单位向上级机关或单位汇报、请示工作的公务文书。如报告、请示等。

4. 知照性文书。指告知有关方面情况,知照有关事项的公务文书。如公报、公告、通告、通知的一部分等。

5. 联系性文书。指各级机关或单位之间用来联系工作的公务文书。如函等。

6. 实录性文书。指真实地记录会议情况和议定事项的公务文书。如纪要等。

三、公务文书的结构模块和格式

一份完整的公务文书由文头、主文、文尾三个部分(模块)组成。公务文书的格式即指这几个部分的构成要素和写作规定。

(一)文头部分

公务文书的文头部分,也称版头部分或眉首部分,包括份号、发文机关标志、发文字号、签发人、紧急程度、秘密等级和文件份号等项内容。

1. 份号。又称公文印制份数的顺序号,指将同一文稿印制若干份时,每份文书的顺序编号。涉密公文应当标注份号。份号用阿拉伯数字顶格标注在版心左上角第1行。没有保密要求的公文,则没有这一项。

2. 紧急程度。指送达或办理公文的时限要求,分"特急"、"加急"两个级别。对有紧急程度的公务文书要做紧急处理。紧急程度要标注在版心右上角第1行,两字之间空1

格。不需紧急处理的公文,则没有这一项。

3. 秘密等级。简称密级,指公务文书内容涉及秘密程度的等级。密级分为"绝密"、"机密"、"秘密"三级。密级标注在版心右上角第1行,两字之间空1格。如果需要同时标注保密期限的,在密级和保密期限之间用"★"隔开。如"机密★5年"。如果还需标注紧急程度,紧急程度排在第2行。没有保密要求的公文,则没有这一项。

4. 发文机关标志。由发文机关全称或者规范化简称加"文件"二字组成,也可以使用发文机关全称或者规范化简称。联合行文时,发文机关标志可以并用联合发文机关名称,也可以单独用主办机关名称。

5. 发文字号。简称文号,又称公文编号,是指某一公文在发文机关或单位同一年度内排列的实际顺序号。发文字号由发文机关代字、年份和发文序号三部分组成,如"东总字〔2013〕21号"。"东总字"是发文机关"东方软件总公司"的代字,"2013"是年份,"21号"是2013年度内所发文件的顺序号。表明这份文件是东方软件总公司在2013年度内制发的第21号文件。如果某个机关或单位的文件数量较多,还可以在发文字号中加上一个类别标志,反映文件内容的类别或归属。如"张府函"是发文机关"张家口市人民政府"的代字,其中的"函"表示这份公文属于函一类文件。

发文字号应写在发文机关或单位标志的下方空2行处、红色反线的上方,居中排布,年份、序号要用阿拉伯数字书写;年份应标全称,"2013"不能简化为"13",年份用六角括号"〔〕"括入,不能用半圆括号"( )"。序号不编虚位,"9号"不能写成"09号"或"009号"等;序号前也不能加"第","4号"不能写成"第4号"。几个机关或单位联合行文时,只需注明主办机关或单位的发文字号。

发文字号有三个作用,一是便于登记;二是便于分类、归档;三是便于检索、查找。

6. 签发人。指批准制发文件的机关领导人。签发人用于上行文,即报送上级机关或单位的公务文书。签发人的姓名平行排布于发文字号右侧。发文字号向左移位,空1个字的距离,签发人姓名靠右空1个字的距离。"签发人"后标全角冒号,冒号后是签发人姓名。平行文、下行文、泛行文则没有签发人这一项。

(二)主文部分

主文部分也称主体部分。这一部分通常由标题、主送机关或单位名称、正文、附件说明、发文机关或单位署名、成文日期、印章、附注、附件等项目构成。

1. 标题。是公务文书内容和作用的高度概括,透过标题即能知道发文机关或单位名称、发文事项以及公文的种类。发文机关或单位名称、发文事项(或称事由)和文种是构成公务文书标题的三个基本要素。如《华新建筑工程总公司关于加强安全生产工作的通知》。"华新建筑工程总公司"是发文单位名称;"加强安全生产工作"是发文事项,高度概括了这份公务文书的内容,事项之前一般加有介词"关于";"通知"是公务文书种类,简称文种。这种标题能够非常清楚地说明这是哪个机关或单位为什么事项而制发的哪一文种的公务文书。

公务文书标题中,除去法令、规章名称等可以加书名号外,一般不用标点符号。

有些法规性公务文书在标题之下还有题注一项,用以说明某项法令、规章等通过或批准的时间、程序或开始生效的时间。题注的内容要写在括号里。

2. 主送机关。即公文的主要受理机关,要使用受文机关全称,或规范化简称,或同类型机关的统称。主送机关位于正文之前的标题之下,顶格写。

上行文一般只写一个主送机关或单位,如果还有其他机关或单位需要掌握有关情况,应以抄报的形式呈送。下行文有专发性和普发性两种类型,专发性公文是专门向一个机关或单位下发的公文,这种公文的主送机关或单位只能有一个,如批复、批准函等。普发性公文指内容涉及面较广,需要向多个机关或单位下发的公文,这种公文的主送机关或单位不止一个,在排列主送机关或单位名称时,要确定一个合理的顺序。有时,一份公文有多个主送机关或单位,为使行文简洁,可用统称统指受文机关或单位,如一份会议通知的主送单位是这样写的:"各分公司,总公司各部门:"有的普发性公文,通常不写主送机关或单位名称,如公告、通告、一部分通报和通知等。

3. 正文。是公文的核心部分,用来表述公文的具体内容。除个别极短的公文外,正文一般分为开头、主体和结尾三个部分。其主要结构模式为:开头(目的式,或根据式,或原由式)→承启语→主体(即事项,并列式,或递进式,或混合式)→结尾(总结式,或说明式,或希望式,或强调式,或祈请式)。

(1) 开头。公文开头的方式有许多种,常见的有:

① 根据式。以"根据"、"按照"、"遵照"等介词开头,写明行文的依据、方针、政策、法规、规定及上级指示精神,以增加公文的权威性、严肃性与说服力。这种开头,多见于阐述政策、部署工作的决定类或告知类公务文书。根据式开头常常与目的式开头混合使用。如"根据……,为了……"。

② 目的式。以"为"、"为了"等介词开头,写明发文目的,以引起受文者注意。这种开头,多见于告知类、规范类公务文书。目的式开头常常与根据式开头混用。如"为……,根据……"。

③ 原由式。也称原因式开头,即通过情况的介绍、问题的提出或意义的阐述,使受文机关或单位对文件内容更加重视。这种开头,多见于部署工作的告知类或决定类公务文书。

(2) 主体。主体部分是公务文书核心中的核心,公务文书的主要事项或基本内容都要写入这一部分。写作时,要求做到材料充实、主旨突出、表意明确、层次清晰、语言简洁。公务文书的层次安排主要有以下几种形式:

① 递进式。即逐层深入推进文书内容的方式。采用递进式时,各层次前后之间有着严密的逻辑关系,不能随意变换次序。"提出问题、分析问题、解决问题"的逻辑结构,就属于递进式层次安排方式,以阐述事理为主的公务文书常常采用递进式写法。

② 总分式。是主体部分在开头先做总的概括,然后进行分别叙述的方式,分别叙述的层次之间是并列结构。也可以先提出总的观点、主张,然后再具体展开论述。采用总分式时,各个分述部分要层次分明,内容不能互相包容。总分式层次安排是公务文书最常用的方式之一。

③ 并列式。即公务文书的各个层次之间是并列关系,各个层次之间互不所属。采用并列式安排层次时,要注意各个层次之间的内容不能交叉或互相包容。这种层次安排方式常见于通知、报告、通告等文种。

④ 因果式。是以事物形成和发展的原因、结果为线索安排层次的方式。可以先叙述原因,后交代结果;也可以先交代结果,后叙述原因。采用这种层次安排方式时,注意不要混淆因果关系,否则容易导致违背事实的逻辑错误。

(3) 结尾。公务文书的结尾方式有许多种,常见的有:

① 总结式。即写完主要事项后对全文内容做一个简单总结的结尾方式。目的是为了加深受文者对公文主要内容的印象。篇幅较长的公文常用这种结尾。

② 说明式。即在结尾处对与正文内容有关的事项再做一个交代的结尾方式。如"本通知自公布之日起生效"、"凡与本通知规定的内容不一致的,以本通知的规定为准"等。

③ 祈请式。即对受文者提出明确要求的结尾方式。如请示的结尾可以写"当否,请指示"、"当否,请批准"等;报告的结尾可以写"请审阅"、"以上意见如无不妥,请批转各地执行"等。

④ 希望式或号召式。即在公务文书结尾处提出要求和希望、敦促或号召的结尾方式。目的是要求读者对象采取相应的行动。

⑤ 强调式。即对全文的中心思想或主要内容给予强调说明的结尾方式。目的是引起受文者的重视,以便贯彻执行。

还有一种特殊的结尾,即主体部分写完了,全文自然结束,没有任何附带内容,也就是不再另外写结尾。以这种形式结尾的公文通常称为秃尾文。

4. 发文机关或单位署名。发文机关或单位署名要写全称或者规范化简称。

5. 成文日期。指公文上标注的日期。公文上标注的日期是会议通过或发文机关或单位负责人签发的日期。联合行文时,以最后的签发机关或单位负责人签发的日期为成文日期。成文日期要用汉字书写,不要用阿拉伯数字书写,年、月、日要写全,"○"不能写成"零"。

6. 印章。公文中有发文机关署名的,应当加盖发文机关印章,并与署名机关相符。印章是公务文书最后生效的标志,没有印章的公务文书是没有法律效力的。印章要盖得端正、清晰,合乎规范,上不压正文,下压年、月、日。有特定发文机关标志的普发性公文和电报可以不加盖印章。

几个机关或单位联合上报的公文,由主办机关或单位加盖印章;联合下发的公文,联合发文的机关或单位都要加盖印章。

7. 附注。写明公文印发传达范围等需要说明的事项。附注不是所有公文必备的要素,应根据情况决定是否需要附注。

8. 附件。指随文发送的文件、报表、材料等,是对所发公文内容起说明和补充作用的文字材料。附件是所发公文的有机组成部分,有些附件甚至是反映公文主要内容的部分。如转发、批转类公文的附件。附件不是所有公文必备的要素,应根据情况而决定是否需要附件。

附件必须写所附内容的标题或名称,附件若不止一种,则应标上序号。序号用阿拉伯数字书写,如"附件:1. 瑞奇地质研究所实验大楼建设预算方案"。附件名称后不加任何标点符号。"附件"二字写在正文结束后的下一行,开头空2格,后加全角冒号。

（三）文尾部分

文尾部分，也称版记部分，包括抄送机关或单位名称、印发机关或部门、印发时间和印数等要素。

1. 抄送机关或单位名称。指主送机关或单位之外，需要执行和了解公文内容的其他机关或单位。标注抄送机关或单位应当使用全称或规范化简称、统称。抄送机关或单位之间用逗号隔开。

2. 印发机关或部门名称、印发日期和印数。印发机关或部门，即印制公文的机关或部门，要写全称。印发日期，指公文付印的日期，不同于成文日期。印发机关或部门名称、印发日期位于末页页码上端，并列排成一行，前面左空1格写印发机关或部门名称，后面右空1格写印发日期。印数，指公文实际印制的份数，位于印发日期的正下方，写"共印××份"，用圆括号括上。

阅读例文

江津市人民政府关于加强基层统计工作的通知

各区（市）县政府，市府各部门：

为强化基层统计基础建设，提高统计服务水平，从源头上保证统计数据质量，充分发挥统计在推进我市全面建设小康社会中的服务、监督和调控作用，根据省政府办公厅《关于加强基层统计工作的通知》（湖办发〔2012〕81号）精神，结合我市实际，现就进一步加强基层统计工作有关问题通知如下：

一、高度重视，加强领导

基层统计是统计工作的基础，是全面、客观、真实反映经济社会发展实际的起点，是统计数据的源头。各区（市）县政府要提高认识，采取有效措施，切实加强区（市）县级和街道、乡镇基层统计工作，认真研究和解决本地县级和街道、乡镇统计工作中的突出问题。

（一）切实加强对县级统计工作的组织领导，依法设置独立的县级政府统计机构。要加强区（市）县统计局领导班子建设，根据中组部和国家统计局关于统计系统干部管理的有关规定，对区（市）县统计局领导班子成员的职务调整，应事先征求市统计局的意见。

（二）进一步加强街道、乡镇统计建设，保持统计人员的相对稳定。（略）

（三）加强和完善街道、乡镇统计信息网络建设。在2013年底之前，各区（市）县政府要有计划、有步骤地将统计专用计算机配备到街道、乡镇。

二、强化管理，落实责任

各地各部门要树立科学的发展观，不搞不切实际的达标、评比和考核活动。基层政府统计部门要讲实话、报实情，强化基层政府统计部门在统计数据发布、统计管理和定量考核评价等工作中的主体作用，树立政府统计的权威性和严肃性。（略）对擅自发布未经政府统计部门核实的数据并造成严重后果的，要追究单位领导和当事人的责任。

市统计局要按照属地化管理的各类考核办法和原则,对各区(市)县上报的地区生产总值等重要指标进行严格审核评估。市级各部门要加强统计调查和报表的规范管理,防止"数出多门",市级各部门在开展全市性的统计调查之前,要将调查方案和报表报市统计局审查批准。

三、完善制度,依法统计

(一)要加快统计制度改革,大力推进抽样调查、典型调查、重点调查方法的应用。(略)

(二)各级领导干部要带头执行《统计法》,支持和保证统计机构、统计人员依法独立行使职权,任何单位、个人不得篡改统计资料或者编造虚假统计数据,不得强令或者授意统计机构、统计人员弄虚作假,不得对拒绝、抵制、检举在统计上弄虚作假的人员打击报复,不得对本地区、本部门、本单位在统计上弄虚作假现象放任、袒护或纵容。对违反者,要严肃查处并依法追究其责任。

(三)各级统计、法制、监察、司法等有关部门要各司其职,协作配合,认真组织统计执法检查,做到经常化、制度化。

(四)各级政府统计机构要严格执行《统计法》,依法组织管理统计调查活动,依法管理和公布统计资料,依法管理统计机构和人员,依法开展统计执法检查,依法查处统计违法行为,确保统计数据的准确性和科学性。

四、加强队伍建设,改善统计工作条件

各地各部门要切实改善统计人员的工作和生活条件,根据统计事业的发展和统计工作的需要适当增加统计人员和经费,对统计部门开展的常规统计业务、大型普查、抽样调查、重点调查、专项调查和统计执法等所需经费,要按现行体制规定,纳入各级财政预算并给予保证。

各级统计部门要加强对统计人员的在职教育和培训,提高统计人员的业务素质和工作能力。对在统计工作中作出突出成绩的单位和个人,各区(市)县政府可采取适当方式予以表彰。

江津市人民政府
二〇一三年十月十五日

教师评析

这是一份布置工作并提出指导性意见的通知。标题由发文机关名称、发文事项和文种三个要素构成,发文事项概括了这份公文的主旨。主送机关使用统称,简洁、规范。正文由开头、主体两个部分组成,开头采用目的式与根据式混合使用的形式,尾句"现就进一步加强基层统计工作有关问题通知如下"为承启语,承上启下,转入主体部分。主体部分采用并列式结构,从四个方面围绕加强基层统计工作进行阐述,有正面宣传,也有反面警示,重点突出,层次清楚。正文事完文止,没有独立的结尾,为秃尾文。

正文的结构模块为:开头(目的式、根据式混合)→承启语(承上启下)→主体(即事项,并列式)→结尾(秃尾)。落款包括发文机关名称和成文日期两个要素。

第二章 公务文书

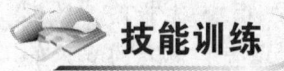 **技能训练**

一、分析公务文书的结构,认识公务文书格式化、模块化特点

 阅读与分析 1

宇航铝业总公司
关于表彰 2013 年度先进生产者的决定

各分公司,总公司各部门:

  在市委、市政府的正确领导下,总公司坚持以邓小平理论和"三个代表"重要思想为指导,深入贯彻落实科学发展观,积极拓展铝业市场,不断扩大经营范围,2013 年度,全公司取得了喜人的成绩,各分公司、总公司各部门涌现出了一大批敬业爱岗、业绩卓著、贡献突出的先进生产者。他们是全公司职工的杰出代表。为表彰先进、树立典型,进一步激发全公司职工敬业奉献的积极性、创造性,总公司决定授予王成喜等 98 名同志"2013 年度先进生产者"称号。

  希望受表彰的职工戒骄戒躁,珍惜荣誉,再接再厉,继续保持开拓创新、苦干实干的精神,争先创优,为我公司进一步发展、壮大作出新的更大的贡献。

  全公司上下要以受表彰的先进生产者为榜样,深入学习和实践科学发展观,大力弘扬"敢于创业创新、奋力创优创造"的精神,团结拼搏,勤奋工作,争创一流,为全面实现我公司发展的宏伟蓝图而努力奋斗。

  附件:2013 年度先进生产者名单

宇航铝业总公司
二〇一四年一月十日

 教学互动

1. 这份决定的标题由哪几个要素构成?决定的主旨是什么?主旨是怎样显现的?
2. 主送机关或单位的写法属于哪一种类型?
3. 正文的开头有什么特点?主体的叙述方式有什么特点?结尾有什么特点?
4. 正文的结构模块是怎样的?
5. 正文的结尾有什么特点?

 教师评析

  这是一份表彰决定,标题由发文单位名称、发文事项和文种三个要素构成。标题显现了决定的主旨。主送单位采用规范化的统称。正文由开头、主体、结尾三个部分组成。开头两句采用原由式,全公司一大批"敬业爱岗、业绩卓著、贡献突出的先进生产者""是全公

司职工的杰出代表"。接下来一句说明表彰的目的和决定的主旨:"为表彰先进、树立典型",决定授予98名职工"2013年度先进生产者"称号。这句属于决定的主体部分。第二、第三两段均属于主体部分。第二段对被授予先进生产者称号的职工提出希望和勉励;第三段号召全公司职工要以被授予先进生产者称号的职工为榜样。

这份决定正文的结构较之常规模块有所变化:开头(原由式)→主体(表彰事项,递进式)。该决定没有承启语、没有结尾(秃尾)。因决定中表彰的人数较多,不便在正文中一一列出姓名。用附件的形式列出受表彰者名单,十分得体。落款包括发文单位名称和成文日期两个要素。

 阅读与分析 2

淳安县人民政府关于切实
做好今年第 11 号强台风防御工作的紧急通知

各镇人民政府,县各局办,县各直属单位:

根据气象部门预报,今年第11号台风"金兰"于今天14时加强为强台风,中心位于浙江省台州市东南方向东海海面上,将于8月7日下半夜到8日中午在浙江舟山到温州一带登陆,预计未来24小时,我县受"金兰"影响,将出现大到暴雨,陆地平均风力达7级以上,阵风10级以上。为切实做好防御台风的各项应对工作,现将有关事项紧急通知如下:

一、思想上要高度重视

台风"金兰"移动速度慢,对我县影响持续时间长。各地、各部门要高度重视,不得存有任何侥幸心理和麻痹思想,适时启动应急预案,严密部署各项防御措施,全面落实工作责任,全力减轻灾害损失,确保人民群众生命财产安全,确保正常的生产生活秩序,确保社会和谐稳定。

二、落实好各项防御措施

一是要加强对重点部位的防范。县交运、供电、住建、城管、公安和安监等部门要立即按照各自工作职责和管理范围,组织力量对在建工程和各类棚式建筑、广告牌、行道树,供水、供电、供气设施和通信设备进行拉网式检查。在建工地要落实好各项应急措施,台风影响严重时,要暂停室外施工,对各类工棚要严密防范,确保安全;对城镇各类广告牌、树木及各类临时构建物要采取加固措施,防止出现倒塌事故;县电力、通信、供水、供气等部门要备足抢修力量,保证全县各类公用设施安全运行和水电气的正常供应。各镇、开发区、各有关单位要加强宣传引导,做好水上运输、养殖船只避风作业工作;要组织力量加强对各类危房、简易房屋的检查,发现问题立即采取有效措施并落实到位。

二是加强对短时强降雨的防范。各镇、开发区对小水库、大的当家塘坝和河湖圩堤要落实专人负责,确保安全;低洼地区内涝要及时排除。供电部门要确保内涝排除的用电保障;住建和城管部门要加强城区排涝工作;水务部门作为防汛牵头单位,要切实加强对全县河、坝、湖、库等重点防汛区域的检查,中型水库要严格按照调度方案运行,落实好在建水务工程安全措施,确保全县水利工程安全。

三是加强对设施农业的防范。县农业部门要加强对设施农业防范台风工作的指导和督促,最大限度地减轻台风对农业生产的影响。

三、加强对防御工作的组织领导

各镇、开发区、各有关部门主要负责同志要靠前指挥,认真落实24小时值班制度,亲自带班值班,保持通信畅通,做到调度及时、指挥有力,重要情况要及时上报;要进一步落实抢险队伍、物资,做好抗台抢险准备,一旦出现险情,主要领导和带班领导要第一时间赶赴现场,全力组织抢险,把灾害损失减轻到最低程度。

以上通知,请迅速贯彻落实。

淳安县人民政府
二〇一三年八月五日

教学互动

按照公务文书写作的格式化套路讨论下列问题:

1. 这份通知的标题由哪几个要素构成?有什么特点?
2. 这份通知的主旨是什么?主旨是怎样显现的?
3. 主送机关的写法属于哪一种类型?
4. 正文的开头、主体、结尾各采用了什么结构方式?结尾有什么特点?
5. 正文的结构模块是怎样的?

二、综合测试

(一)填空

1. 按照行文关系和行文方向,可将公务文书分为上行文、_____、_____和泛行文四种类型。
2. 公务文书文头部分不可缺少的要素是_____和_____,只有上行文才有_____这一要素。
3. 公务文书上标注的成文日期是发文机关或单位_____签发的日期。
4. _____是公务文书最后生效的标志,缺少这一要素的公务文书是没有法律效力的。

(二)解释名词

1. 公务文书
2. 泛行文
3. 发文字号

(三)简答

1. 发文字号有哪些作用?

2. 公务文书的标题包括哪些要素?
3. 公务文书的附件有哪些作用?

(四) 改错

下面这份公务文书在文种、结构、语言、前后照应、结尾、落款等方面均存在错误,请找出来并加以改正。

**关于颁发《崇文工业职业技术学院精品课程与
精品教材建设暂行规定》的通知**

各系(部):

  为进一步加强学院内涵建设,推动高等职业教育教学改革与发展,更好地实践"学做合一,多证融合"的人才培养模式,逐步提高人才培养质量,决定以精品课程与精品教材立项建设为抓手,全面启动高职课程改革与建设工程。现将《崇文工业职业技术学院精品课程与精品教材建设暂行规定》颁发给你们,希望各系(部)及相关单位认真贯彻落实。

  特此通知。

崇文工业职技院
2013 年 6 月 25 日

第二节 决 定

学习目标

一、技能目标

1. 能够辨别不同类型的决定
2. 能够根据提供的材料写作不同类型的决定

二、知识点

1. 决定的含义和用途
2. 决定的特点
3. 决定的分类
4. 决定的结构和写法
5. 写作决定要注意的问题

一、决定的含义和用途

(一) 决定的含义
决定是对重要事项作出决策和部署、奖惩有关单位和人员、变更或者撤销下级机关不适当的决定事项时使用的公务文书。

(二) 决定的用途
决定是一种重要的指挥性和约束性公文，属于下行文，用途比较广泛，任何党政机关、企事业单位和社会团体都可以使用。决定的"重要事项"、"重大行动"是指事项或行动本身带有全局意义，或具有深远影响；决定奖惩的"有关单位及人员"是指成绩突出或错误性质严重、影响恶劣的单位或人员；决定变更或者撤销下级机关或单位的"不适当的决定事项"，是指下级机关或单位违反党或国家的方针政策、国家法律，有着不良影响的决定。

二、决定的特点

(一) 强制性
在公务文书中，决定的强制性仅次于命令，一旦成文下达，任何单位和部门都必须无条件执行。有些决定还具有法规作用，在某些方面，决定往往是法规的延伸和补充，具有较强的约束力。

(二) 稳定性
决定的稳定性是指其传达的上级机关或单位的安排及有关政策事项，能在相当长的时期内生效或要求在相当长时期内贯彻执行。

(三) 指导性
决定是对重要事项或重大行动作出安排，是指导下级机关或单位开展工作的准则，对下级机关或单位具有指挥和指导性意义。

三、决定的分类

(一) 指挥部署性决定
这类决定是对重要事项作出规定，对重大行动作出安排，要求下级有关单位、有关人员贯彻执行。这类决定体现了领导机关的意图，发挥了领导机关的宏观调控与具体指导作用。

(二) 法规性决定
这类决定用于发布权力机关制定、修改或试行的法律文件，以及由上级机关或单位制定的政策和法规。

(三) 奖惩性决定
这类决定用于奖励有功人员，处理犯错误人员，树立先进典型，惩戒不良行为。

（四）事项性决定

这类决定的适用范围比较广泛，内容比较具体，如批准有关请示事项，设置或撤销有关机构，变更或者撤销下级机关或单位不恰当的决定事项，安排处理人事问题，决定召开重要会议，处理某项具体工作等。

四、决定的结构和写法

决定由标题、主送机关或单位、正文和落款四个部分组成。

（一）标题

决定的标题由发文机关或单位名称、发文事项和文种三个要素构成。

（二）主送机关

决定的主送机关一般是发文机关或单位的直属下级机关或单位。

（三）正文

决定的正文一般由发文原由、决定事项和结束语三部分构成。不同类型的决定，其正文的结构和写法有所不同。

1. 指挥部署性决定。开头简要写出决定的原由，重点写决定的事项。通常采用总分式的条文结构，有的也采用分项式并列结构。结尾一般写对贯彻落实决定的希望或要求。这类决定涉及的内容往往政策性和指挥性都较强。决定事项既要态度鲜明，又要明确具体，具有较强的操作性。

2. 奖惩性决定。这类决定又分为表彰决定和惩戒决定两种。表彰决定的正文主要写被表彰者的身份、事迹，对被表彰者和事迹的评价，决定的事项，最后提出希望或发出号召。惩戒决定的正文针对人和事，先说明错误事实，并分析其性质、根源、责任及后果，接着交代被处理人对所犯错误有无认识和悔改表现，而后写决定处理的事项，最后指出教训、提出希望。惩戒决定的内容比较多，写作时要注意层次性和条理性。

3. 事项性决定。一般由原由、依据和决定事项三个部分构成。这类决定处理的事项比较具体，涉及的事项有些只需知照。如果处理的是变更或撤销某些事项，则必须明确说明所依据的有关法律、规定、相关的政策，或不变更不撤销会产生怎样的严重后果等。

（四）落款

落款写在正文的右下方，包括发文机关或单位名称、成文日期两项内容。有的决定将成文日期写在标题下，并用括号括起来。如果是会议通过的决定，成文日期必须写在标题下方的括号里，而且要写明是什么会议通过的。

阅读例文 1

南京市人民政府
关于大力发展职业教育的决定

各区县人民政府，市府各委办局，市各直属单位：

为贯彻党的十六届五中全会精神，落实市委、市政府《关于建设教育名城率先基本实现教育现代化的决定》,更好地适应"两个率先"战略目标对高素质劳动者和高技能人才的迫切需要,根据《国务院关于大力发展职业教育的决定》(国发〔2005〕35号)和全国、省职业教育工作会议精神,现就大力发展我市职业教育提出如下意见。

一、明确"十一五"职业教育发展的指导思想和工作目标

1. 提高思想认识。职业教育是现代国民教育体系的重要组成部分,是经济社会发展的重要基础。大力发展职业教育、加快人力资源开发,在实施科教兴市、人才强市战略中具有特殊重要的作用,是加速推进新型工业化、促进社会主义新农村建设的重要途径,是实现教育事业全面协调可持续发展、建设教育名城的必然要求。(略)

2. 明确指导思想。"十一五"期间,我市职业教育发展的指导思想是:以邓小平理论和"三个代表"重要思想为指导,全面贯彻科学发展观,紧紧抓住职业教育大发展的重要战略机遇期,进一步解放思想,积极创新,真抓实干,坚持科学发展、统筹发展、加快发展,不断提高职业教育的质量和服务,努力办好受人民欢迎的职业教育。

3. 确定工作目标。建立适应社会主义市场经济体制,满足人民群众终身学习需要,为经济社会发展提供丰富的人力资源,与市场需求和劳动就业紧密结合,校企合作、结构合理、形式多样、灵活开放、自主发展,形成有南京特色的现代职业教育体系;实现与经济社会发展相适应的全国一流水平职业教育的目标,为建设教育名城,构建和谐社会作出积极贡献。具体目标是:(略)

二、切实加强职业教育基础能力建设

4. 建好职业教育实训基地。(略)

5. 办好特色学校、特色专业。(略)

6. 加强区县级职教中心建设。(略)

三、不断深化职业教育教学改革

7. 推进课程改革和信息化建设。(略)

8. 重视思想道德建设。(略)

9. 加强学生的实践技能和就业创业能力培养。(略)

10. 突出高水平师资队伍建设。(略)

四、加快建立充满活力的职业教育办学体制

11. 扩大职业教育开放度。(略)

12. 大力发展民办职业教育。(略)

13. 加强企业职工教育和培训。(略)

14. 大力开展各类职业培训。(略)

15. 完善社区教育网络建设。(略)

五、建立和完善职业教育发展的保障措施

16. 进一步加大职业教育投入。(略)

17. 坚持多渠道筹措经费。(略)

18. 健全扶贫助学制度。(略)

19. 严格执行就业准入和职业资格证书制度。(略)

六、为职业教育发展创设良好环境

20. 强化职业教育的组织领导。（略）
21. 积极支持在宁高职院校发展。（略）
22. 倡导形成尊重人才、尊重技术、尊重劳动、尊重创造的良好风尚。（略）

南京市人民政府
二〇〇八年九月十二日

教师评析

这是一份指挥部署性的决定。标题由发文机关名称、发文事项和文种三个要素构成，发文事项显现了这份决定的主旨。主送单位采用规范化的统称。正文开头用"为……"、"根据……"句式，说明发文的目的和决定的依据。接着以"现就大力发展我市职业教育提出如下意见"承上启下，转入主体。主体部分较长，是决定的核心内容。主体采用并列式结构，分六个小标题展开叙述，每个小标题下也是采用并列式结构分条列项写作。主体部分采用章断条连式结构，重点突出，主题鲜明，叙述的事项操作性很强。在表达方式上，叙议结合，以叙为主，间以说明。这份决定没有独立的结尾。

正文的结构模块为：开头（目的式、根据式混合）→承启语→主体（决定的事项，并列式）→结尾（秃尾）。正文采用第三人称和以叙述为主的表达方式。结构完整，内容具体，主旨鲜明，语言流畅。落款由发文机关名称和成文日期两个要素构成。

阅读例文2

北华市人民政府关于授予
麦爱明等四位同志"北华市见义勇为勇士"
荣誉称号的决定

各区县政府，市政府各部门：

为弘扬正气，鼓励见义勇为，加强社会治安综合治理，促进社会主义精神文明建设，根据《××省保护和奖励见义勇为条例》有关规定，市政府决定授予麦爱明、刘国亮、崔友宝、刘晓晨四位同志"北华市见义勇为勇士"荣誉称号。

麦爱明等四位同志在维护我市社会治安中不畏强暴、临危不惧的见义勇为行为，坚持了正义，弘扬了正气，为全社会树立了榜样。我们要大力宣传他们的先进事迹，营造学习先进、争当先进的良好社会氛围，鼓舞和激励更多的见义勇为者，以实际行动践行《公民道德建设实施纲要》，为构建和谐城市作出积极贡献。

北华市人民政府
二〇一三年十二月十七日

教师评析

　　这是一份表彰性的决定。标题由发文机关名称、发文事项和文种三个要素构成，发文事项显现了该决定的主旨。主送单位采用规范化的统称。正文开头第一段前五个分句说明制发这份决定的目的和依据，最后一个分句是决定的主体部分之一，阐述了决定的主旨。第二段也是决定的主体，第一句对麦爱明等四人不畏强暴、见义勇为的行为给予高度评价，第二句号召全市人民向他们学习，为构建和谐城市作出贡献。这份决定只有开头和主体，事完文止，没有独立的结尾，是典型的秃尾文。

　　正文的结构模块为：开头（目的式、根据式混合）→主体（决定事项）→结尾（秃尾）。落款由发文机关名称和成文日期两个要素构成。

 阅读例文3

某县人民政府
关于给予吴明财开除公职处分的决定

　　吴明财，男，1963年2月23日出生，汉族，大学文化，中共党员，原系某县曹侯乡副乡长，家住某县刘阳镇民安新村3幢501室。因涉嫌犯受贿罪于2013年3月9日被刑事拘留，当月19日被逮捕。

　　某县人民法院《刑事判决书》（〔2013〕×刑初字第116号）认定，2011年5月至2012年12月间，吴明财利用担任某县曹侯乡副乡长职务的便利，先后多次收受有关单位的钱、物，折合人民币71.2万元，并为其亲属谋取私利。

　　2013年8月16日，某县人民法院以吴明财犯受贿罪判处其有期徒刑8年，没收个人财产人民币30万元。吴不服，上诉至市中级人民法院，2013年9月20日，市中级人民法院二审裁定驳回上诉，维持原判。

　　吴明财身为国家工作人员，犯受贿罪被判处有期徒刑8年，根据国务院《行政机关公务员处分条例》第十七条第二款之规定，经县政府2013年10月22日县长办公会议研究决定，给予吴明财开除公职处分。

　　本决定自2013年10月22日生效，如不服本决定，自收到本决定之日起30日内可向该县人民政府申请复核。

某县人民政府
二〇一三年十月二十二日

 教师评析

　　这是一份惩戒性决定。标题由发文单位名称、发文事项和文种三个要素构成，发文事项显现了该决定的主旨。本决定只作为内部文书存档，不下发，故不写主送机关。正文开头第一段叙述被惩戒人自然情况和被拘留、逮捕的事实。第二段、第三段写被惩戒人因受贿犯罪而被一审法院判处有期徒刑8年和二审法院维持一审法院原判的事实。第四段写鉴于以上犯罪事实,根据国务院有关条例规定,该县县长办公会议研究决定给予被惩戒人开除公职的处分。最后一段是结尾,说明决定生效日期和被惩戒人申请复核的期限。全文事实清楚,主题单一,层次分明,语言庄重,态度明朗。

正文的结构模块为:开头(叙述式)→主体[叙述犯罪事实(递进式)→决定事项(议论与说明相结合)]→结尾(说明式)。落款由发文机关名称和成文日期两个要素构成。

阅读例文4

南京市人民政府关于关闭
华森化工有限公司等19家化工生产企业的决定

各区县人民政府,市府各委办局,市各直属单位:

按照全省化工生产企业专项整治工作要求,依据环境保护和安全生产有关法律法规,经研究,市政府决定关闭华森化工有限公司等19家化工生产企业。

请各有关区县人民政府认真组织实施,市有关部门积极予以配合。

附件:南京市化工生产企业专项整治关闭企业名单

南京市人民政府
二〇一三年十二月十三日

 教师评析

这是一份事项性决定。标题由发文机关名称、发文事项和文种三个要素构成,发文事项显现了该决定的主旨。主送单位采用规范化的统称。正文开头第一句说明制发这份决定的依据,第二句是决定的主体,"市政府决定关闭华森化工有限公司等19家化工生产企业"表明了决定的主旨。由于文字简短,开头与主体合为一段。用语果决,不容置辩。第二段是结尾,提出希望和要求。

正文的结构模块为:开头(根据式)→主体(决定事项)→结尾(希望式)。由于关闭企业较多,不便在正文中一一列出,以附件的形式列出决定关闭企业的名单。落款由发文机关名称和成文日期两个要素构成。

 小贴士

写作决定要注意的问题

1. 要做好调研工作。决定的内容必须符合党和国家的方针、政策,起草决定之前,要做好充分的调查研究工作,广泛听取各方面的意见。决定的事项要具体明确,有利于贯彻执行。

2. 要做到观点鲜明。决定的事项和提出的要求必须旗帜鲜明,语言果决,注重使用"必须"、"要"、"不准"一类的词语,不能含混不清,更不能使用有歧义的语句,让人误解。

技能训练

一、分析决定的写作结构,根据提供的材料写作决定

 分析与写作1

随着改革开放的不断深入,社会生活的各个领域都发生了巨大的变化。大到国家方针、政策,小到一个机关或单位的规章制度都必然会发生各种变化,这是社会发展和与时俱进的体现。社会发展了,情况变化了,为适应社会管理和有序开展各项工作的需要,各级政府和有关管理部门制定了一系列新的政策和规定,这些政策和规定同以往制定的政策和规定在许多地方出现了前后抵触的矛盾,这就需要对当前的政策、规定和对以往的政策、规定进行梳理,明确现阶段执行的政策和规定。请以某地或某企业为例写一份这方面内容的决定。

 教学互动

按照公务文书写作的格式化套路讨论下列问题:
1. 选用哪一个文种最合适? 显现主旨的标题应该怎样写?
2. 主送机关怎样写?
3. 开头适合采用哪一种形式? 主体部分怎样写才合适? 结尾有什么特点?
4. 如果用公务文书呈现的结构模块来表示,会是怎样的?
5. 落款有哪些要求?

 写作示例

**某市人民政府
关于修改废止部分规范性文件的决定**

各区县人民政府,市府各委办局,市各直属单位:

根据《中华人民共和国行政强制法》《国有土地上房屋征收与补偿条例》以及规范性文件中相关的有效期规定的要求,经过对现行有效的市政府规范性文件的专项清理,决定对下列规范性文件分别予以修改或废止。

一、作修改的规范性文件

(一)市政府关于印发《××市城市市政公用基础设施配套费征收管理办法》的通知(×政发〔2003〕104号)

第十二条修改为:"缴费人未按规定缴纳配套费的,依法责令缴费人限期缴纳。逾期仍不缴纳的,依法申请人民法院强制执行。"

(二)市政府关于印发《××市城市房屋拆迁区位级别》的通知(×政发〔2003〕260号)

第一点第(二)项修改为:"城市房屋拆迁区位级别自2004年2月1日起实施,并适用于《国有土地上房屋征收与补偿条例》施行前已依法取得房屋拆迁许可证的项目。"

(三)市政府办公厅关于转发市交通局《××市内河通航水域禁航挂桨机运输船舶工作实施方案》的通知(×政办发〔2007〕42号)

第五点第(四)项修改为:"加大行政处罚力度。对不服从管理,强行进入禁航水域的挂桨机运输船舶,各地方海事处要监督其驶出禁航水域,必要时可根据《中华人民共和国内河交通安全管理条例》的规定予以从重处罚;不得只罚不纠或者以罚代纠。"

(四)市政府关于印发《××市征地房屋拆迁补偿安置办法》的通知(×政发〔2007〕61号)

第三十三条修改为:"当事人对裁决不服的,可以依法向市人民政府申请复议,也可以向人民法院提起诉讼。"

第三十四条第一款修改为:"被拆迁人在法定期限内不申请行政复议或者不提起行政诉讼,在裁决规定的期限内又不搬迁的,拆迁实施单位可依法申请人民法院强制执行。"

(略)

二、予以废止的规范性文件

(一)市政府关于印发《××市医疗机构管理若干规定》的通知(×政发〔1998〕105号)

(二)市政府关于印发《××市民用建筑工程项目初步设计管理办法》的通知(×政发〔1999〕122号)

(三)市政府关于印发《××市防洪保安资金征收和使用管理规定》的通知(×政发〔1999〕166号)

(四)市政府办公厅印发《关于基本医疗保险门诊特定病人医疗费用问题的补充规定》(×政办发〔2001〕33号)

(五)市政府办公厅印发《关于对部分门诊慢性病医疗费用实行限额补助的暂行办法》的通知(×政办发〔2001〕76号)

(略)

本决定自公布之日起施行。

某市人民政府
二○一二年十一月七日

 教师评析

这是一份修改和废止部分规范性文件的法规性决定。标题由发文机关名称、发文事项和文种三个要素构成,发文事项显现了该决定的主旨。主送单位采用规范化的统称。正文开头提出发文的根据,接着用"决定对下列规范性文件分别予以修改、废止"承上启下,转入主体部分。主体采用并列式结构,分"作修改的规范性文件"和"予以废止的规范性文件"两个小标题展开叙述。每个小标题下仍采用并列结构,一一说明,层次清楚,一目了然。结尾采用说明式,说明实施的具体时间。

正文的结构模块为:开头(根据式)→承启语→主体(修改、废止的事项,并列式)→结尾(说明式)。落款由发文机关名称和成文日期两个要素构成。

 分析与写作 2

学习应用文书写作与学习其他知识和技能一样,模仿是十分必要的。对课文中的例文进行评析,是学习别人成功经验的有效方法。通过评析,熟悉应用文书的写作结构和规律,悟出道理,掌握窍门后,自己写作时就会得心应手。阅读并分析下面的例文,模仿"教师评析"的方法,对下面的决定作全面评析。

南京市人民政府关于给予市体育局集体嘉奖的决定

各区县人民政府,市府各委办局,市各直属单位:

在全国第六届城市运动会上,我市体育健儿团结协作、勇于拼搏,取得了 33 枚金牌、23 枚银牌、25 枚铜牌和总分 947.5 分的优异成绩,并获得体育道德风尚奖代表团的荣誉,有 15 支运动队被评为体育道德风尚奖运动队,在全国 74 个参赛城市中金牌、奖牌和总分均进入前三名,超额完成了市委、市政府下达的参赛任务。我市体育代表团取得了精神文明和运动成绩的双丰收,为南京市争了光,为南京人民赢得了荣誉。

为激励先进,市政府决定对我市参加全国六城会组织工作中成绩突出的市体育局予以集体嘉奖。

希望受表彰单位再接再厉、再创佳绩。全市各级各部门要以获得表彰的单位为榜样,团结奋进,开拓创新,扎实工作,奋勇争先,为加快实现"两个率先"、构建"和谐南京"作出新的更大的贡献。

南京市人民政府
二〇〇七年十一月十四日

 教学互动

1. 这是一份什么类型的决定?标题有什么特点?
2. 主送机关有什么特点?
3. 正文开头是怎样写的?主体部分是怎样展开的?结尾有什么特点?
4. 这份公务文书的结构模块是怎样的?
5. 这份公务文书使用的人称和语气是否恰当?

 分析与写作 3

西京钢铁集团公司认真贯彻落实国务院、省、市关于加强安全生产工作的一系列会议和文件精神,2013 年度,集团公司深入开展"安全生产年"各项活动,大力推进安全生产

"三项行动"和"三项建设",以强化预防、加强监管、落实责任为重点,抓好"三个突出",做到"三个加强",圆满完成了安全生产大检查、大排查等各项工作,为促进社会稳定和经济发展提供了安全保障。在这项工作中,涌现出了 21 个安全生产先进集体和 80 名安全生产先进个人。为表彰先进,树立典型,集团公司授予了以上先进集体和个人荣誉称号,希望受表彰的集体和个人珍惜荣誉,再接再厉,争取更好的成绩,号召集团各单位和全体职工要以先进集体和先进个人为榜样,进一步加强领导,落实责任,完善制度,强化措施,为推动集团公司安全生产再上新台阶作出积极贡献。请根据以上材料,为该集团公司撰写一份表彰性的公务文书。

 教学互动

按照公务文书的格式化套路讨论下列问题:
1. 标题应该怎样写?怎样通过标题显现主旨?
2. 主送机关应该怎样写?
3. 采用哪一种开头方式比较好?主体部分写哪些内容?
4. 正文的结构模块将怎样显现?
5. 受表彰的单位和个人众多,怎样一一列举出来?
6. 落款有哪些要求?

二、综合测试

(一)填空

1. 决定具有_____性、_____性和_____性三个特点。
2. 决定可以分为_____性决定、_____性决定、_____性决定和法规性决定等四种类型。
3. 如果是_____通过的决定,成文日期必须写在标题下方的括号里。

(二)解释名词

1. 事项性决定
2. 奖惩性决定

(三)简答

1. 表彰性决定的正文通常要写哪些内容?
2. 惩戒性决定的正文通常要写哪些内容?
3. 写作决定要注意哪些问题?

(四)阅读分析

模仿"教师评析"的方法,对下面的决定作出全面评析:

城关县人民政府关于命名
村务公开民主管理示范村的决定

各镇人民政府,县各局办,县各直属单位:

　　为贯彻落实《中华人民共和国村民委员会组织法》和中共中央《关于健全和完善村务公开和民主管理制度的意见》及省、市关于开展村务公开民主管理示范单位创建活动的要求,进一步完善村务公开和民主管理制度,保障农民群众依法直接行使民主权利,实现村民自我管理、自我教育、自我服务的目标。2012年,全县各镇认真开展了村务公开民主管理示范村的创建活动。经验收,县政府决定命名衡阳镇万家堡村等21个村为全县村务公开民主管理示范村。

　　希望被命名的示范村要始终坚持务实、创新、长效的要求,扎实做好村务公开和民主管理工作。发扬成绩,再接再厉,推进农村基层民主政治建设,构建和谐新城关。各镇要进一步巩固村务公开民主管理示范村创建活动成果,坚持长效管理,确保村务公开民主管理工作不断深入、推进。

　　附件:城关县村务公开民主管理示范村名单

城关县人民政府
二〇一三年一月十日

第三节　通　知

一、技能目标

1. 能够辨别不同类型的通知
2. 能够根据提供的材料写作告知性通知和会议通知
3. 能够根据提供的材料写作处理文件的通知

二、知识点

1. 通知的含义和用途
2. 通知的特点
3. 通知的分类
4. 通知的结构和写法
5. 写作通知要注意的问题

第三节 通 知

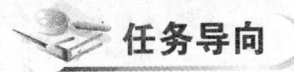

一、通知的含义和用途

(一) 通知的含义

通知是用来发布、传达要求下级机关执行或需要有关单位周知的事项,批转、转发公文的公务文书。

(二) 通知的用途

在现行公务文书中,通知的用途最广泛,使用频率最高。通知用来布置工作,安排活动,可以起到指示作用,如《东港市人民政府关于创建国家级卫生城市的通知》。用来向下级机关或单位宣布或告知事项,可以起到传达信息的作用,如《亿安建筑工程公司关于朱学军同志任职的通知》。用来下发本级机关或单位的意见、计划、纪要等,可以要求下级机关或单位认真办理或遵照执行通知的事项,如《汝水县建设局关于工程项目审批有关问题的通知》。用来转发上级机关或单位的公文,能够起到传达和贯彻执行其中事项的作用。用来批转下级机关或单位的公文,可以起到批准和指导的作用。

二、通知的特点

(一) 使用范围的广泛性

通知不受发文机关或单位级别、性质的限制。无论国家大事或是单位内部的具体公务,都可以使用通知这一文种;无论是党和国家最高领导机关还是基层党政机关或单位,都可以使用通知,在表达方式上,通知具有一定的灵活性。

(二) 行文方向的不确定性

通知既可用作下行文,也可用作平行文。做下行文时,对受文对象一般会提出需要知晓、执行或办理的事项,具有指挥和指导作用。通知做平行文时,由于受文单位不是下级单位,而是平级单位或不相隶属的单位,通知内容不带指挥性和指导性,只能表述告知性或周知性的内容。

(三) 内容的时效性

通知事项一般要求立即办理、执行或知晓时,不容拖延;有的通知如会议通知等,只在特定的一段时间里有效,因此,通知的内容中多包括时间要素。布置性通知对时效也有一定的要求。

(四) 事项的可操作性

通知的内容一般都具有周知性和执行性,所以在通知中必须说明执行要点、措施和要求。这些要点、措施和要求必须具体明白而不能含糊其辞,要方便受文者按照通知内容去操作和完成任务。

三、通知的分类

(一) 布置性通知

又称工作通知，指上级党政机关或单位就某些事项、某项工作提出工作的具体原则、要求和安排，以让受文机关或单位贯彻执行的通知。这类通知的内容多数不宜以命令或意见行文。如《来凤县人民政府关于做好2013年小麦收购工作的通知》。

(二) 会议通知

指告知有关单位或人员参加会议的通知。如《金海物流公司关于召开年终总结表彰会的通知》。

(三) 知照性通知

指告知有关单位或个人某些事项的通知。如知照设立或撤销机构、迁移办公地点、启用或更换印章、调整办公时间等事项宜用这类通知。如《苏州机械制造有限公司关于办公地址搬迁的通知》。

(四) 任免通知

指告知有关党政机关或单位以及个人人事任免的通知。如《康乐文化发展有限公司关于吴俊仁同志任职的通知》。

(五) 发布性通知

指发布法规、规章、办法的通知。根据不同情况，发布性通知可分为颁发、发布、印发（公布）三种形式。一般来说，对比较重要的法规、规章、办法用颁发、发布，而对一般性的、暂行（或试行）的规定或标准、制度用印发。如《关于印发〈浦口区国有土地上房屋征收补助价格、奖励标准〉的通知》。

(六) 处理文件的通知

这类通知一般是指批转、转发有关文件或规章的通知。其中上级党政机关或单位转发下级党政机关或单位的文件，用批转性通知。如《关于批转〈区水利局2011年水利工程汛前检查的情况报告〉的通知》。下级党政机关或单位转发上级党政机关或单位文件、同级及不相隶属的党政机关或单位之间的文件，用转发性通知。如《利德公司转发总公司〈关于加强安全生产工作的通知〉的通知》。

四、通知的结构和写法

通知由标题、主送机关或单位、正文、落款四个部分组成。

(一) 标题

通知的标题因通知的类型不同，写法也有所不同。

1. 布置性通知、会议通知、知照性通知、任免通知等的标题，写法有三种：一是完全式，即发文机关或单位名称、发文事项、文种三个要素俱全；二是省略发文机关或单位名称式；三是省略发文机关或单位名称及发文事项式，这种只写文种的标题，一般在通知范围较小、内容比较单一的告知性通知中运用，更多情况下是在单位内部使用。

2. 发布性通知和处理文件的通知，其标题的写法一般有两种。一是完全式。由发文机关或单位名称、发布（转发或批转）、被发布（被转发或批转）的文件标题和文种四个要素构成。被发布、转发、批转的公文,若是法规、规章或重要的文书时,一般应加上书名号。有时由于被发布、转发、批转的公文标题中已有多个"关于"和"的通知",或者被发布、转发、批转的公文标题比较长,这时,在拟通知标题时,一般可以保留末次发布(转发或批转)文件机关和始发文件机关,只保留一个"关于"和一个"的通知"字样。如浏阳县人民政府要转发《××市人民政府关于转发〈××省人民政府关于转发卫生部关于农村卫生院建设的意见〉的通知〉的通知》,这个标题已有三个层次,用了两个"关于转发"、两个"的通知",既绕口又费解。可把这个标题简化为《浏阳县人民政府转发〈卫生部关于农村卫生院建设的意见〉的通知》。省、市两级曾转发过的情况,可在正文中交代清楚。二是省略发文机关或单位名称式。如《关于印发〈职工考勤实施细则〉的通知》。

(二)主送机关

主送机关即受文对象,根据实际情况,可以是一个或几个甚至所有的有关单位。普发性通知可以省去主送机关。

(三)正文

不同类型的通知,其正文写法有所不同。

1. 布置性通知。正文通常包括三个部分。第一部分为引言,说明原由。引言要简明扼要,抓住要害。第二部分为主体,即通知的具体内容,如果内容比较复杂,则要分条列项陈述。重要的内容要详写,放在前面;次要的内容应尽量简化,放在后面。第三部分为结尾,结尾多提出贯彻执行的要求,如"请遵照执行"、"请认真贯彻执行"等。也有的通知不写结尾,正文完则全文结束。

写作布置性通知一定要开门见山,直接叙述,切忌转弯抹角。为使下级机关或单位明白上级机关或单位的意图,有时也可以做一些简要的分析、说理。总的来说,布置性通知的目的在于布置工作任务,要求下级遵照执行,因此在写作时既要说明"办什么事"、"为什么办这件事",又要说明"怎样办这件事"、"什么时候办完这件事",以便受文单位容易理解,方便执行。

2. 知照性通知。这种通知行文的目的是让受文对象了解有关事项,因此正文只要把事项叙述清楚即可。

3. 会议通知。由文件传递渠道发出的会议通知,正文一般包括会议名称、召开会议的原因与目的、会议议题、会议时间与地点、报到时间与地点、与会人员、与会者需准备的材料、差旅费报销方法、联系单位、联系人与联系方式等,有的通知还附上会议日程安排和会议需要的有关证件。当然,并非所有的会议通知都必须包括这些事项。会议通知常采用分条列项的方式写作。

4. 任免通知。任免通知的写法最简单,一般在写完任免决定的依据之后,写上任免人员的姓名及职务即可。

5. 发布性通知。这类通知常在标题中用"颁发"、"发布"、"印发"等词语表明其类别。正文主要说明颁发、发布或印发有关规章、制度、办法和标准的依据、目的等,提出贯彻执行所发布的有关规章、制度、办法和标准的时间、要求等。

6. 处理文件的通知。正文包括两个部分:第一部分是批语;第二部分是批转、转发或印发的规章或文件。批语内容比较简单,只要说明批转、转发的文件名称和有关要求即可。如"现将《南京市城乡困难居民医疗救助暂行办法》(宁政发〔2008〕128号)转发给你们,请……",对有些比较复杂的文件,结尾或者对如何实施做具体说明,或者阐述该文件的意义所在等。

(四) 落款

落款包括发文机关或单位名称、成文日期两个要素。年、月、日要完整,"〇"不要写成"零"。

阅读例文1

**某市人民政府关于
进一步做好2013年防汛工作的通知**

各区县政府,市政府各部门:

防汛抗洪,确保安全度汛,对维护我市社会稳定,促进经济快速健康发展,保障人民生命财产安全具有重要意义。为了进一步做好今年的防汛工作特通知如下:

一、高度重视防汛工作,强化目标责任

我市地处川西水网区,江河渠系密布,每年汛期多有暴雨。各区县政府、市政府各部门一定要高度重视防汛工作,对今年的防汛抗洪工作决不能掉以轻心。要按照国家防汛抗旱总指挥部制定的《各级地方人民政府行政首长防汛工作职责》的要求,强化防汛目标责任。要一级抓一级,一直抓到乡(镇)、村、组,抓到企事业及基层单位。

二、健全防汛组织机构,扎实做好各项准备

各地要认真学习、宣传、贯彻《中华人民共和国防洪法》,健全各级防汛组织机构,保证防汛抢险工作及时到位。市政府防汛指挥部负责领导、组织和指挥调度全市的防汛工作。市和区县防汛办公室是各级政府的防汛办事机构,要配备年富力强、业务熟悉的工作人员,要落实防汛经费,配备必要的通讯、交通工具,逐步完善现代化办公设施。

三、认真做好城市防汛工作,确保人民生命财产安全

城市是防汛的重点,一旦造成洪涝灾害将给国家和人民生命财产带来重大损失,造成巨大社会影响。城区政府要及早做好各项准备工作,克服侥幸麻痹思想,牢固树立水患意识。认真做好排涝管沟的疏掏工作,对低洼易涝地区要落实抢险队伍,安排好人员、物资疏散转移地点和路线。对重点防洪城镇,要按防洪规划大纲要求,完成防洪规划,补充完善特大洪水防御方案。

四、加强河道管理,确保行洪安全

河道管理工作同防汛工作密切相关,搞好河道管理是搞好防洪工作的前提。各级政府和水行政主管部门要加大河道管理的力度,规范河道采砂作业,依法办理采砂证,要对采砂业主的采砂总量、范围严加控制,落实采砂业主采砂后对河道的整复责任,严禁将废石弃料堆放在河道内。公安、交通等部门要积极配合水行政主管部门搞好河道管理工作。

五、加强军警民配合，共同搞好抗洪抢险救灾工作

防洪工作涉及社会面广，各地必须加强领导，统一指挥，协同作战。在防汛工作中，必须坚持局部服从整体的原则，树立"一盘棋"的思想，保证防汛政令畅通。各级政府和防汛指挥部要继续加强与当地驻军警的联系，主动及时通报雨情、水情、灾情，争取支持，加强军警民配合，共同搞好防汛抗洪抢险救灾工作。

某市人民政府
二〇一三年四月二十一日

教师评析

这是一份布置性通知。标题由发文机关名称、发文事项和文种三个要素构成，发文事项显现了通知的主旨。主送机关采用规范化的统称。正文开头说明防汛工作的重要意义，即"为什么"。"为了……"一句是承上启下的承启语。主体部分采用并列式结构，分五个小标题展开阐述，说明怎样做好防汛工作。叙议结合，说理透彻，语言简洁明了。这份通知事完文止，属于秃尾文。

正文的结构模块为：开头（原由式）→承启语→主体（通知事项，并列式）→结尾（秃尾）。落款由发文机关名称和成文日期两个要素构成。

阅读例文 2

南京市浦口区人民政府
关于成立三大国有资产集团有限公司的通知

各乡镇政府、街道办事处，区府各办局，区各直属单位：

为探索国有资产运营管理新机制，加快国有资本结构调整，经研究，决定成立南京市浦口区国资发展集团有限公司、南京市浦口区城乡建设集团有限公司、南京市浦口区交通建设集团有限公司三个国有资产集团有限公司，负责全区城市开发建设、交通道路建设及所有社会事业类项目的融资和建设。

南京市浦口区人民政府
二〇一二年四月十日

教师评析

这是一份知照性通知。标题由发文机关名称、发文事项和文种三个要素构成，发文事项显现了通知的主旨。主送机关采用规范化的统称。正文开头两个分句说明发文目的，后面两个分句是主体，前一个分句是通知的事项，后一分句说明三大国有资产集团有限公司的职能。全文内容单一，文字简短，篇段合一，正文为一段式结构。

正文的结构模块为:开头(目的式)→主体(通知事项,递进式)→结尾(秃尾)。落款由发文机关名称和成文日期两个要素构成。

阅读例文 3

天翼木器有限公司
关于召开安全生产工作会议的通知

各分公司,公司各部门:

根据市工业局下发的《关于做好安全生产工作的通知》的精神,为做好我公司 2014 年安全生产工作,经研究,决定召开全公司安全生产工作会议。现将有关事项通知如下:

一、会议时间

2014 年 1 月 27 日(星期一),上午 9 点开始,时间一天。

二、会议地点

公司行政大楼三楼第一会议室。

三、会议内容

1. 传达市工业局安全生产工作会议精神,布置我公司 2014 年安全生产工作任务,落实公司重点防火单位的措施。

2. 表彰全公司 2013 年度安全生产先进个人和先进单位(分公司及部门)。

3. 参观第一分公司和公司成品仓库工作现场和安全生产设施。

4. 听取第一分公司、成品仓库等单位关于安全生产工作的经验介绍。

四、参加对象

各分公司、公司各部门负责安全生产工作的负责人,受表彰的 2013 年度安全生产先进个人(全体)和安全生产先进单位的代表(每单位 1 人)。

本次会议非常重要,希务必准时参加。

天翼木器有限公司

二○一四年一月十四日

教师评析

这是一份会议通知。标题由发文单位名称、发文事项和文种三个要素构成,事项显现了通知的主旨。主送机关采用规范化的统称。正文开头一句说明召开此次会议的根据和目的,接着用"现将有关事项通知如下"承上启下。主体采用并列式结构,从四个方面叙述会议通知必不可少的四个要素,即会议时间、会议地点、会议内容和参加对象。结尾单独成段,提出务必参加会议的要求。

正文的结构模块为:开头(根据式、目的式混合)→承启语→主体(通知事项,并列式)→结尾(希望式)。正文结构完整,会议要素齐全,表述简洁清楚。落款由发文单位名称和成文日期两个要素构成。

阅读例文 4

利民木器有限公司关于杨卫国等同志
职务任免的通知

各分公司、公司各部门：

　　因工作需要，经公司经理办公会议研究：

　　杨卫国任第一分公司经理。

　　王小明任第三分公司经理。

　　马志敏任财务科科长，免去公司办公室主任职务。

利民木器有限公司
二〇一三年十一月二十七日

 教师评析

　　这是一份任免通知。标题由发文单位名称、发文事项和文种三个要素构成，事项显现了通知的主旨。主送机关采用规范化的统称。正文开头一段写发文缘由，第二段至第四段是通知的主体，采用并列式结构一一叙述。通知事完文止，没有结尾。

　　正文的结构模块为：开头（目的式）→承启语→主体（通知事项，并列式）→结尾（秃尾）。任免通知是通知中最简洁、短小的一种类型。落款由发文单位名称和成文日期两个要素构成。

 阅读例文 5

关于印发《浦口区国有土地上房屋征收补助价格、奖励标准》的通知

各乡镇政府、街道办事处，区府各办局，区各直属单位：

　　根据国务院令第590号《国有土地上房屋征收与补偿条例》精神，现将《浦口区国有土地上房屋征收补助价格、奖励标准》印发给你们，本《通知》自发布之日起施行，发布之日至2011年7月1日期间，参照本《通知》相关标准执行。在此之前已领取房屋拆迁许可证并已实施拆迁的项目，补助价格标准仍按原规定执行。

　　附件：浦口区国有土地上房屋征收补助价格、奖励标准

南京市浦口区人民政府
二〇一一年四月十六日

 教师评析

　　这是一份发布性通知。标题由发布的事项和文种两个要素构成，发布事项显现了通

知的主旨。主送机关用规范化的统称。正文开头提出发布《浦口区国有土地上房屋征收补助价格、奖励标准》(以下简称《标准》)的依据,接着说明施行的日期以及处理一些问题的时限。事完文止,没有结尾。全文篇段合一,为一段式结构。

正文的结构模块为:开头(根据式)→主体(通知事项,递进式)→结尾(秃尾)。印发的《标准》要全文附在文件的后面,正文结束时把《标准》的标题用"附件"的形式写出来。落款由发文机关名称和成文日期两个要素构成。

阅读例文 6

关于批转《区水利局 2011 年水利工程汛前检查的情况报告》的通知

各乡镇政府、街道办事处,区府各办局,区各直属单位:

现将《区水利局 2011 年水利工程汛前检查的情况报告》批转给你们。请结合本地实际,针对汛前检查中存在的问题,迅速采取有效措施,认真整改落实到位,确保安全度汛。

附件:浦口区水利局关于 2011 年水利工程汛前检查的情况报告

南京市浦口区人民政府
二○一一年三月二十五日

教师评析

这是一份处理文件的通知,为南京市浦口区人民政府批转该区水利局的一份报告。按照行文规范,区水利局无权将该报告发至该区"各乡镇政府、街道办事处,区府各办局,区各直属单位"。但是报告内容十分重要,需要以上所有机关和单位知晓,并根据报告的内容做好防汛准备工作。水利局的报告经过区人民政府批准转发后,该报告实际已提升为区政府级文件,加大了指导性和贯彻的力度。

这份通知的标题由发文事项和文种两个要素构成,事项显现了通知的主旨。主送机关用规范化的统称。正文第一句是开头,以引语为主,说明发文依据。第二句是主体,向受文机关或单位提出做好防汛工作的要求。事完文止,没有结尾。全文篇段合一,为一段式结构。转发的报告要全文附在文件的后面,因此在正文结束时要把报告的标题作为附件写出来。落款由发文机关名称和成文日期两个要素构成。

小贴士

写作通知要注意的问题

1. 通知的事项要具体,切实可行。如布置性通知提出的事项,任务要明确,措施要具体,完成时间要清楚,若有检查考核环节要说明。总之,要有较强的可操作性,以便于下级机关或单位贯彻执行。

2. 主题集中,一文一事。为了使通知的事项能够迅速地被贯彻执行,一份通知只能说明一个事项,布置一项工作,不要头绪纷繁,涉及多个事项。

一、分析通知的写作结构,根据提供的材料写作通知

分析与写作 1

布置性通知是上级主管机关或单位用来指导和安排工作的重要工具。某市外商投资企业联合年检办公室,2012年要开展一次外商投资企业联合年检工作。请为该办公室撰写一份布置该项工作的通知。

教学互动

1. 标题应该怎样拟定?怎样在标题中显现主旨?
2. 主送机关或单位怎样写?开头适合采用哪种形式?
3. 主体部分可分为几段来写?必不可少的要素有哪些?
4. 全文的结构模块怎样安排?
5. 落款要注意哪些问题?

写作示例

某市外商投资企业联合年检办公室
关于开展 2012 年某市外商投资企业
联合年检的通知

市外商投资企业联合年检办公室成员单位:

　　外商投资企业联合年检是政府转变监管方式、改善投资环境的一项举措,是全面掌握外商投资企业存续状况、服务政府决策的工作平台。根据《关于对外商投资企业实行联合年检的实施方案的通知》(外经贸资发〔2010〕938号),为更好地落实商务部、财政部、税务总局、工商总局、统计局、外汇局等六部门《关于开展 2012 年外商投资企业联合年检工作的通知》(商资函〔2012〕101号)精神,现就做好 2012 年全市外商投资企业联合年检工作通知如下:

　　一、2012 年 3 月 1 日至 6 月 30 日为外商投资企业联合年检办公时间。凡 2010 年 12 月 31 日前在我市登记注册设立的外商及台港澳侨投资企业都必须申报联合年检。

　　二、我市外商投资企业联合年检部门包括市外经贸局、财政局、国税局、地税局、工商局、统计局、国家外汇管理局江苏省分局。某市外商投资企业联合年检办公室设在市外经贸局,负责协调全市外商投资企业联合年检工作。

　　三、参加联合年检的企业登录《全国外商投资企业网上联合年检系统》和根据《某市工商局 2012 年度外商投资企业网上年检工作方案》登录工商网上年检系统申报相关材料,外经贸、财政、国税、地税、统计、外汇等六部门参与《全国外商投资企业网上联合年检系统》中的资料审核,工商部门单独审核工商网上年检系统中的资料。网上初审合格后,企业携材料到外经贸和工商等部门进行现场审验,办理年检合格手续。

四、联合年检各部门要严格按《2012年某市外商投资企业联合年检须知》要求,立足本职,依法行政,各司其职,在工作中加强协调和配合,周密部署,精心组织,切实采取有效措施,加大宣传力度,努力提高企业的参检率;要加强对政府部门和企业联合年检工作人员的培训,切实提高年检人员的业务水平,确保年检工作顺畅高效进行,高质量完成联合年检工作。

五、对不申报年检、未如实申报年检情况或在生产经营活动中存在违法、违规行为的企业,联合年检各部门要按照各自职能依法处理。对不申报年检、未如实申报年检情况或在生产经营活动中存在违法、违规行为的企业,联合年检各参检部门将按照各自职能依法处理。

对于2010年7月1日以后出资期限到期且首期出资已经缴付的依法经营、资金紧张无法按期出资的企业,依企业申请继续允许延长出资期限至2011年底。对于受国际金融危机影响,企业成立后超过6个月未开业,或者开业后自行停业连续6个月以上的,允许其延期至2011年底。

六、加强企业服务,鼓励有条件的区、县、开发区集中企业、统一填报联合年检报告书。

七、6月30日全市外商投资企业联合年检工作结束后,各单位要加强对年检数据的统计分析,充分利用联合年检的信息资源和数据,深入分析外商投资企业运营情况,年检工作结束后形成分析报告上报,并供领导决策参考。

附件:1. 2012年某市外商投资企业联合年检须知
   2. 某市外商投资企业联合年检办公室成员单位联系方式
   3. 某市工商局2012年度外商投资企业网上年检工作方案

某市外商投资企业联合年检办公室
二〇一二年三月十五日

教师评析

  这是一份布置性通知。标题由发文机关、发文事项和文种三个要素构成,发文事项显现了通知的主旨。主送机关因涉及单位很多,故采用规范化的统称。正文开头一段说明联合年检的缘由和政策依据,最后一个分句承上启下。主体部分采用并列式结构,分七个小标题展开阐述,包括年检的意义、年检时限、主管单位、年检方式、填报表格以及不按时参加年检的处罚等。叙议结合,简洁明了。这份通知事完文止,属于秃尾文。

  正文的结构模块为:开头(原由式)→承启语(承上启下)→主体(通知事项,并列式)。这份通知还有一个特点,就是附件多,这与年检工作,特别是网上年检的方式有一定关系。落款由发文机关名称及成文日期两个要素构成。

第三节 通 知

 分析与写作 2

为加强劳动纪律,保障工作的正常运行,佳美机轮制造有限公司最近制定了《员工考勤制度》。请为该公司撰写一份向公司各部门公布这份《员工考勤制度》的公务文书。

 教学互动

1. 选用哪一个文种最合适？如果选用通知文种,选用哪种类型的通知最合适？
2. 标题包括哪几个要素？主旨怎样表现？
3. 主送机关或单位怎样写？开头最好采用哪一种形式？
4. 主体部分可分为几段来写？哪一个要素不可缺少？
5. 结尾有哪些要求？全文的结构模块怎样安排？

 写作示例

佳美机轮制造有限公司
关于印发《员工考勤制度》的通知

公司各部门：

    为加强劳动纪律,保障生产的正常运行,公司制定了《员工考勤制度》,现印发给你们。请接到通知后,立即做好宣传解释工作,以保证该制度的顺利贯彻执行。

    附件:员工考勤制度

佳美机轮制造有限公司
二〇一三年十一月十六日

 教师评析

这是一份发布性通知。标题由发文单位、发布的事项和文种三个要素构成,事项显现了通知的主旨。主送机关用规范化的统称。正文开头两个分句说明发文的目的,接着一个分句说明通知的主旨。最后一句提出贯彻执行的要求。事完文止,没有结尾。全文篇段合一,为一段式结构。正文结束时把《员工考勤制度》的标题用附件的形式写出来。落款由发文单位名称和成文日期两个要素构成。

二、综合测试

(一) 填空

1. 通知具有使用范围的_____、行文方向的_____、内容的_____和事项的可操作性等特点。

2. 主送机关可以是一个或几个甚至所有的有关单位,_____性通知可以省去主送机关。

3. 会议通知必不可少的四个要素是_____、_____、_____和会议参加对象。

4. 写作＿＿＿＿＿性通知一定要开门见山,直接叙述,切忌转弯抹角。

（二）解释名词

1. 布置性通知
2. 告知性通知
3. 发布性通知

（三）简答

1. 发布性通知和处理文件的通知,其标题的写法有几种形式？
2. 写作通知要注意哪些问题？

（四）写作

根据下面的材料,为益民化工有限总公司写作一份公务文书：

益民化工有限总公司,根据某市工业局《关于加强安全生产工作的通知》精神和市工业局安全生产工作会议要求,决定于 2014 年 1 月 20 日在总公司第一会议室召开全公司安全生产工作会议,时间一天。会议内容为传达市工业局安全生产工作会议精神,布置和落实总公司安全生产工作任务和措施,表彰 2013 年度安全生产先进集体和先进个人,参观第二分公司安全生产工作现场。要求各分公司和总公司各职能部门负责人,全体受表彰的安全生产先进个人参加会议。

写作提示：认真阅读所提供的材料,选定正确的文种；明确行文方向和告知的事项；要充分利用所提供的材料,注意格式规范。

第四节　通　告

一、技能目标

1. 能够分辨不同类型的通告
2. 能够根据提供的材料写作相应类型的通告

二、知识点

1. 通告的含义和用途
2. 通告的特点
3. 通告的分类
4. 通告的结构和写法
5. 写作通告要注意的问题

一、通告的含义和用途

(一) 通告的含义

通告是用来公布在一定范围内应当遵守或者周知的事项的公务文书。

(二) 通告的用途

通告是泛行文,通告的内容十分广泛,使用也比较普遍。

二、通告的特点

(一) 使用的基层性

基层党政机关、企事业单位和社会团体都可以发布通告。

(二) 内容的业务性

通告发布的内容多是业务性的、局部性的,针对性较强。如地区电信部门发布切换升级通信系统的通告,只针对某些用户。

(三) 受众的区域性

通告的执行具有区域性,如自来水公司发布的停水通告、社区居民委员发布禁止住宅小区养鸡的通告,覆盖的区域仅局限于辖区内的单位和人群。

(四) 执行的强制性

通告覆盖区域内的所有单位和人群都应无条件遵守通告的有关规定,否则将会受到批评或处罚。如交通管制的通告,凡违反通告规定者就会受到批评或处罚。

三、通告的分类

(一) 告晓性通告

指公布让有关单位和个人周知某些事项的通告。如停电、停气、定期免费安装有线电视等事项的通告。

(二) 办理性通告

指公布要求有关单位和人员需要办理事项的通告。要求办理的多为登记、注册、年检等事项。

(三) 禁管性通告

指公布一些令行禁止类事项的通告。如严禁酒后驾车、查禁违禁物品一类的事项。

四、通告的结构和写法

通告由标题、主送机关或单位、正文和落款四个部分组成。

(一) 标题

通告的标题有四种写法:

1. 由发文机关或单位名称、发文事项和文种三个要素构成的标题。如《中国银行江苏省分行关于清理长城人民币信用卡"四零账户"的通告》。

2. 由发文机关或单位名称加文种构成的两要素标题。如《扬州市自来水公司通告》。

3. 由发文事项加文种构成的两要素标题。如《关于调整延伸603W公交线路的通告》。

4. 直接用文种做标题。如《通告》。

（二）主送单位

通告是普发性的公务文书，内容是面向大众的，一般不写主送单位。只有在读者对象具体或性质单一的情况下才写主送单位或读者对象。

（三）正文

通告的正文通常由发文原由、发文事项和结束语三部分构成。原由，即发此通告的原因、根据。事项，即通告的具体事项或规定。内容比较单一的通告可不分条目；内容比较多的通告，要分条列项地写。有的通告有结束语，如在结尾提出希望或要求；或者用"特此通告"惯用语进行强调，以引起注意。有的通告事项写完即结束，不再写结束语。

（四）落款

通告的标题中已出现发文机关或单位名称，并在标题下写明日期的，就不必再落款。如果标题中没有出现发文机关或单位名称，标题下也没有成文日期的，落款处必须写明发文机关或单位名称以及成文日期。

 阅读例文1

中国工商银行股份有限公司江苏省分行通告

尊敬的客户：

我行将于2009年4月19日凌晨对系统进行升级。4月19日凌晨3:00至7:30期间，电话银行将转入人工服务；4月19日0:30至7:30期间，网上银行系统停止服务；4月19日凌晨3:00至6:00期间，将不能办理我行ATM存取款机、POS、多媒体自助终端、电话银行、银联系统等所有业务；4月19日凌晨3:20至5:40期间，信用卡（包括国际贷记卡、贷记卡和准贷记卡）跨行ATM取款、跨行POS消费可以受理，请您提前做好安排。

在此期间如有疑问，或遇紧急挂失情况，可以通过拨打95588进行办理。

感谢您对我行工作的支持和理解，由于我行系统升级给您带来的不便，敬请谅解。

中国工商银行股份有限公司江苏省分行
二〇〇九年四月十六日

 教师评析

这是一份告晓性通告。标题由发文单位名称和文种两个要素构成。受文者虽人数众多，但性质单一，这里用统称。由于系统升级会给部分顾客带来短暂的不便，故用语礼貌谦敬。正文开头第一句说明原由。接下来是主体部分,叙述不同的时段将会出现什么情况,让不同的客户提前知道情况,做好安排。第二段也是主体,说明紧急情况下的联系方式。第三段是结尾,以谦敬语结束全文。

正文的结构模块为:开头(原由式)→主体(叙述系统升级的有关事项,递进式)→结尾(说明式)。该通告采用第一人称写法,表达清晰,语言简明、得体。落款由发文单位名称、成文日期两个要素构成。

 阅读例文 2

关于提高黄标车淘汰补贴标准的通告

为加快黄标车淘汰速度,减少机动车排气污染,改善空气环境质量,经市政府同意,决定适当提高黄标车淘汰政府补贴标准。现将相关事项通告如下:

一、对公路客运、旅游客运黄标车(不含公交车),在原政府补贴标准基础上,提高100%进行补贴。此两类车车主须提供《道路运输证》发证机关开具的《道路运输证注销证明》(原件及复印件)。

二、对除第一条外的其他黄标车,在原政府补贴基础上,提高50%进行补贴。

三、符合老旧汽车范围的黄标车按照国家《2014年老旧汽车报废更新补贴范围及标准》规定,执行1.8万的补贴标准。

四、对于2013年6月24日起已办理淘汰补贴的车辆按照新标准补足差额,差额款于2014年7月31日前拨至车主领取补贴的账户。

符合第一条的车主须于2014年6月15日前将《道路运输证注销证明》(原件及复印件)提交至办理补贴的窗口。如之前领取的补额账户现在已发生变化的,须到补贴窗口办理新的账户变更手续,提交单位基本账户的开户许可证原件及复印件或与车主同名的个人银行账户存折(南京银行)的原件及复印件;个体工商户无基本账户的,需提供营业执照及法人代表的个人银行账户存折(南京银行)的原件及复印件。

五、补贴资金其他相关政策和操作办法仍按《市政府关于印发南京市黄标车淘汰补贴工作方案的通知》(宁政发〔2013〕171号)执行。

南京市黄标车淘汰工作领导小组办公室
二〇一四年五月二十日

 教师评析

这是一份办理性通告。标题由发文事项和文种两个要素构成。标题中发文事项显现通告的主旨。因是普发性公文,所以没有主送机关一项。正文开头第一句说明发文目的,第二句是承启语,导入通告主体。主体部分采用并列式结构分五个小标题,条分缕析地说明领取补贴须提交的证件、账号以及时间等。事完文止,这份通告没有独立的结尾。因标题中未出现发文机关名称,故落款处写明发文机关名称,最后署明发文日期。

正文的结构模块为:开头(目的式)→承启语→主体(说明发放补贴的事项,并列式)→结尾(秃尾)。这份通告采用第三人称写作。全文主题单一、明确,叙述简明,层次清楚,操作性强。

 阅读例文 3

南京市人民政府
关于外牌摩托车禁行区域的通告

为加强城市交通管理,维护交通秩序,根据《中华人民共和国道路交通安全法》、《江苏省道路交通安全条例》等法律法规的规定,现就外牌摩托车禁行区域的有关事项通告如下:

一、悬挂外市号牌和本市江宁区、浦口区、六合区、溧水县和高淳县号牌的两轮摩托车、轻便摩托车(以下简称外牌摩托车)不得在本市长江以南绕城公路以内(含南京长江大桥)的区域行驶。(具体范围见附图)

二、在上述禁行区域内的外牌摩托车车主应当及时办理车辆转籍、过户等登记手续或自行处理。

三、外牌摩托车车主应当积极配合交通秩序整治,主动改变出行方式。市政公用部门要加大公交车辆的投放,优化运行线路,方便群众出行。

四、本通告发布之日起至3月21日期间,违反本通告规定,驾驶外牌摩托车在禁行区域内行驶的,公安机关交通管理部门应当予以教育、劝阻。

五、自3月22日起,违反交通管制的规定,驾驶外牌摩托车强行在禁行区域内通行,不听劝阻的,由公安机关交通管理部门依照《中华人民共和国道路交通安全法》、《江苏省道路交通安全条例》的规定,处以1000元以上2000元以下罚款。

六、阻碍国家机关工作人员依法执行职务的,由公安机关依照《中华人民共和国治安管理处罚法》的有关规定予以拘留;构成犯罪的,依法追究刑事责任。

七、鼓励群众监督、劝阻和举报驾驶外牌摩托车在禁行区域内行驶的行为。

八、本通告自发布之日起施行。

南京市人民政府
二〇〇七年三月七日

 教师评析

这是一份禁管性通告。标题由发文机关名称、发文事项和文种三个要素构成。发文事项显现这份通告的主旨。因是普发性公文,所以没有主送机关一项。正文开头三个分句说明发文目的和根据,第四个分句是承上启下的承启语。主体部分采用并列式结构,分八个小标题展开叙述具体事项。事完文止,没有独立的结尾,即秃尾。

正文的结构模块为:开头(目的式、根据式混合)→承启语→主体(叙述有关事项,并列式)。这份通告采用第三人称写作,由其禁管性质决定,用语严谨、庄重。落款由发文机关名称、成文日期两个要素构成。

写作通告要注意的问题

1. 不要把通告写成通知。通告与通知的特点、作用和行文对象都不同,常常被混用,要注意区别。

2. 不要把通告写成公告。通告与公告有明显的区别:

(1) 发布内容不同。《党政机关公文处理工作条例》规定:公告"适用于向国内外宣布重要事项或者法定事项";通告"适用于公布社会各有关方面应当遵守或者周知的事项",业务性较强。

(2) 发布范围不同。公告是面向国内外发布的;通告只是在国内一定区域或业务范围内发布。

(3) 重要程度不同。公告所涉及的都是特别重大的事项;通告所涉及的是较为一般的事项。

(4) 制发单位级别不同。公告的发布机关一般是国家一级机关;通告的发布机关或单位级别较低,一般来说,禁管性通告由政府机关发布,知照性通告和办理业务性通告,行政机关、企事业单位、社会团体等均可发布。

(5) 作用性能不同。公告以宣布重大事项为主要目的,除公告的法定事项外,一般对告知对象没有直接的强制力或约束力;而有些通告,如禁管性通告,不仅告知事项,而且还有强制力和约束力。

(6) 发布方式不同。公告多通过报纸、广播、电视发布;通告可用文件形式印发,也可登报、广播或张贴。

3. 通告的内容必须符合党和国家的方针、政策、法律法规。

4. 通告的语言要规范简洁,通俗易懂,便于大众阅读理解。

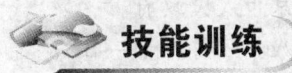

一、分析通告的写作结构,根据提供的材料写作通告

分析与写作 1

为提升南京市城市管理水平和群众生活环境质量,根据《中华人民共和国城乡规划法》、《中华人民共和国道路交通安全法》、《城市市容和环境卫生管理条例》等法律法规,南京市人民政府就占道经营、小区环境和车辆停放专项整治等与环境治理关系极大的事项发布了通告。

教学互动

1. 应该写成哪一种类型的通告？
2. 标题怎样写才能显现通告的主旨？
3. 开头、主体宜采用什么结构方式？结尾应该怎样写？
4. 正文的结构模块会是怎样的？
5. 适合使用第几人称写作？落款应该怎样写？

 写作示例

南京市人民政府关于开展城市环境三项整治的通告

为提升我市城市管理水平和群众生活环境质量，根据《中华人民共和国城乡规划法》、《中华人民共和国道路交通安全法》、《城市市容和环境卫生管理条例》等法律法规，现就占道经营、小区环境和车辆停放专项整治工作通告如下：

一、任何单位和个人不得擅自占道经营，不得违规停放机动车和非机动车，不得参与或实施私搭乱建、损毁花草树木、破坏基础设施等损害住宅区公共环境的违法活动。

二、违反上述规定的，应当立即停止违法行为，自行拆除违法建筑，恢复城市道路和小区环境原状。对继续实施违法行为或不自行拆除违法建筑的，相关执法部门将依法实施处罚，并依法强制拆除违法建筑。

三、各管理部门和业主单位应当加强日常监督管理，及时制止和处置新出现的各类违法行为。

四、阻碍行政执法人员依法执行公务的，由公安机关依法处理。构成犯罪的，依法追究刑事责任。

五、鼓励单位和个人积极举报各类违法行为。举报电话：32400111。

本通告自发布之日起施行。

南京市人民政府
二〇〇八年三月二十一日

 教师评析

这是一份禁管性通告。标题由发文机关名称、发文事项和文种三个要素构成。发文事项显现了这份通告的主旨。因是普发性公文，所以没有主送机关一项。正文开头两个分句说明发文目的和依据，第三个分句是承上启下的承启语。主体部分采用并列式结构，分五个条目展开叙述，主题鲜明，条理清楚，语言简洁。最后一段是结尾，说明通告施行的开始日期。

正文的结构模块为：开头（目的式、根据式混合）→承启语→主体（叙述有关事项，并列式）→结尾（说明式）。这份通告开头用第一人称，主体和结尾用第三人称，两种人称结合，以第三人称为主。禁管性通告大多采用第三人称写作。落款由发文机关名称、成文日期两个要素构成。

 分析与写作 2

　　南京市浦口区公交车603W,因雨山文化园终点站无经营场地,营运车辆在大街上停靠和调头,存在安全隐患,经常造成交通堵塞,同时为方便城区居民到区中心医院就医,决定:自2011年7月28日起,公交603W由原浦东路至雨山文化园现调整为浦东路至区中心医院。调整后双向经中圣街、中圣南街、上河街至区中心医院,沿途增设金玉宾馆、南门桥、彩虹桥、区中心医院等站点。原雨山文化园公交站点不再停靠,线路长度增加2公里。未调整段线路及公交站点保持不变。调整后服务时间、首末班及票价保持不变,并告知原在雨山文化园终点站候车的居民,调整线路后到十字路口文昌路站候车。线路调整给部分居民出行带来不便,表示歉意。请就以上内容,为浦口区交通运输局撰写一份公务文书。

 教学互动

1. 应该选用哪一个文种?
2. 标题怎样写才能显现该文的主旨?
3. 开头宜采用哪种方式?主体宜用哪种结构方式?结尾应该怎样写?
4. 正文呈现的结构模块是怎样的?
5. 落款有哪些要求?

 分析与写作 3

　　常州市湖塘区建设局准备发布一个关于房屋拆迁的通告,内容如下:
　　根据常州市建设局批复(常拆字〔2011〕25号)精神,湖塘区王村地块实施房屋拆迁。拆迁范围:东至新南路,南至虎山路,西至新贝路,北至上元坊。拆迁期限:2011年8月15日至2011年12月31日。如果对本次房屋拆迁有不服行为的,可自通告之日起60日内,向常州市湖塘区人民政府法制办公室提起行政复议,或者自通告之日起3个月内,向常州市湖塘区人民法院提起行政诉讼。请根据以上材料,为该区建设局撰写一份通告。缺少的材料可根据通告的格式虚拟补充出来。

 教学互动

1. 应该写成哪一种类型的通告?
2. 标题怎样写才能显现通告的主旨?
3. 开头、主体宜采用哪种结构方式?结尾写哪些内容?
4. 正文的结构模块会是怎样的?
5. 适合采用第几人称写作?

二、综合测试

(一) 填空

1. 通告具有内容的_____性、使用的_____性、受众的_____性和执行的强制性四个特点。

2. 内容比较单一的通告可不_____写，内容比较多的通告，要_____地写。

3. 通告是_____的公务文书，内容是面向大众的，一般不写主送机关。

（二）解释名词

1. 知照性通告

2. 办理性通告

3. 禁管性通告

（三）简答

1. 通告和公告有哪些区别？

2. 写作通告要注意哪些问题？

（四）写作

请根据以下材料，替南京市浦口区交通运输局撰写一份通告：

南京市浦口区交通运输局因地铁 10 号线凤凰大街站工程建设需要，决定对凤凰大街附近道路采取相关管制措施。决定自 2011 年 5 月 3 日起至 2013 年 5 月 31 日止，文德路凤凰大街东西向封闭施工。封闭期间，文德东路向西经由凤凰大街的车辆，可由二条巷、市民广场、文昌路绕行；文德西路向东经由凤凰大街的车辆，可由文德路中圣街路口向南经菜地巷绕行。二条巷自文德路至区政府西门实行机动车自南向北单向通行，二条巷至凤凰大街市民广场段（新修）实行机动车自东向西单向通行。该区交通运输局表示：由于工程建设实施的管制措施，给广大市民和车辆驾驶人员带来的不便，请求能够谅解。

写作提示：认真阅读所提供的材料，明确行文方向和告知的事项；要充分利用所提供的材料，注意格式规范。

第五节 通 报

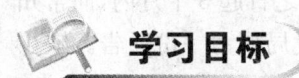

一、技能目标

1. 能够分辨不同类型的通报

2. 能够根据提供的材料写作不同类型的通报

二、知识点

1. 通报的含义和用途

2. 通报的特点

3. 通报的分类

4. 通报的结构和写法

5. 写作通报要注意的问题

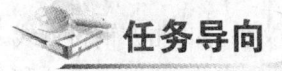

一、通报的含义和用途

（一）通报的含义
通报是用来表彰先进、批评错误、传达重要精神和告知重要情况的公务文书。

（二）通报的用途
通报属于下行文，主要用于宣传教育和通报信息。表扬一般性质的好人好事，批评一般性质的错误，适用于发内部简报。如果先进事迹具有典型意义，错误性质比较严重，通常采用通报形式进行嘉奖或惩戒。告知下级机关或单位某信息或执行某事项，一般用通知，如果要在较大范围传达重要精神或者情况，通报的效果会更加好一些。

二、通报的特点

（一）内容的针对性
通报的内容要有较强的针对性，写入通报的内容应是具有典型意义的事件和人物，或者具有普遍意义的重要情况，不宜滥发通报。

（二）行文的时效性
通报所涉及的事实比较具体，有特定的发生时间、地点等，通报中反映的典型事件与当时的情况或普遍存在的问题和现象必然有着密切的联系。先进事迹、典型经验以及重要情况，只有及时通报才能更好地推广，更好地发挥作用。坏人坏事，反面典型，只有及时通报，才能起到警示和教育作用，以杜绝今后类似事件的发生，因此通报应该及时制发，注重时效性，才能达到行文的目的。

（三）作用的双重性
通报具有两个作用：一是教育作用。通报表彰先进的典型，批评错误的典型，目的在于树立学习榜样或者提供反面典型以资借鉴，使读者能够总结经验，吸取教训，思想上得到教益。二是交流作用。通报传达重要精神和重要情况，目的在于上传下达，加强上下级之间、部门之间的相互交流，信息共享，以促进工作。

三、通报的分类

（一）表彰性通报
表彰性通报指表彰具有典型意义的先进事迹和好人好事的通报。

（二）批评性通报
批评性通报指批评能普遍产生警戒作用的单位和个人的通报。

（三）情况通报
情况通报指传达重要精神或重要情况，起到交流情况、沟通信息，以促进工作的通报。

四、通报的结构和写法

通报由标题、主送机关或单位、正文和落款四个部分组成。

(一)标题

通报的标题由三个要素构成,即发文机关或单位、发文事项和文种,如《北方铜材铜线总公司关于线材公司重大安全责任事故的通报》。也有由两个要素构成的,即发文事项和文种,如《南疆市2012年住房公积金情况通报》。还有省去发文机关和发文事项,只写"通报"二字的。

(二)主送机关或单位

通报的主送机关或单位一般是发文机关或单位的下属机关或单位。有些普发性的通报可以省略主送机关或单位。

(三)正文

不同类型的通报,正文的写作结构和内容各不相同。

1. 表彰性通报。正文的内容首先是叙述先进事迹,包括时间、地点、人物、事迹、结果等。其次写对先进事迹的分析、评价,指出其典型意义,或概括主要经验。再次写表彰决定。最后提出希望或发出学习号召。

2. 批评性通报。正文的内容首先叙述事故或错误事实的经过情况,包括时间、地点、事故及其后果等。其次写对事故或错误进行分析评议,分析事故或错误发生的原因,指出事故或错误的性质及其危害。再次写处分决定。最后写应当吸取的经验教训,有的放矢地提出希望和要求。

3. 情况通报。通常包括概述情况、分析情况和针对情况提出希望或要求三项内容。

(四)落款

落款由发文机关或单位名称、成文日期两个要素构成。

 阅读例文1

中共淮东县委员会、淮东县人民政府关于表彰共青团淮西县委员会的通报

今年以来,团县委紧紧围绕县委、县政府中心工作,坚持把"突出招商引资,推进青年创业"作为团建工作的主题,以首届十大青年创业精英评选活动为抓手,全方位、多层次、宽领域地开展创业宣传工作,积极营造发展氛围,弘扬创业精神,经过团县委的精心组织、周密安排,整个活动取得了圆满成功,在全社会特别是在广大团员青年中产生了良好的社会反响。不少共青团干部带头到县外招商引资,带头在县办工业园投资办厂,积极投身于全县的经济建设活动,收到了明显成效。为此,县委、县政府决定:对认真组织首届全县十大青年创业精英评选活动并取得突出成绩的团县委予以通报表彰。

2012年,是实施"十二五"规划的第二年,也是我县工业经济发展的提速年和招商引资、项目建设的攻坚年以及改制创新的深化年。县委、县政府希望各级各部门认真学习团县委的大局意识,紧贴县委、县政府的中心工作,谋划事业的发展,在"坚持一主三化,构建四大格局"中建功立业;学习他们对工作极端负责的工作态度,在服务大局中开拓创新,不断推进全县经济又好又快地发展;学习他们扎实苦干的工作作风,敢于面对

第五节 通报

困难,勇于克服困难,忘我工作,为实现我县经济跨越式发展作出积极的贡献!

　　县委、县政府希望团县委认真总结这次评选活动的经验,在带领全县广大团员青年创业中,再接再厉,再立新功。

中共淮东县委员会　淮东县人民政府
二〇一二年十二月二十九日

 教师评析

　　这是一份由中共淮东县委员会、淮东县人民政府联合制发的表彰性通报。标题由发文单位、发文事项和文种三个要素构成,发文事项显现了通报的主旨。因发放范围较广,受文单位较多,故省略主送机关。正文第一段叙述该县团县委在"突出招商引资,推进青年创业"方面的先进事迹,段末写县委、县政府决定给予其通报表彰,显现通报的主旨。第二段号召全县各级各部门认真学习团县委的大局意识,建功立业精神。第三段是结尾,鼓励团县委再接再厉,再立新功。

　　正文的结构模块为:概述先进事迹→决定给予表彰→号召全县人民学习→对受表彰者提出希望。本通报用第一人称写作,材料真实,主题鲜明,层次清楚,树立了先进典型,具有指导意义。正文采用递进式结构。落款由发文机关名称和成文日期两个要素构成。

 阅读例文 2

某市教育局关于给予
虹口区奔牛中学违规办学处分的通报

各区县教育局:

　　虹口区奔牛中学课程安排和考试检测问题在我市"违规办学行为曝光台"曝光后,虹口区教育局高度重视,立即进行了调查处理。经查,曝光的问题基本属实,奔牛中学违反国家课程设置要求,对九年级考试学科增加了课时,非考试学科减少了课时;在2012—2013学年度上学期八年级的期末质量检测中,按照考试成绩给学生排名并公布。根据查实的问题,虹口区教育局对该校及负责人作出了严肃处理。对奔牛中学校长张某给予行政警告处分,并建议对奔牛中学给予市级规范化学校黄牌警告处分,进行为期一年的整改。

　　为进一步严肃纪律,经研究,市教育局决定对虹口区奔牛中学给予市级规范化学校黄牌警告处分,进行为期一年的整改。希望各区县教育局认真学习市教育局对违规办学行为坚决查处、严肃处理、认真整改的态度,进一步提高认识,采取切实有效措施,扎实做好"违规办学行为曝光台"所曝光问题的调查处理工作,实事求是地进行查处反馈,不断加大监控督查力度,严格规范学校办学行为。各区县对"违规办学行为曝光台"反映问题的查处意见在作出决定前应征求市教育局的意见,坚决纠正避重就轻、敷衍塞责的错误做法。

某市教育局
二〇一三年五月二十五日

教师评析

这是一份批评性通报。标题由发文机关名称、发文事项和文种三个要素构成,发文事项显现了通报的主旨。主送单位采用规范化的统称。正文第一段概述虹口区奔牛中学违反国家课程设置要求、违规办学的事实,以及该校所在地区教育行政管理部门查处的情况。第二段先写市教育局对虹口区奔牛中学违规办学给予其市级规范化学校黄牌警告处分。再向全市各区县教育局提出要求:对违规办学行为要坚决查处,严肃处理,认真整改。最后要求各区县教育局在查处违规办学作出处理决定前,应事先征求市教育局的意见。

正文的结构模块为:概述违规办学事实和所在地教育局查处的情况→决定给予黄牌警告处分→对各区县教育局提出希望→对各区县教育局查处违规办学问题提出要求。正文用第一人称写作,采用的是递进式结构。落款由发文机关名称和成文日期两个要素构成。

阅读例文 3

某市住房公积金管理委员会办公室关于 2012 年住房公积金情况通报

根据国务院《住房公积金管理条例》和《某市住房公积金管理条例》规定,经某市住房公积金管理委员会同意,现将某市 2012 年住房公积金情况向社会通报如下:

一、工作概况

2012 年,在市委、市政府的领导下,按照住房公积金管理委员会的决策,住房公积金管理中心紧紧围绕年度工作目标,克服困难、奋发进取,通过政策宣传、催建催缴、创新体制、检查执法等措施加大归集扩面,积极发放贷款,支持广大职工改善住房条件,为推进我市"住有所居"事业作出了贡献。

二、住房公积金归集和提取情况

2012 年全市归集住房公积金 100.27 亿元,完成市政府下达年度任务(82 亿元)的 122.28%,比 2011 年增长 23.09%;新增缴存单位 19 066 家,比 2011 年增长 81.38%。

2012 年,全市提取住房公积金 48.18 亿元,占当年归集额的 48.05%,比 2011 年增长 2.70%,其中购建住房和还贷等提取 36.77 亿元,离退休和离开本市等销户提取 11.41 亿元。

至 2012 年底,全市累计归集住房公积金 598.29 亿元(含息),提取住房公积金 297.1 亿元,住房公积金余额 301.19 亿元。

第五节 通报

至2012年底，全市有42 493个单位共230.90万职工建立了住房公积金制度。

三、住房公积金贷款发放和回收情况

2012年，全市发放住房公积金贷款14 924户，金额36.77亿元，完成市政府下达年度任务（35亿元）的105.03%；回收贷款2 497 048笔，金额30.39亿元。

至2012年底，全市累计发放住房公积金贷款255 669户，金额449.6亿元，回收贷款218.98亿元，住房公积金贷款余额230.62亿元。

通过加强管理，住房公积金贷款逾期率为0.11‰，比2011年下降了0.02‰。

四、增值收益及分配情况

2012年实现住房公积金增值收益1.85亿元。根据国家有关规定进行了分配：从增值收益中安排1.11亿元作为住房公积金贷款风险准备金，安排0.39亿元作为城市廉租住房建设补充资金。

2012年从住房公积金业务收入中支付全市缴存职工住房公积金利息6.14亿元。

某市住房公积金管理委员会办公室
二〇一三年一月二十日

 教师评析

这是一份住房公积金年度情况的通报。标题由发文机关、发文事项和文种三个要素构成，发文事项显现了通报的主旨。因受文对象较多，发放范围较广，故略去主送机关。正文开头第一个分句说明通报的根据，第二个分句说明经授权而发布通报，第三个分句是承上启下的承启语。主体部分采用并列式结构，分四个小标题围绕住房公积金的管理情况、归集和提取情况、贷款发放和回收情况、增值收益及分配情况展开叙述，数字具体、客观，有比较，有分析，层次清楚，主题鲜明，语言直白。正文事完文止，没有独立的结尾，也没有写希望和要求之类的内容，为秃尾文。

正文的结构模块为：开头（根据式）→承启语→主体（通报事项，并列式）。这份通报采用第三人称和横式结构（并列式）写作。落款由发文机关名称和成文日期两个要素构成。

 小贴士

写作通报要注意的问题

1. 叙述典型事实要准确、平实、简明。
2. 讲究时效性，及时行文。
3. 对事项的分析、评议要上升到较高的层面来认识，切忌就事论事。
4. 通报的决定事项不能与事实、政策相抵触。

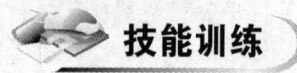

一、分析通报的写作结构，根据提供的材料写作通报

 分析与写作 1

休宁县健民针织品有限公司总经理秘书张云峰（男，37岁）交通安全意识淡薄，2012年4月20日晚7时许，酒后驾驶该公司新购进的别克牌轿车，在县环城路高速行驶，与捷达出租汽车公司一辆大众牌出租汽车相撞，酿成一起二死二伤的重大恶性交通事故，给国家和人民生命财产造成了重大损失。为从这一重大恶性交通事故中吸取教训，引以为戒，休宁县人民政府办公室及时制发了一份通报。

 教学互动

1. 以上材料应该写成哪一种类型的通报？
2. 标题怎样写才能显现通报的主旨？
3. 开头宜采用哪一种方式？主体宜采用什么结构方式？结尾应该怎样写？
4. 正文的结构模块会是怎样的？
5. 落款有哪些要求？

 写作示例

> **休宁县人民政府办公室**
> **关于健民针织品有限公司职工酿成**
> **重大恶性交通事故的通报**
>
> 各镇、乡人民政府，县各委办局，各总公司：
> 　　据县公安局交警大队报告：2012年4月20日晚7时许，健民针织品有限公司总经理秘书张云峰（男，37岁）擅自将本公司新购进的别克牌轿车开出单位。当张以每小时80公里的速度自西向东行至环城路十字路口时突遇红灯，由于张是醉酒驾车，精神恍惚，加之车速过快，来不及采取制动措施，与捷达出租汽车公司一辆由南往北正常通过路口的大众牌出租汽车相撞，致使出租车司机和一名女乘客当场死亡，另一名女乘客受重伤。张云峰本人受重伤，别克轿车严重损坏，大众牌出租汽车报废。
> 　　这起重大恶性交通事故，给国家和人民生命财产造成了重大损失。县人民政府已责成县公安局会同有关单位和部门严肃查处事故责任者，并做好善后处理工作。希望全县各单位都要从这一重大恶性交通事故中吸取教训，引以为戒。当前，春季旅游已进入旺季，全县交通流量不断加大。为确保我县交通秩序，下大力气减少交通事故，县政府提出以下要求：

第五节 通报

> 一、各单位要立即组织所有汽车驾驶人员认真学习本通报的内容,从中吸取教训,并组织驾驶人员联系本单位和本人行车实际,排查车辆隐患,整顿行车纪律,增强法制观念。尤其是对酒后驾车、超速行驶和抢道行驶的驾驶员,要加强安全教育,并依法严肃处理。
> 二、要严格履行交通安全责任追究制度。(展开部分略)
> 三、对干部、职工普遍进行一次交通安全教育。(展开部分略)
>
> 休宁县人民政府办公室
二〇一二年四月二十七日

 教师评析

这是一份情况通报。标题由发文机关、发文事项和文种三个要素构成,发文事项显现了通报的主旨。主送机关为规范化的统称。正文开头第一段简要叙述重大恶性交通事故的基本情况,重点是写该起重大恶性交通事故造成的触目惊心的后果。第二段先给这次交通事故定性为"重大恶性交通事故",指出其后果严重:"给国家和人民生命财产造成了重大损失。"接着提出处理原则,要求全县各单位引以为戒。段末一句承上启下,对交通安全问题提出要求。第三段至第五段承上文,采用并列结构具体提出三点要求。事完文止,没有独立的结尾。

正文的结构模块为:开头(概述事故情况和后果,递进式)→主体(先给事故定性,提出处理原则和引以为戒的要求,递进式;接着用一承启语,具体提出预防事故的要求,并列式)。这份通报的结构较为复杂,递进式、并列式混合使用,叙事清楚,先叙后议,叙议结合,主题鲜明,语句通顺。落款由发文机关名称和成文日期两个要素构成。

 分析与写作 2

在 2011 年教育部举办的全国职业院校技能大赛上,山东省代表团获得 27 个一等奖、35 个二等奖、36 个三等奖,团体总分列全国第四名,荣获团体二等奖。充分展示了该省职业教育良好的精神风貌和教育教学水平,为该省职业教育争得了荣誉。为了激励参赛单位和个人积极进取、改革创新、再创佳绩,经省教育厅同意,决定对参加全国职业院校技能大赛作出突出贡献的单位和个人进行表彰奖励。给某市教育局记集体二等功,给某市教育局副局长张天成、某市职业技术教育教学研究室主任林鸿飞、某市职业技术教育教学研究室主任刘振东、某商业学校校长柳建设、某交通职业中等专业学校校长李大庆 5 人记个人二等功,省教育厅希望受表彰的单位和个人再接再厉,不断取得新的成绩。号召全省各级教育部门要认真学习他们争先创优的精神,认真贯彻落实《山东省中长期教育改革和发展规划纲要(2011—2020 年)》,大力发展职业教育,加强职业教育基础能力建设,积极推进教育教学改革,提高职业教育发展水平,为加快经济文化强省建设、实现富民强省新跨越作出积极贡献。请根据以上材料,替山东省教育厅撰写一份通报。

教学互动

1. 以上材料应该写成哪一种类型的通报?

2. 该通报的主旨应该在标题哪一个要素中显现？

3. 开头、主体、结尾的表达方式各有什么特点？

4. 正文的结构模块会是怎样的？

5. 正文的结尾部分必须写上什么内容？

 分析与写作 3

2013年11月30日(星期六)，中国工商银行某市城北支行第一分理处组织职工到市外参观象山纪念馆等地。当晚10时左右，在前往南郊宾馆住宿途中，该行职工乘坐的大客车翻入路边湖中，造成3人死亡、2人重伤的特大交通事故。事故发生后，市政府和有关部门领导以及中国工商银行某市城北支行的领导立即赶赴现场组织抢救，做好伤员的安抚工作和死者的善后工作。某市城北支行还抽调人员到第一分理处顶班上岗，保证了该分理处第二天的正常营业。为防止此类事故再次发生，某市政府提出，目前正值秋游季节，人员外出活动增多，要求各部门、各单位一定要从"11·30"事故中汲取教训，高度重视交通安全工作，增强交通安全意识，尽量不要组织职工到外地长途旅游，组织到市郊秋游也要注意安全。在组织活动前，要对全体参加活动人员进行安全、卫生、交通和组织纪律教育，做好严密的组织工作，落实各项安全措施和岗位责任制，对所使用的交通工具要严格检查，坚决制止无照驾驶、超员运行，消除事故隐患。请根据以上材料，替某市人民政府撰写一份通报。

 教学互动

1. 以上材料应该写成哪一种类型的通报？

2. 标题一般包含几个要素？标题中显现主旨的是哪一个要素？

3. 开头、主体、结尾的表达方式和结构怎样安排？

4. 正文的结构模块会是怎样的？

5. 落款有什么要求？

二、综合测试

(一) 填空

1. 通报具有内容的_____性、行文的_____性和作用的_____性三个特点。

2. 批评性通报的正文首先要叙述事故或错误事实的经过情况，包括_____、_____、事故及其_____等。

3. 情况通报的正文包括概述_____、分析情况和针对情况提出_____或_____三项内容。

(二) 解释名词

1. 表彰性通报

2. 批评性通报

3. 情况通报

(三) 简答

1. 通报有哪些作用？
2. 表彰性通报的正文通常要写哪些内容？

(四) 阅读分析

模仿"教师评析"的方法，对下面的通报作出全面评析：

**江油县人民政府关于表彰
2013年度征兵工作先进单位和先进个人的通报**

2013年度，我县以党的十八大精神为指导，以《中华人民共和国兵役法》和国务院、中央军委颁布的《征兵工作条例》为依据，在市委、市政府的坚强领导和精心指导下，圆满完成了征兵任务。在征兵工作中，涌现出了一批先进单位和先进个人，为表彰先进，激励典型，经研究，决定对县公安局等7个单位和魏勇军等10名个人予以通报表彰。

希望受表彰的单位和个人珍惜荣誉，再接再厉，为全县征兵工作再创佳绩；全县各级各部门要以先进典型为榜样，学习先进，赶超先进，为切实做好新形势下征兵工作，推动全县基本现代化建设作出新的更大的贡献。

附件：2013年度全县征兵工作先进单位和先进个人名单

江油县人民政府
二〇一三年十二月三十一日

第六节　函

学习目标

一、技能目标

1. 能够分辨不同类型、不同行文方向的函
2. 能够分辨批请函（请批函）与请示的用途
3. 能够根据材料确定函的行文方向，写作相应类型的函

二、知识点

1. 函的含义和用途
2. 函的特点
3. 函的分类
4. 函的结构和写法
5. 批请函（请批函）与请示的区别
6. 写作函要注意的问题

任务导向

一、函的含义和用途

（一）函的含义

函是用于不相隶属机关或单位之间商洽工作、询问和答复问题、请求批准和答复审批事项的公务文书。

（二）函的用途

在工作实践中，函的用途极广，使用频率非常高，行文方向也很多，是一种"全能"的公务文书。具体说，主要包括四个方面。

1. 可用于平级机关或单位、不相隶属的机关或单位之间的公务联系和往来。如甲公司和乙公司联系业务、甲公司向工商行政管理部门联系某项经营业务等要用函。

2. 可用于业务主管部门答复或审批没有隶属关系的机关或单位请求批准的事项。如税务部门批准某残疾人企业请求减免税收的请求就要用批请函。

3. 可用于向不相隶属的业务主管部门请求批准有关事项。如某些工商企业的产品出口，向属地的业务主管部门商贸局请求批准就要用函。

4. 可用于机关或单位对个人事务的联系，如回复群众来信可以用函。

二、函的特点

（一）行文多向性

从行文方向看，函可以用作上行文、下行文，而在大多数情况下用作平行文。

（二）使用广泛性

从使用对象看，函不受级别高低、单位大小、集体与个人等的限制，被全社会广泛地使用，而受理函件的机关或单位都是以平等的身份进行联系和交往的。

（三）用语谦敬性

从行文语气看，无论是什么类型的函，用语都应注意谦恭有礼，尊重对方，语气平和，以获得对方的理解和支持。

三、函的分类

（一）按照行文方向分

1. 去函。指本机关或本单位为询问事项或请求批准而主动制发的函。
2. 复函。指为答复受文机关或单位所提出的问题或回复批准事项而被动制发的函。

（二）按照内容和用途分

1. 商洽函。指不相隶属的机关或单位之间商洽工作、联系有关事项的函。如联系参观学习、人员培训、工作调动等。

2. 询答函。指不相隶属的机关或单位之间互相询问或答复有关具体问题的函。询答函又可分为询问函和答复函。有些不明确的问题向有关主管机关或业务部门询问，用询问函。对有关机关或部门所询问的问题作出解释、答复，用答复函。询答函涉及的事项多数是问题而不是具体的工作。

3. 告知函。指告知不相隶属的机关或单位有关事项的函。

4. 批请函。指不相隶属的机关或单位之间请求批准或答复审批事项的函。批请函实际上又可分为请批函和审批函两种类型。请批函用于向不相隶属的业务主管部门请求审批事项；而审批函则用于业务主管部门答复不相隶属的机关或单位的请批事项。

四、函的结构和写法

函由标题、主送机关或单位、正文和落款四个部分组成。

（一）标题

函的标题由发文机关或单位名称、发文事项和文种三个要素构成。

（二）主送机关或单位

函的主送机关或单位多是不相隶属的机关或单位。有时直属上级机关或单位用函询问有关事项时，下级机关或单位也可以用函来答复。

（三）正文

正文由开头、主体和结束语三个部分构成。

1. 开头。写行文的原由、依据或者背景。一般来说，主动而发的去函，开头或说明依据上级有关文件的精神，或简要叙述本地区、本单位的实际需要、疑惑或困难。被动而发的复函，开头一般引述对方来文的标题及发文字号，有的复函还简述来函的主题，与批复开头的写法基本相同。接下来，有的复函以"现函复如下"或"现将有关问题函复如下"等承启语引出主体事项，即答复的主要内容。

2. 主体。写需要商洽、询问、答复、联系、请求批准或答复审批及告知的事项。函的内容一般比较单一，多为一事一函，行文较短，常常是开头、主体合为一段。少数事项复杂的才分条列项书写。

3. 结束语。即结尾。不同类型的函结束语有别。如果是商洽函或询问函，一般则要求对方复函，常用"盼复"、"望函复"、"请即复函"等结束语。如果是告知函，一般不需对方回复，常用"特此函告"、"特此函达"等惯用结束语。如果是批请函，一般则用"请大力协助为盼"、"望能同意"、"请批准"等结束语。如果是复函，常用"此复"、"特此函复"等结束语。

（四）落款

落款由发文机关或单位名称、成文日期两个要素构成。成文日期用汉字书写，"〇"不要写为"零"。年、月、日要完整。

阅读例文 1

华为建筑机械制造总公司
关于选派出国考察专业人员的商洽函

世新对外贸易公司：

　　我公司决定2013年12月组织10名专业技术人员赴美国、法国和英国考察建筑机械设备，拟请贵公司选派熟悉外贸谈判并精通英语和法语的专业人员各1名参加考察，协助我公司专业技术人员谈判。如蒙同意，请将同意派出出国人员的批件于7月底前寄给我公司总经理办公室。

　　专此奉达，务请函复。

华为建筑机械制造总公司
二〇一三年六月十九日

 教师评析

　　这是一份商洽函，去函。标题由发文单位、发文事项和文种三个要素构成。发文事项显现了这份商洽函的主旨。主送单位用全称。正文第一段开头第一个分句写发文原由，第二、三两个分句是商洽事项。最后一句提出要求，希望对方在7月底前提供出国人员批件。第二段以商洽函常用的惯用语结尾。结尾语言谦敬、平和、诚恳。

　　正文的结构模块为：开头（原由式）→事项（递进式）→结尾（强调式）。全文使用第一人称和叙述的表达方式写作，内容单一，主旨鲜明，行文简洁。落款由发文单位全称和成文日期两个要素构成。

 阅读例文 2

金城化学工业总公司
关于询问引进环保设备运转情况的函

三和化学制剂公司：

　　近闻贵公司从国外引进的大型环保设备运转不久即发生了故障，国外供应商派人前来调试后，现在运转情况如何？设备质量到底如何？请函告我公司，以便我公司决定是否从该国进口此类设备。

　　盼复。

金城化学工业总公司
二〇一二年九月十七日

教师评析

　　这是一份询问函,去函。标题由发文单位、发文事项和文种三个要素构成。发文事项显现了这份函的主旨。主送单位采用全称。正文包括开头(发文原由)、主体(询问设备质量问题)和结尾(祈请复函)三个部分。因内容单一、文字简短,开头和主体合为一段,结尾独立成段,用语谦敬。

　　正文的结构模块为:开头(原由式)→事项(递进式)→结尾(祈请式)。全文主题单一,事项具体,语言简洁。正文使用第一人称写作,表达方式以叙述为主。落款由发文单位全称和成文日期两个要素构成。

 阅读例文 3

三和化学制剂公司关于询问引进环保
设备运转情况的复函

金城化学工业总公司:

　　贵公司《关于询问引进环保设备运转情况的函》(东化字〔2012〕15号)收悉。我公司新近从国外引进的大型环保设备安装调试后,运转不久即发生了故障,我们立即电告国外供应商派技术人员前来检修和调试。现在设备运行正常,完全能够达到产品设计要求。经专家评估、验收,这套环保设备没有质量问题,出现故障系操作不熟练造成的。

　　特此函复。

三和化学制剂公司
二〇一二年九月二十四日

 教师评析

　　这是一份答复函,系被动而发。标题由发文单位名称、发文事项和文种三个要素构成。发文事项显现了这份函的主旨。主送单位采用全称。正文包括引语与发文字号、答复事项和结束语三项内容。第一句是引语和发文字号,说明复函的依据。第二句至第四句答复询问的事项。因文字简短,引语、发文字号和答复事项合为一段,惯用结束语独立成段。全文采用两段式结构写作。

　　正文的结构模块为:开头(原由式)→事项(递进式)→结尾(强调式)。全文采用第一人称写作,表达方式以叙述为主。落款由发文单位名称和成文日期两个要素构成。

阅读例文 4

鸿达进出口贸易总公司
关于某国铁矿石不再出口中国的通知函

镇远炼铁总公司：

贵公司长期从某国进口铁矿石，最近我公司接到该国于2013年4月底后不再向中国出口铁矿石的函，建议贵公司及早做好应对准备。

特此函告。

鸿达进出口贸易总公司
二〇一二年十一月十九日

教师评析

这是一份告知函，去函。标题由发文单位名称、发文事项和文种三个要素构成。发文事项显现了这份函的主旨。除主送单位外，正文包括发文原由、发文事项和结束语三个部分。第一个分句说明原由，第二、三两个分句叙述事项，文字简短，连成一体，故合为一段。惯用结束语独立成段。全文采用两段式结构写作。

结构模块为：开头（原由式）→事项（递进式）→结尾（强调式）。正文用第一人称和叙述的表达方式。落款由发文单位名称和成文日期两个要素构成。

阅读例文 5

某市农工商联合总公司
关于2013年各级管理费列支办法的函

市财政局：

根据市财政局《关于印发某市国有企业上交主管部门管理费税前扣除审批管理办法的通知》（某财税〔2012〕64号）文件精神以及我总公司的管理情况，我们拟定了《关于2013年各级管理费列支办法》，请求按此办法对所属公司在其销售收入2%的范围内收取管理费，并在上缴企业所得税前扣除。

以上请求当否，请函复。

某市农工商联合总公司
二〇一二年十二月二十七日

教师评析

这是一份请求批准的函，去函。标题由发文单位名称、发文事项和文种三个要素构成。发文事项显现了这份函的主旨。主送单位用全称。正文由发文依据、请求批准事项和请求语三个部分构成。开头说明发文的依据,接下来是请求批准的事项,即函的主体部分。发文依据和事项文字简短,合为一段。结尾请求语谦敬、平和、得体,独立成段。

正文采用两段式结构写作。其结构模块为:开头(根据式)→事项(递进式)→结尾(惯用结束语,强调式)。全文主题单一、鲜明,语言简洁。落款由发文单位名称和成文日期两个要素构成。

阅读例文6

某市外贸局关于同意投资国外采矿基地的复函

龙门矿业公司:

你公司《关于投资国外采矿基地的请批函》(龙矿字〔2012〕19号)收悉。经研究,现函复如下:

一、同意你公司在某国投资采矿基地。投资规模应控制在8 000万美元以内。

二、务请深入了解该国的法律保障和投资环境等问题,确保投资的安全性。

三、希望在签订正式合同之前,做好国际矿石市场的调研工作,确保投资的效益性。

某市外贸局
二〇一二年十二月二十七日

教师评析

这是一份批复函,系被动而制发。标题由发文机关、发文事项和文种三个要素构成。发文事项显现了这份复函的主旨。主送单位用全称。正文由引述语(包括发文字号)、批复事项两个部分构成。开头的引述语和发文字号说明复函的依据。"现函复如下",承上启下。主体的事项部分内容较多,采用分条列项的方式,分为三段。答复事项态度明确,表述周全,语言得体。全文采用多段式结构写作。因引述语和批复事项之间已用承启语"现函复如下",所以不需再写结束语。

正文的结构模块为:开头(根据式)→承启语(承上启下)→事项(并列式)→结尾(秃尾)。落款由发文机关名称和成文日期两个要素构成。

五、批请函(请批函)与请示的区别

1. 向有隶属关系的上级机关或单位请求指示及批准事项要用请示,受理请示的上级机关或单位答复或批准请示时用批复。

2. 向不相隶属的业务主管机关或单位请求批准有关事项,则用请批函,受理请批函的业务主管机关或单位答复请求时,用审批函。

写作函要注意的问题

1. 开门见山,直奔主题。无论是去函还是复函,都不要客套,发空泛的议论,更不能借题发挥,不着边际,而要开门见山,直叙事项。

2. 一事一函,简洁明了。由于事项单一,函的篇幅往往简短。简便、灵活是函的一个特点。

3. 语言要规范得体。去函的语言要平和、礼貌、诚恳,无论对主管机关、协作单位还是级别较低的交往单位,都要表示尊重,用语要谦敬、友善。复函则态度要明朗,表达要准确,不要含糊笼统、犹豫不定。

一、分析函的写作结构,根据提供的材料写作函

某市西城区人民政府2013年印发了一份79号文件,内容是要求全区有关街道做好民国著名民主人士故居的保护工作。在故居保护过程中,维修费用由各街道办事处承担50%,区旅游文化局以补助的方式承担50%。天桥街道办事处维修了其辖区内的两处故居,完工后经结算和审计,共支出维修经费824万元,该办事处要求区旅游文化局拨付一半维修费。请为该办事处撰写一份处理这项公务的文书。

1. 应该选用哪一种公务文书写作?

向对方申请拨付各种经费通常使用请示和函这两个文种,如果对方是直接的上级领导机关或单位,用请示;如果对方是平级机关或单位,或虽级别较高但不是直接的上级领导机关或单位,用函。除此之外,使用其他任何文种都是错误的。

2. 怎样确定双方之间的关系?

街道办事处是区政府的派出机构,区旅游文化局是区政府的组成部门,两者是平级单位,故不可用请示,只能选择函来办理这项公务。文种选择正确后,才可以进入写作程序。

3. 怎样确定行文方向?

这是一份主动发出请求拨付补助款项的函,属于去函。

4. 采用第几人称写作较合适?

无论去函、复函,都要使用第一人称写作。

第六节 函

写作示例

某市西城区天桥街道办事处
关于请求拨付维修民国著名民主人士故居补助款的函

区旅游文化局：

　　根据区政府《关于做好我区民国著名民主人士故居保护工作的通知》（某政发〔2013〕79号）的精神，我办事处最近对辖区内两处民国著名民主人士故居进行了维修，并设立了专门管理机构。经结算和区审计事务所审计，两处故居维修共支出资金824万元整。区政府文件规定，凡街道办事处负责保护的民国著名民主人士故居，其维修经费由所在辖区街道办事处承担50%，区旅游文化局以补助的方式承担50%，故区旅游文化局应承担412万元维修补助款。

　　请予审核拨款。

　　附件：关于天桥街道办事处维修民国著名民主人士故居经费的审计报告

某市西城区天桥街道办事处
二〇一三年十月二十八日

教师评析

　　这是一份请求拨付款项的函，去函。标题由发文机关名称、发文事项和文种三个要素构成。发文事项显现了这份函的主旨。主送机关要用全称或规范化简称，这份函用的是规范化简称。因为这两个机关同属一个区，故"某市西城区"等文字可以略去。

　　正文开头写明发生款项的依据是区政府文件（包括发文字号）。接着说明发生款项的具体事项和事项结束后产生的款项数额，并以区政府文件为依据，提出对方应拨付的补助款项数额，并交代款项数额是经过审计部门审计的。因正文的开头和主体部分文字较短，故合为一段写；结尾独立成段，以请求语结束，用语谦敬、平和、得体。全文采用两段式结构写作。主题单一、明确，层次清楚，结构完整。

　　正文的结构模块为：开头（根据式）→主体（即拨款事项，递进式）→结尾（祈请式）。

　　这份去函是请求对方拨付维修款项的，数据应真实可靠，不可让对方心中疑惑，所以要有第三方的审计。《审计报告》是这份函的附件，故要有附件一项。落款写明发文机关名称和成文日期。成文日期用汉字书写，"〇"不要写作"零"，年、月、日要完整。

分析与写作2

　　东方智能化学制剂有限公司是一家新建不久的中型公司，该公司决定对新招录的100名职工进行安全生产岗前培训，并于2013年5月10日给诚信职业技术学院发去一份请求委培的文书。具体要求是：2013年7月至8月，用两个月的时间完成培训任务。培训内容为某省安全生产管理局组织编写的《化工企业安全生产培训教程》；培训结束后要组织培训人员参加全省8月31日统一组织的"化工企业安全生产上岗证书"考试。该公司根据培训市场行情,将按每人1 800元标准支付培训费,培训人员报到后,一次性转账付清。同时该公司还要求诚信职业技术学院解决学员的食宿问题,所需经费按诚信职业技术学院的有关规定由该公司统一支付。请根据以上材料,代该公司撰写一份反映以上内容的公务文书。

 教学互动

1. 要处理以上公务,应选用什么样的文种才能实现?行文方向是怎样的?
2. 标题应该怎样写?主送机关或单位应该怎样写?
3. 正文应包括几个部分?要告知对方的核心内容有几项?结束语应该怎样写?
4. 落款应该怎样写?成文日期使用什么字体?
5. 这份公务文书适合使用第几人称写作?

 分析与写作3

诚信职业技术学院接到上述内容的文书后,经研究,同意该公司的请求和提出的培训时间、培训内容、培训费用标准、培训人员食宿、组织培训人员参加省里组织的上岗证书考试等要求。同时向该公司提出了把100名职工分为两个班教学并指定各班班长、自行解决参加培训人员教材的要求。请代该学院撰写一篇反映以上内容的公务文书。

 教学互动

1. 要回复对方询问并向对方提出要求,应选用什么样的文种才能实现?
2. 标题中要包含哪些要素?读者对象是什么单位?
3. 要告知对方的核心内容有几项?
4. 采用什么样的结束语比较合适?
5. 署名和写明成文日期要注意什么问题?

二、综合测试

(一) 填空

1. 按照内容和用途分,函可以分为_____、_____、_____和批请函四种类型。
2. 按照行文方向分,函可以分为_____和_____两种类型。
3. 审批函用于业务主管部门答复不相隶属的机关或单位的_____事项。

(二) 解释名词

1. 商洽函
2. 询问函
3. 审批函

(三) 简答

1. 请批函(批请函)和请示的用途有什么区别?
2. 写作函要注意哪些问题?

(四) 写作

1. 根据下面的材料,替某县农技推广站撰写一份请求支援的商洽性公务文书:

某县根据本县的气候条件和地理优势,决定在全县推广烟草种植项目。为掌握烟草种植技术,该县农技推广站准备于 2013 年 3 月下旬举办一期培训班,对全县准备从事烟草种植的农民进行一次技术培训。培训时间 3 天,参加培训的学员约 50 人,大多为具有高中文化程度的农民。拟请西南农业大学园艺系两位教授来县里面对面地传授烟草种植技术。两位教授的往返交通、食宿费用由该县农技推广站按实际支出报销,讲课酬金每人每天 1 000 元,培训结束后,该站直接和两位教授结清费用。

写作提示:认真阅读所提供的材料,明确行文方向和告知的事项;要充分利用所提供的材料,注意格式规范。

2. 根据题 1 和下面的材料,替西南农业大学园艺系撰写一份回复某县农技推广站的公务文书:

西南农业大学园艺系接到某县农技推广站请求派两位教授前往该县传授烟草种植技术的公务文书后,经研究,答应了某县农技推广站提出的所有要求,同时提出在某县建立西南农业大学园艺系生产实习基地的请求。

写作提示:认真阅读所提供的材料,明确行文方向和告知的事项;要充分利用所提供的材料,注意格式规范。

第七节 报 告

一、技能目标
1. 能够分辨不同类型的报告
2. 能够根据提供的材料写作相应类型的报告

二、知识点
1. 报告的含义和用途
2. 报告的特点
3. 报告的分类
4. 报告的结构和写法
5. 写作报告要注意的问题

一、报告的含义和用途

(一) 报告的含义

报告是用来向上级机关汇报工作、反映情况、回复上级机关询问的公务文书。

(二) 报告的用途

报告是党政机关、企事业单位和社会团体经常使用的重要的上行文。向上级机关或单位报告工作进展情况或出现的新情况以及今后的工作打算,答复上级机关或单位对于某些事项的查询,能够帮助上级机关或单位及时了解情况,掌握下情,为领导决策提供参考依据。同时,有利于下级机关或单位接受上级机关或单位的监督和指导。

二、报告的特点

(一) 内容的实践性

报告汇报工作,是对本单位工作的回顾或总结。所反映的情况只能是本单位在工作实践中所碰到的情况和问题。答复上级机关的询问,也只能依据本单位实践情况。报告的内容要真实,不能弄虚作假。做得好的要总结经验,做得不好的要总结教训。

(二) 表述的概括性

报告的表达方式以叙述和说明为主,但是叙述和说明是概括性的,只能是粗线条地勾勒,不能详细陈述事件或工作的过程,更不要求铺排大量的细节,即使运用议论,也仅限于夹叙夹议。

三、报告的分类

(一) 工作报告

指向上级机关或单位汇报工作的报告。工作报告常用来向上级机关或单位汇报某一阶段工作的进展、成绩、经验、存在的问题及打算;汇报上级机关或单位交办事项的结果;汇报对某一指示传达贯彻的情况;向上级机关或单位报送物件或材料等。工作报告也可以用来向上级机关或单位提出工作建议。有的报告提出的工作建议只要求上级机关或单位认可(如呈报类建议报告),有的则在提出建议的同时,还要求上级机关或单位批准并转发给其下级机关或单位执行(即呈转类建议报告)。

(二) 情况报告

指向上级机关或单位汇报出现的新情况、新问题,特别是突发事件、特殊情况、意外事故及处理情况的报告。

(三) 答复报告

指对上级机关或单位所询问的问题作出答复的报告。

四、报告的结构和写法

报告由标题、主送机关或单位、正文、落款四个部分组成。

(一)标题

报告的标题有两种:一是由发文机关或单位、发文事项和文种三要素构成的标题;二是省略发文机关或单位的两要素式标题。

(二)主送机关或单位

报告的主送机关或单位一般是发文机关或单位的直属上级机关或单位。如果有必要报送其他上级机关或单位,可采用抄报的形式。

(三)正文

报告的类型不同,正文的结构和内容也有所不同。

1. 工作报告。内容一般包括基本情况、主要成绩、经验教训、今后的计划或提出有关建议等几个部分。如果内容较多,要分条列项写,或分成若干部分写。

2. 情况报告。一般概括地叙述事件发生的原因、经过、性质,同时要写出处理意见、处理情况或处理建议。

3. 答复报告。一般包括答复依据和答复事项两部分内容。答复依据即上级机关或单位要求回答的依据。

不同内容的报告,结尾使用不同的习惯用语,一般报告常用"特此报告"、"以上报告请审阅"等结尾;提出建议要求上级机关或单位转发给下级机关或单位的工作报告,常以"如无不妥,请批转有关单位执行"等请求式用语结尾。

(四)落款

落款包括发文机关或单位名称和成文日期两个要素。成文日期要用汉字书写,年、月、日要完整。

阅读例文 1

南京市浦口区水利局关于
2011年水利工程汛前检查的情况报告

区政府:

今年2月以来,我局认真落实市防指及区政府工作要求,按照"准备早、措施实、应急快"的原则,认真组织汛前水利工程大检查,全面落实防汛防旱各项准备工作。现将2011年度水利工程汛前大检查的情况报告如下:

一、检查方式

2011年2月9日,区防指发出了《关于开展2011年度汛前水利工程大检查工作的通知》,要求各有关单位在2月底完成自查工作。在相关单位自查的基础上,3月初,区水利局、区防指联合对全区的水利工程进行了重点抽查。

二、重点工程进展情况

(一)长江干堤2010年应急加固工程

长江干堤2010年应急加固工程总投资6 798万元,加固堤防7公里。工程于2月15日完成招投标,19日开工建设,目前联合圩工程正在进行清杂及土方回填,占总体形象进度的30%,计划汛前完成主体工程,大桥北堡段计划汛后实施。

（二）石头河水利血防工程

石头河水利血防工程总投资1777万元,新建或改建两侧河道现浇砼护坡10.3公里,以满足血防和防洪要求。目前,工程已于3月8日开标,13日进场施工,汛前完成水下主体工程。

（三）小型水库除险加固工程

2011年度我区小型水库除险加固任务包括大顶山、侯坝、大黄、享堂、平坦共五座水库。总投资1238万元。目前大顶山水库已完成主体工程,占总体形象进度的95%;侯坝水库已完成两座涵洞和溢洪道砼工程,占总体形象进度的70%;享堂水库已完成涵洞砼浇筑、背水坡整坡,占总体形象进度的65%;大黄水库已完成涵洞砼浇筑,占总体形象进度的60%;平坦水库正在进行高涵及溢洪道砼浇筑,占总体形象进度的40%。五座水库计划汛前完工。

（略）

三、存在的险工隐患

本次防汛大检查共查出险工隐患23处,险工隐患主要有以下几个方面：

（一）河道堤防险工隐患

1. 部分堤段有散浸渗漏现象

（1）石碛河马陈段堤防有白蚁危害,汛期高水位时渗漏严重;（2）联合圩高旺河堤堤身土质差,汛期高水位时有散浸现象;（3）团结圩南农泵站处堤身土质差,汛期高水位时有散浸现象;（4）复兴圩永宁河堤防有白蚁危害,汛期高水位时渗漏严重。(略)

2. 部分堤段堤顶塌陷

三合圩清流河堤有白蚁危害,堤顶有塌陷现象。

3. 部分堤段有滑坡现象

七里河堤双涵站处汛期堤脚滑坡。

（略）

（二）水库及穿堤建筑物险工隐患

1. 涵闸检查情况

桥林街道明星涵启闭设备损坏;永宁镇白鹤涵、复兴涵启闭设备损坏。

2. 泵站检查情况

全区部分泵站年久失修,如顶山石佛农场站出水管断裂、永宁五四站出水管损坏等。

3. 水库检查情况

（1）狮子岭水库高水位时有渗漏现象;（2）三五水库高水位时有渗漏现象;（3）金坝水库高水位时有渗漏现象;（4）路南水库高水位时有散浸现象。

以上险情处理措施见附件。

四、下一步工作计划

根据防汛检查情况来看,我区的水利工程仍存在一些安全隐患,部分建筑物"带病"运行,影响防汛安全。为确保安全度汛,我们将做好以下几点：

（一）加强领导，落实责任（略）
（二）按时按质完成在建工程（略）
（三）落实消险措施，确保安全度汛（略）
（四）强化汛前各项准备工作（略）
附件：河道堤防险工险段处理情况统计表

南京市浦口区水利局
二〇一一年三月二十日

教师评析

这是一份汛前检查的情况报告。标题由报告机关、报告事项和文种三个要素构成。标题显现报告的内容。主送机关采用规范化简称。正文开头概述汛前检查工作已完成，结句承上启下。主体采用并列结构分四个小标题展开叙述，前三个小标题围绕主题叙述检查的情况，第四个小标题针对检查情况叙述下一步工作计划。每一个小标题之下，也是采用并列结构，反映情况真实具体。正文没有独立的结尾，事完文止。

正文的结构模块为：开头（叙述式）→主体（叙述式、总分结构）→结尾（秃尾）。《河道堤防险工险段处理情况统计表》用附件形式列出。落款由发文机关名称和成文日期两个要素构成。

阅读例文 2

某县依法治县领导小组
关于 2011 年度某县法治绩效考评计划的报告

市依法治市领导小组办公室：

为深入贯彻依法治县战略，全面落实法治建设各项工作任务，更好地服务和保障我县"转型、创新、跨越"三个发展，现制定 2011 年度法治建设绩效考评工作计划。

一、指导思想和主要依据

坚持以邓小平理论和"三个代表"重要思想为指导，以科学发展观为统领，按照省市法治建设工作部署，以法治城市和法治县（市、区）创建活动为抓手，以公民最关心的公共安全、权益保障、社会公平正义等民生问题为主体，以社会法治为主线，以工作创新为驱动力，通过开展绩效考核评估，在执政为民服务群众，以人为本保障公民权利、公正司法一心为民、完善社会管理、构建和谐社会等方面建立科学合理的指标体系，全面提高我县各项建设事业法治化管理水平，为"率先基本实现现代化、进入苏南强县"提供公平正义的法治环境。

其主要依据是：《某市关于开展"法治区（县）建设绩效考核评估工作"的意见》、《某市"法治区（县）"建设绩效考核评估办法的通知》、《某县国民经济和社会发展第十二个五年规划纲要》、县委十一届十九次全会工作报告、县人大十四届四次全会政府工作报告和2011年全县经济和社会发展奋斗目标等。

二、创建目标和考核项目

1. 争先创优目标:力争我县进入"江苏省法治县(市、区)"创建工作先进单位行列;80%的镇和单位建成市县两级"法治建设先进镇(单位)";95%的村(社区)达到县级以上"民主法治村(社区)";确保实现"六个不发生"。

2. 社会评价目标:力争广大干部群众和社会各界对执法队伍及其执法工作满意度在95%以上,对法治建设工作综合测评满意度在90%以上。

3. 考核项目。(详见附件)

三、工作措施

1. 加强组织领导。开展"法治建设绩效考评工作"是一项十分严肃认真、严谨细致的工作,也是推进法治建设的一项重要举措,党委、政府要把"法治建设绩效考评工作"纳入党政年度工作整体规划,县考评机构(县依法治县领导小组及其办公室)制定下发《法治建设绩效考评标准》,对年度所需完成的法治建设工作进行具体量化,对各项工作职责进行责任分解,明确责任部门。

2. 加强责任落实。各责任部门要深刻认识开展法治绩效考评工作的重要性,切实加强组织领导,对照在法治建设中所担负的工作职能、工作任务,建立健全责任机制,明确工作进度,排出工作计划,经常分析解决绩效考核工作情况和存在的问题,认真做好所负责的专项工作任务,确保法治绩效考评工作取得良好的效应,确保法治建设各项工作顺利完成。

3. 加强检查考核。县依法治县领导小组依据《江苏省法治县(市、区)创建考核内容及评分标准》和《某市关于开展"法治区(县)建设绩效考核评估工作"的意见》,对责任部门的目标任务完成情况进行跟踪督查,定期听取专题汇报,对措施不力、工作不实等问题突出的单位和领导,实行问责追究,对工作成效显著的单位和个人进行表彰。(略)

附件:2011年度法治绩效考核项目

某县依法治县领导小组
二〇一一年四月十二日

 教师评析

这是一份工作计划报告。标题由发文单位名称、发文事项和文种三个要素构成。发文事项显现了这份报告的核心内容。主送机关用规范化简称。正文开头两个分句说明发文目的和依据,第三个分句是承上启下的承启语。主体部分采用并列式结构,分三个小标题展开叙述,先叙述计划的指导思想和主要依据,再叙述创建目标和考核项目,最后叙述实现目标工作措施。指导思想明确,计划目标具体,工作措施得力。事完文止,没有独立的结尾。这份报告写得较为成功,主题鲜明,层次清晰,语言简洁。

正文的结构模块为:开头(目的式、根据式混合)→承启语→主体(并列式)→结尾(秃尾)。全文以叙述的表达方式向上级机关报告工作思路和工作措施。《2011年度法治绩效考核项目》不便在正文中叙述,以附件的形式随文报送受文机关。落款由发文单位名称、成文日期两个要素构成。

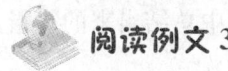 阅读例文 3

锦华钢铁有限总公司第二炼钢公司
关于第二炼钢公司工伤事故处理情况的答复报告

总公司：

  总公司领导 7 月 24 日电话询问我公司最近一起工伤事故的处理结果，并转告了工伤事故当事人及其家属上访的情况。对此，我公司又做了进一步调查、核实，现将有关情况报告如下：

  6 月 11 日，我公司发生了一起工伤事故，事故责任人是炼铁三分厂职工王宝成。该职工在工作期间，忽视安全生产，违章操作，导致其右手被机器压断。事故发生后，三分厂领导立即派人将其送公司医院，后又转到省人民医院进行治疗。因压断的手组织已坏死，无法接活，造成其右手终身残废。我公司的处理结果是：公司承担所有医疗费用，根据医院证明，休假 5 个月。休假期间，公司每月发给生活费 1 800 元。5 个月后上班，安排其适当的工作，并按工作岗位和考核绩效发放工资。该职工及其家属经常来公司上访，要求休假疗伤期间享受正常工作时的工资待遇。

  我公司认为，这起事故是由于王宝成违章操作造成的，按照公司的有关规章制度，应该给予其一定的处罚，现在已属从轻处理，王宝成及其家属过高的要求公司不能接受。我公司领导和公司工会负责人最近与该职工进行过多次沟通，该职工已认识到自己的过错，认为自己的要求过分，表示服从公司的处理意见，今后不再上访。

  特此报告。

锦华钢铁有限总公司第二炼钢公司
二〇一三年八月十二日

 教师评析

  这是一份答复上级询问的报告。标题由发文单位名称、发文事项和文种三个要素构成。发文事项显现了报告的主旨，"答复"表示是被动制发的公文。主送单位用规范化简称。正文开头一段说明答复的原由，结句是承上启下的承启语。主体由两段构成，前一段叙述事故发生和处理的情况。后一段是对总公司询问的具体答复，表明了第二炼钢公司的态度和与当事人沟通以后的结果。最后以报告的惯用语结束全文。

  正文的结构模块为：开头（原由式）→承启语→主体（递进式）→结尾（强调式）。这份报告围绕上级单位的询问答复问题，针对性强，叙述事件经过简明扼要，层次清楚，达到了行文的目的。落款由发文单位名称、成文日期两个要素构成。

 小贴士

写作报告要注意的问题

1. 注意工作报告与情况报告的区别。

2. 经验体会是工作报告的写作难点,经验体会必须是从实际工作中总结出来的能指导今后工作的规律性的东西,而不是简单的做法罗列。

3. 写情况报告要及时,以便及时让上级机关或单位掌握情况。

4. 写答复报告要紧紧围绕上级机关或单位提出的问题而回答,不能答非所问,转换主题。

5. 报告中不能夹带请示事项。

技能训练

一、分析报告的写作结构,根据提供的材料写作报告

分析与写作1

关于我市"家政服务工程"培训验收
工作情况的报告

省商务厅、财政厅、总工会:

在省商务厅、财政厅、总工会的大力支持和正确指导下,我市"家政服务工程"培训考试工作,已于2009年底按照计划全面完成。根据商务部、财政部、全国总工会《关于"家政服务工程"有关培训验收工作的通知》要求,我市商贸局会同市财政局、市总工会及江苏经贸职业技术学院继续教育学院、江苏省家政服务行业协会等有关专家组成"家政服务工程"培训验收小组,对我市五家家政服务定点培训单位的师资教学、考试就业等相关情况进行了认真严格的检查验收。现将我市"家政服务工程"有关培训及验收工作情况报告如下:

为认真做好"家政服务工程"培训工作,我市商贸局、财政局、总工会等部门紧密协作,加强领导,精心组织,扩大宣传,强化监督,全力推进"家政服务工程"培训工作。各家政服务定点培训单位充分发挥各自资源优势,创新办学模式,严格按照《家政服务员培训大纲》内容,认真制订教学计划,确定培训教材,积极招收家政服务培训人员;同时,还主动和劳动、妇联等部门加强沟通联系,落实就业渠道,切实做好各项培训工作。如江苏经贸职业技术学院继续教育学院和南京中青家政服务有限公司、南京快易洁清洗有限公司三家定点培训单位,通过强强联手、优势互补,共同搭建了一个场地规模大、培训设施全、师资力量强的家政服务培训基地,同时还率先开展"定单式"家政服务人员培训;南京宁工职业培训中心利用自身传统优势,以自有培训基地为主,分设外围教学点,方便学员就近培训,并积极协助解决培训人员就业问题;溧水县巾帼家政培训学校结合农村学员实际,招收有意从事家政服务的农民进行培训并推荐就业。2009年,我市经批准认定的五家家政服务定点培训单位,共培训学员2 160人,其中通过考试合格1 990人,已签订《劳动合同》或《劳务合同》1 460人,全面完成了省下达我市家政服务

人员培训计划任务。

根据国家、省商务、财政、工会等部门关于认真做好"家政服务工程"有关培训验收工作要求,确保培训验收质量,我市专门制定了《南京市家政服务工程培训验收工作程序》,下发了《关于组织"家政服务工程"培训验收工作的通知》,并按照科学、公正、高效的原则,通过采取全面检查学习档案资料,按比例抽查学员等方式,对五家定点培训单位的培训工作进行了全面认真的检查验收。经检查验收,我市家政服务定点培训单位的培训内容较为全面丰富,符合培训大纲要求;培训学员信息资料真实齐全;抽查学员基本掌握有关专业技能操作和护理,能够满足家政服务工作的实际需要;学员就业率达到了100%,达到了验收合格要求。

2010年,我市将在省商务厅、财政厅、总工会的正确指导下,继续深入推进"家政服务工程"培训工作,进一步规范家政服务就业培训,提升家政服务人员业务技能和素质,不断促进我市家政服务业持续健康发展,为解决就业、扩大内需、满足消费、促进社会和谐作出积极贡献。

特此报告。

南京市商业贸易局　南京市财政局　南京市总工会
二〇一〇年二月二日

教学互动

按照公务文书格式化、模块化的套路评析上面的报告:
1. 这是一份什么类型的报告?
2. 标题由哪些要素构成?主旨是如何显现的?
3. 主送机关的写法有什么特点?
4. 正文开头、主体、结尾各采用了什么表达方式?
5. 正文的结构模块是怎样的?
6. 落款有什么特点?

分析与写作2

2010年下半年,某市某区人民政府将紧扣"快发展、重民生、建和谐"的工作重点,统筹兼顾,突出重点,克服困难,鼓足干劲,扎实抓好各项工作的落实,确保全年目标任务的胜利完成。为此,特向市政府报告工作安排,以便市政府了解工作思路,给予大力支持和指导。

教学互动

1. 应该写成什么类型的报告?
2. 标题由哪些要素构成?主旨是通过哪一个要素显现的?
3. 主送机关的写法有什么特点?

4. 正文开头、主体各采用了什么表达方式？结尾有什么特点？
5. 正文的结构模块有什么特点？
6. 采用第几人称写作才合适？

写作示例

某市某区人民政府 2010 年下半年工作报告

市政府：

下半年，我们将紧扣"快发展、重民生、建和谐"的工作重点，统筹兼顾，突出重点，克服困难，鼓足干劲，扎实抓好各项工作的落实，确保全年目标任务的完成。

一、瞄准既定目标，认真抓落实、抓推进、抓完成

一是抓落实。认真检查全年目标的各个大项、子项，梳理责任落实情况、人头到位情况，逐项检查、分析任务落实的情况。二是抓推进。重点关注各项重点工程（项目）推进情况，推进的速度有没有按照序时进度来完成，每月定期召开六个重点工作专题推进会，分别是招商引资及项目专题推进会、财税工作专题推进会、重大基础设施建设专题推进会、拆迁工作专题推进会、城市管理工作专题推进会、全面达小康暨"五有"工作专题推进会，通过推进会的形式，确保工作推进不走过场。三是抓完成。稳步推进各项工作，努力形成工作合力，不折不扣地按进度完成各项目标任务。

二、针对主要工作，认真抓重点、抓难点、抓疑点

重点工作主要有财税工作、拆迁工作、招商引资、项目推进、工程建设、防汛抗旱、土地运作、融资问题、园区建设等；难点工作不少，如重点工作启动、重点项目拆迁、小康达标、社会稳定等；疑点工作方面，现在主要是反映在创新上，在政策的研究和利用上，特别是在规划、拆迁、土地供应等政策性的问题上，需要去研究、去创新、去实践。善于在遵循经济发展规律的同时，用国际化的眼光、现代化的要求、城市化的标准，促进我区又好又快发展，走出一条符合我区实际的发展之路。

三、围绕行政能力，认真抓队伍、抓学习、抓作风

首先是队伍建设。一是要提高干部的整体素质和水平；二是要教育干部，要牢固树立"小进也是退"的忧患意识；三是要有为了全区的事业和人民，甘愿奉献一切的吃苦耐劳精神；四是要有在改革发展中攻关破题的执政能力；五是要有一颗心系人民的赤子之心；六是要坚持廉洁从政，当好人民公仆。

二是学习建设。在新一轮发展中，市委、市政府对我区新的定位，以及国际国内新的形势发生的重大变化，特别是新型产业的打造，这些都需要我们的干部思想观念要及时更新，执政本领要及时提高，知识要和科学现代化及时相适应，所以要率先加强学习、与时俱进，这样才能善于捕捉机遇、抢抓机遇，才能够敢于面对挑战、应对挑战、战胜挑战，实现我区新的跨越。

三是作风建设。作风建设就是要培养求真务实的作风，培养真抓实干、少讲空话的作风，深入一线、调查研究的作风，破解难题、实现跨越的作风，只有通过作风的建设才能创

造一流的政务环境,一流的发展环境,才能最大限度地吸引中外投资客商选择我区投资。

以上报告,请审阅。

某市某区人民政府
二〇一〇年七月二日

教师评析

这是一份工作计划报告。标题由发文机关、发文事项和文种三个要素构成。发文事项显现了这份报告的核心内容。主送机关用规范化简称。正文开头说明工作计划目标和表明积极的工作态度。主体部分采用并列式结构,分三个小标题展开叙述,第一个小标题围绕目标"三抓",第二个小标题围绕工作"三抓",第三个小标题围绕行政能力"三抓",都是采用边叙边议的表达方式。这份报告主要是报告工作思路,所以写得比较宏观。采用第一人称写作,叙议结合,重点突出,层次清晰,语言简洁,是这份报告的特点。结尾为报告的惯用结束语。

正文的结构模块为:开头(说明式)→主体(并列式)→结尾(强调式)。落款由发文机关名称、成文日期两个要素构成。

二、综合测试

(一)填空

1. 报告具有内容的_____和表述的_____两个主要特点。
2. 报告可以分为_____报告、_____报告和_____报告三种类型。
3. 工作报告的内容一般包括_____、_____、经验教训、今后的计划或提出有关_____等几个部分。

(二)解释名词

1. 工作报告
2. 情况报告
3. 答复报告

(三)简答

1. 工作报告有哪些用途?
2. 写作报告要注意哪些问题?

(四)阅读分析

模仿"教师评析"的方法,对下面的报告作全面评析:

山阴县统计局关于一季度物价情况的报告

县政府:

2011年1—3月份,我县居民消费价格总指数107.26%。非食品价格指数101.81%;服务项目价格指数105.28%;工业品价格指数100.07%;扣除食品和能源价格指数101.27%；扣除鲜菜鲜果总指数107.72%；消费品价格指数107.75%。现就一季度价格运行情况作具体分析。

一、涨跌情况

食品。1—3月份，我县八大类商品呈六升二降格局。八类商品中，食品上涨16.44%；烟酒上涨0.42%；衣着上涨2.74%；医疗保健上涨1.46%；交通和通信上涨10.20%；居住上涨6.42%；家庭设备及维修服务下跌2.32%；娱乐教育文化用品及服务下跌5.99%。

食品涨幅较大，涨跌率16.44%，其中粮食涨6.32%；淀粉涨12.01%；干豆类及豆制品涨40.72%；油脂上涨32.11%；肉禽及其制品上涨6.33%；糖涨2.44%；茶及饮料涨2.59%；干鲜瓜果下跌10.19%；糕点饼干涨7.41%；液体乳及乳制品涨5.44%；在外用膳食品涨18.54%；其他食品上涨19.77%。

烟酒及用品。烟酒涨跌率0.42%，其中烟草涨3.92%；酒下跌6.14%。

衣着。衣着涨跌率2.74%，其中服装涨1.93%；服装中男式服装涨4.76%；女式服装下跌2.19%；儿童服装涨6.05%；衣着材料下跌0.33%；鞋帽袜涨8.55%；衣着加工费下跌21.75%。

家庭设备用品及维修服务。家庭设备用品及维修服务涨跌率-2.32%，其中耐用消费品上涨5.93%；耐用消费品中家具下跌20.11%；家庭设备上涨12.68%；室内装饰品上涨2.71%；家庭日杂用品下跌30.62%；家庭服务及加工维修服务上涨28.89%。

医疗保健和个人用品。医疗保健和个人用品涨跌率2.24%，其中医疗保健上涨1.46%；检查费下跌45.61%；住院费下跌45.23%；化验费下跌50%；呼吸系统用药下跌11.93%；循环系统用药上涨3.28%；神经系统用药下跌1.23%；个人用品及服务上涨3.75%；化妆美容下跌0.11%；清洁化妆用品上涨5.35%；个人饰品下跌1.99%；黄金价格上涨17.74%。

交通和通信。交通上涨9.17%，其中交通工具下跌2.46%；车用燃料及零配件上涨37.51%；车辆使用及维修费下跌6.92%；市内公交涨32.64%。通信上涨10.97%。通信工具下跌24.71%；通信服务上涨24.4%。

娱乐教育文化用品及服务。文娱类耐用消费品下跌14.28%；教育上涨0.65%；文化娱乐类下跌1.85%；旅游下跌19.4%。

居住。建房及装修材料上涨10.78%；房屋贷款利率上涨15.79%；水电燃料上涨4.23%；其中液化石油气上涨26.47%，其他燃料上涨34.17%。

二、一季度价格运行特点

一季度物价总水平涨幅7.26%，在近十年价格运行历史上绝无仅有，如果以定基分析(2008年为基期)，物价涨幅为11.37%，这意味着我市物价总水平进入新的一轮快速增长期。

价格是经济运行的"晴雨表"，由于我县经济持续快速增长，以及社会劳动力成本的普遍提高，价格总水平必定会顺应市场作出反应。一季度价格涨幅7.26%，是市场作用的结果。但应考虑三个因素,一是节假日因素,中国的传统节日春节在一季度,春节供应常常伴有上午价、下午价、瞬间价等不确定因素。二是冬季灾害性天气对市场供应的影响,如生产及储运。三是翘尾因素影响,去年一季度价格水平偏低,同期相比显得涨幅明显。

三、今后一段时期价格走势分析

依据价格运行规律,预计四月份价格仍在高位运行,指数约在107%,五月份向后会明显回落,物价总水平可能在103.5%—104.2%之间徘徊,全年价格总水平增幅在3.8%—4.2%之间。

以上报告,请审阅。

山阴县统计局
二〇一一年四月二十三日

第八节 请 示

学习目标

一、技能目标
一、技能目标
1. 能够分辨不同类型的请示
2. 能够根据提供的材料写作相应类型的请示

二、知识点
1. 请示的含义和用途
2. 请示的特点
3. 请示的分类
4. 请示的结构和写法
5. 请示与报告的区别
6. 写作请示要注意的问题

一、请示的含义和用途

(一) 请示的含义

请示是用来向上级机关请求指示、批准的公务文书。

(二) 请示的用途

请示的适用范围主要有以下几个方面:

1. 超出本机关或单位的工作职权范围,必须向上级机关或单位请示、批准才能办理时,要用请示。

2. 对有关方针、政策或上级机关或单位的有关规定、决定等不甚了解或有不同理解,需要请求上级机关或单位解释或重新审定时,要用请示。

3. 遇到本机关或单位职权范围内很难克服或无力克服的困难,需要请求上级机关或单位支持、帮助时,要用请示。

4. 工作中出现了新情况、新问题,必须处理却又无章可循,无法可依,有待上级机关或单位指示时,要用请示。

二、请示的特点

(一)事前行文性

请示一定要在工作开始之前行文,必须得到上级机关批准后才能付诸实施,不可先斩后奏。

(二)行文专向性

请示的行文方向是明确而固定的,只能呈递给有隶属关系的上级机关或单位。

(三)请求批复性

请示行文的目的非常明确,即要求上级机关或单位对请示的事项作出明确的批复。

三、请示的分类

(一)请求指示的请示

指下级机关或单位对政策、方针在认识上有不明确、不理解,或对新问题、新情况不知如何处理时使用的请示。

(二)请求批准的请示

指下级机关或单位限于自己的职权,无权自己办理或决定事项时使用的请示。

(三)请求支持和帮助的请示

指下级机关或单位遇到仅依靠自己的力量已很难克服或无法克服困难时使用的请示。

四、请示的结构和写法

请示由标题、主送机关或单位、正文和落款四个部分构成。

(一)标题

标题由发文机关或单位名称、请示事项和文种三个要素构成。标题中的事项要明确,语言要简明。

(二)主送机关或单位

请示的主送机关或单位是发文机关或单位的直属上级机关或单位。

(三)正文

请示的正文由请示原由、请示事项和结束语三个部分组成。

1. 请示原由。即请示的理由或根据。这部分内容既要实事求是,有理有据,说明充分,又要条理清楚,开门见山。原由是写作请示的关键,直接关系到请示事项能否成立,关系到上级机关或单位的审批态度。如果原由比较复杂,还必须写明必要的事实和数据,不能为追求简要而简单化处理,而要让领导知晓批准或不批准这个请示,将会分别出现什么局面。

2. 请示事项。即请求上级机关给予指示、批准或支持帮助的具体内容。事项要具体,所提的要求要有可行性和可操作性。如果内容比较复杂,则分条列项写。用语要明确,不能含糊其词。语气要得体。

3. 请示结束语。即请示的结尾。请示的结束语通常使用"妥否,请批复"、"请批准"、"请审批"、"以上意见当否,请指示"等惯用语。

（四）落款

落款由发文机关或单位名称、成文日期两个要素构成。成文日期用汉字书写,"〇"不要写作"零"。年、月、日要完整。

阅读例文 1

某省财政厅关于《会计人员职权条例》
中总会计师既是行政职务又是技术职称的请示

财政部：

　　国务院19××年国发〔19××〕23号通知颁发的《会计人员职权条例》规定,会计人员技术职称分为总会计师、会计师、助理会计师、会计员四种；其中,总会计师既是行政职务,又作为技术职称。在执行中,工厂总会计师按《会计人员职权条例》规定,负责全厂的财务会计事宜；可是每个工厂,尤其大工厂,授予总会计师职称的有四五人,究竟由哪一位负责全厂的财务会计事宜,执行总会计师的职责与权限呢？我们认为宜将行政职务与技术职称分开,总会计师为行政职务,不再作为技术职称,比照最近国务院颁发的《工程技术干部职称暂行规定》,将《会计人员职权条例》第五章规定的会计人员职称的"总会计师"改为高级会计师。

　　以上意见是否妥当,请指示。

某省财政厅
一九××年×月××日

教师评析

　　这是一份请求指示的请示。标题由请示机关、请示事项和文种三个要素构成。标题显示了这份请示的主旨。主送单位用规范化简称。正文开头第一句话说明请示的原由,为原由式开头。第二、第三两句是主体,写请求指示的事项,先提出两个法规性文件互相矛盾,难以执行的问题,再提出发文机关的建议。因文字简短,开头和主体合为一段。结尾是惯用结束语,独立成段,强调上级机关给出指示,用语谦敬、平和、得体。正文的结构模块为:开头(原由式)→主体(请求指示的事项,递进式)→结尾(惯用语,祈请式)。落款由发文机关名称和成文日期两个要素构成。

阅读例文 2

**某财会中等专业学校关于申请拨款
建设会计电算化教室的请示**

市教育局:

  为了满足社会对财会中等专业人才的需求,根据市教育局的统筹安排,我校连续3年扩大招生,在校生已由原1 200人增加到2 400人。由于学生数翻了一番,现有的会计电算化教室已无法满足教学需要。为保证会计、统计等课程实验的顺利进行,拟新建6个50座的会计电算化实验室。经预算,约需资金1 400万元。我校已自筹资金500万元,尚缺口资金900万元,请市教育局拨款解决。

  妥否,请批准。

  附件:会计电算化教室建设预算表

某财会中等专业学校
二○一一年十月二十日

教师评析

  这是一份申请批准拨款的请示。标题由发文单位、请示事项和文种三个要素构成,标题显示了这份请示的主旨。主送单位用规范化简称。正文开头第一句话采用目的式和根据式混合使用的方式,说明申请拨款的依据。主体部分提出请求事项,理由充分,有根有据,令人信服。由于文字简短,开头和主体两个部分合成一段。结尾独立成段,以祈请语结束全文,用语谦敬、得体。

  正文的结构模块为:开头(目的式、根据式混合)→主体(申请拨款的事项,递进式结构)→结尾(祈请式)。落款由发文单位名称和成文日期两个要素构成。全文主题明确,理由充分,结构严谨,格式规范。

  这份请示的目的是申请拨款,为了让主管部门信服,还特地准备了一份附件《会计电算化教室建设预算表》。这为上级主管部门科学决策,尽快批准请示事项提供了重要依据。

五、请示与报告的区别

  请示与报告都属于上行文,但是二者之间有明显的区别。

(一) 行文时间不同

  请示必须在事前行文,不能边干边请示,更不能先斩后奏;而报告可在工作开展之前行文,也可在工作进行之中行文,更多的则是工作结束之后行文。

（二）行文的目的、作用不同

请示旨在请求上级批准、指示、支持和帮助，需要上级给予批复，虽然有时也有陈述情况，但那是为请示事项服务的，重点还是在呈请上。报告旨在向上级汇报工作、反映情况、提出建议、答复上级询问，不需要上级答复，重点在呈报上。

（三）内容含量不同

请示内容单一，一文一事，篇幅短小，侧重于讲明原因、陈述理由、表述事项，体现的是请求性。报告内容复杂，容量可大可小，可以一文数事，也可以一文一事。侧重于陈述情况、总结经验教训，体现的是报告性。

（四）结束语不同

请示不能省略惯用结束语，一定要写上"以上请示，请批复"、"当否，请指示"一类惯用语。报告的结束语一般写"特此报告"、"以上报告，请审阅"，也有省略结束语的。

（五）受文机关处理方式不同

请示属于办件，受文机关或单位必须及时批复。报告多数属于阅件，除需要批转、转发的报告外，上级机关或单位对其余各类报告不必行文回复。

写作请示要注意的问题

1. 请示只能一文一事，不能一文多事。如果一文数事，会使受文机关或单位难以答复，不利于问题的迅速解决。

2. 请示只能报送给所隶属的上级机关或单位，不能越级请示。特殊情况，必须越级行文，应当同时抄报越过的机关或单位。

3. 请示不能滥用。凡本级机关或单位职权内的工作，或经过努力能够解决的问题和困难，都应尽力自行解决，不能动辄请示，矛盾上交。

一、分析请示的写作结构，根据提供的材料写作请示

 分析与写作 1

腾达竹制品有限公司拟实行全员持股计划，员工持股占公司总股本的 50%。公司工会作为独立的社团法人，成为员工持股主体。工会下设员工持股会，作为员工持股管理机构，负责员工持股的管理和运作。员工持股会由全体持股员工组成，持股员工将其股份书面委托工会代管，工会领导下的员工持股会代表持股员工行使股东权利和股东义务。按政策规定，员工持股一次性付款给予七折优惠，公司付款期限为持股方案获得批准后的一个月内，在此期限内付款视为一次性付款。按照政策规定，公司改制及员工持股所涉及的产权转让可免办理产权交易手续。为此，该公司就以上事项要向某市国有资产管理局呈送一份请求批准的公务文书。

教学互动

1. 选择什么样的文种最合适？

按照有关规定，公司改制要经过上级政府主管机关批准。腾达竹制品有限公司的上级政府主管机关是市国有资产管理局。因此根据提供的材料和要求，应该选择请示这个文种。写作材料说得已很清楚。在过去的写作训练中，不少同学没有理解题目的要求，有的选择通知文种，有的选择报告文种，有的选择通告或公告文种，还有的选择决定文种，全都选错了。主要原因是对文种知识学习不够扎实。看来，对文种知识的学习不可疏忽。

2. 怎样才能最大限度地利用提供的材料？

这里提供的材料已很完整，只要组织一下就可以形成一份请示，可是不少同学往往对提供的材料没有很好地利用，而是另起炉灶去写，结果与提供的材料相差太远，没有表达清楚应该表达的意思，由此可见，加强写作训练十分必要。

 写作示例

腾达竹制品有限公司
关于实施员工持股计划的请示

市国有资产管理局：

根据政策规定，本公司作为改制重组的国有公司，拟实行员工持股计划，现将有关事项请示如下：

一、本公司拟实行全员持股计划，员工持股占公司总股本的50%。

二、本公司工会作为独立的社团法人，成为员工持股主体。工会下设员工持股会，作为员工持股管理机构，负责员工持股的管理和运作。

三、员工持股会由全体持股员工组成，持股员工将其股份书面委托工会代管，工会领导下的员工持股会代表持股员工行使股东权利和股东义务。

四、按政策规定，员工持股一次性付款七折优惠，本公司付款期限为持股方案获得批准后一个月，在此期限内付款视为一次性付款。

五、按照政策规定，公司改制及员工持股所涉及的产权转让可免办理产权交易手续。

妥否，请批示。

腾达竹制品有限公司
二〇一二年十月九日

 教师评析

这是一份请求批准的请示。标题由发文单位、请示事项和文种三个要素构成。请求事项显现了请示的主旨。因请示者和被请示者有隶属关系，都在一个区域内，所以主送机关用规范化简称。正文开头前一分句说明制发请示的依据，后一分句是承启语；承上启下;主体部分采用并列式结构,分五段较详细地说明请示事项;结尾采用惯用的结束语,独立成段。

正文的结构模块为:开头(根据式)→承启语→主体(请示事项,并列式)→结尾(祈请式)。落款由发文单位名称和成文日期两个要素构成。全文主旨单一,结构完整,格式规范。

分析与写作 2

湖南省人民政府办公厅《关于进一步规范政府办公驻地迁移管理工作的通知》(湘政办通〔2011〕215号)规定,政府搬迁建设行政大楼占用土地10亩以内的由县级人民政府批准。浏阳县某乡人民政府根据该县乡镇建设规划和该乡经济发展的需要,拟将乡政府驻地从上港村1组迁到西坝村5组,约占用耕地1亩,丘陵荒山地7.5亩。为此,该乡政府向县政府呈送了一份公文。请代该乡撰写这份呈送县人民政府的公务文书。

教学互动

1. 根据以上提供的材料,选用什么文种写作最合适?
2. 在标题中怎样显现这份公务文书的主旨?
3. 主送单位怎样写?
4. 主体部分可分为几段来写?
5. 结尾有什么特点?

写作示例

浏阳县某乡人民政府
关于乡政府驻地搬迁征地的请示

县政府:

  湖南省人民政府办公厅《关于进一步规范政府办公驻地迁移管理工作的通知》(湘政办函〔2011〕215号)规定,政府搬迁建设行政大楼占用土地10亩以内的由县级人民政府批准。根据我县乡镇建设规划和我乡政府驻地即将出让开发经济项目的情况,我乡政府机关拟从上港村1组迁址到西坝村5组。经过现场勘察和初步规划,乡政府机关办公楼和附属设施建设约需征用土地8.5亩(其中耕地1亩,荒山丘陵地7.5亩)。

  当否,请批示。

浏阳县某乡人民政府
二〇一二年十月十九日

教师评析

这是一份请求批准的请示。标题由发文机关、请求事项和文种三个要素构成。请求事项显现了请示的主旨。因请示者和被请示者是上下级隶属关系,所以主送机关用规范化简称。正文开头第一句写明请示的政策依据;第二句写乡政府驻地搬迁的根据;第三句写请示事项,这是请示的核心内容和主旨。由于事项单一,全文篇段合一,只有一段。

正文结构模块为:开头(根据式)→主体(请示事项)→结尾(惯用结束语,祈请式)。落款由发文机关名称和成文日期两个要素构成。

二、综合测试

(一) 填空

1. 请示可以分为请求_____的请示、请求_____的请示和请求_____的请示三种类型。

2. 请示的正文由请示_____、请示_____和结束语三个部分组成。

(二) 解释名词

1. 请示

2. 请示事项

(三) 简答

1. 写作请示要注意哪些问题?

2. 请示与报告有哪些区别?

(四) 写作

根据下面的材料,替某市生物工程研究所撰写一份请求拨款的公务文书:

某市生物工程研究所为适应日益扩大的业务范围需要,拟在研究所大院内兴建一座生物工程实验室,经设计部门设计和工程预算,建筑面积为1 000平方米,约需资金1 000万元;购置各种型号的生物工程实验设备约需资金1 200万元,两项合计共约需资金2 200万元。该所自筹资金1 000万元,向其主管部门某市科技局申请拨款1 200万元。

写作提示:认真阅读所提供的材料,选定正确的文种;明确行文方向和申请的事项;要充分利用所提供的材料,注意格式规范。

第九节 批 复

 学习目标

一、技能目标

1. 能够分辨不同类型的批复

2. 能够根据提供的材料写作相应类型的批复

二、知识点

1. 批复的含义和用途

2. 批复的特点

3. 批复的分类

4. 批复的结构和写法

5. 写作批复要注意的问题

第九节 批　复

任务导向

一、批复的含义和用途

（一）批复的含义
批复是用来答复下级机关请示事项的公务文书。

（二）批复的用途
批复是下行文，有请示必有批复，所以说批复与请示是一对"连体"公务文书。

二、批复的特点

（一）被动性
批复依据下级机关或单位的请示而被动地行文，没有请示就不可能产生上级机关或单位的批复。

（二）针对性
批复的内容必须紧扣请示的内容，下级机关或单位请示什么事项就批复什么事项；批复的主送机关或单位是提出请示的下级机关或单位，即谁请示就给谁批复。

（三）指示性
批复是上级机关或单位领导意图的具体体现，对下级机关或单位具有行政约束力。上级机关或单位准许下级机关或单位怎样做，不准许怎样做，具有指示和法规作用。

三、批复的分类

（一）请求指示的批复
指对下级机关或单位领会国家有关政策或上级机关的有关规定、决定不准确或不甚了解，作出的解释性、指示性的答复。

（二）请求批准的批复
指对下级机关或单位请求办理或请求处理的事项表明态度的答复。

（三）请求支持和帮助的批复
指针对下级机关或单位在遇到难于解决或无力克服的困难时而提出请求支持或帮助的请示所作的批复。

四、批复的结构和写法

批复由标题、主送机关或单位、正文和落款四个部分构成。

（一）标题
批复的标题比较复杂，有的批复标题还比较长。常见的有以下几种写法：

1. 由发文机关或单位名称、批复事项和文种三个要素构成。如《西海冶金工业公司关于同意第二分公司扩建厂房的批复》。
2. 由发文机关或单位名称、请示标题和文种三个要素构成。如《北方报业集团对〈关于给予记者莫时仁同志开除行政处分的请示〉的批复》。

（二）主送机关或单位

批复的主送机关或单位一般是发文机关或单位的直属下级机关或单位。

（三）正文

批复的正文一般由批复引述语、批复事项和批复结束语三个部分组成。

1. 批复引述语。即批复开头引述的请示标题，发文字号（发文字号要加上括号）等。如："你公司《关于组织曾志全等技术人员赴美国考察的请示》（钢分字〔2014〕19号）收悉。"引述来文是为了说明批复的依据。据此，可以认为，以引述语开头实际上就是一种根据式开头。

2. 批复事项。即批复的核心部分，需要对请示事项给予明确答复或具体指示。一文一批复，要求做到态度鲜明，语言简洁明了，不能模棱两可，让下级机关或单位无所适从。

一般来说，对常规事项、例行工作的批复，特别是同意有关请示事项的批复，不必阐述批复的理由，只要表明同意的态度即可。如果不同意请示的事项，或对下级机关或单位请求的支持和帮助难以满足，除在批复中表明态度外，一般还需要适当说出理由，以便让请示者能较好地接受，并及时作出相应的工作安排。

3. 批复结束语。即批复的结尾。批复一般以"特此批复"、"此复"等结尾。有些批复在批复事项之后还另写出有关执行要求。

（四）落款

落款由发文机关或单位名称、成文日期两个要素构成。成文日期用汉字书写，年、月、日要完整。

阅读例文

某市教育局关于同意
拨款建设会计电算化教室的批复

某财会中等专业学校：

你校《关于申请拨款建设会计电算化教室的请示》（某财校字〔2011〕5号）收悉。经研究，同意拨款900万元给你校建设会计电算化教室。希望你们认真做好施工管理工作，在确保工程质量的基础上保证按时完工，不要影响教学工作。工程竣工后，市教育局基建部门将组织对工程的验收。

此复。

某市教育局
二〇一一年十月三十一日

教师评析

这是一份批准请求请示的批复。标题由批复机关名称、批复事项和文种三个要素构成，标题显示了这份批复的主旨。主送单位用全称。正文开头第一句是引语，包括请示的标题和发文字号两项内容,实际上就是这份批复的依据。第二句至第四句是批复的主体部分。第二句是批复事项,态度明确,语言简洁;第三句是上级机关对下级提出的工作要求;第四句提出工程竣工后验收的要求,针对性极强。由于文字简短,开头和主体两部分合为一段。结尾即批复的结束语,独立成段。

正文的结构模块为:开头(引语加发文字号,根据式)→主体(批复的事项,递进式)→结尾(惯用结束语,强调式)。落款由发文机关名称和成文日期两个要素构成。全文主旨鲜明,结构完整,格式规范。

写作批复要注意的问题

1. 一份批复针对一份请示。有时几个下级机关或单位联合请示同一件事,经研究后,应分别给各个下级机关或单位行文批复。

2. 要有针对性。写作批复前要核实请示事项的真实性,研究请示中所提方案的可行性,以及下级机关或单位提出问题的背景,这样的批复才会有针对性。

3. 态度要鲜明,意思要明确。同意或者不同意,立办还是缓办,不能含糊其词,模棱两可,让下级机关或单位不得要领。切忌使用"酌情办理"、"似属可行"和少用"原则上同意"之类的词语。

4. 要迅速及时。下级机关或单位是在遇到无法解决的问题时才制发请示的,如果批复拖拖拉拉,就会贻误下级机关或单位的工作,甚至会给工作带来重大损失。

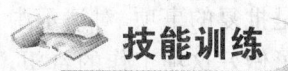

一、分析批复的写作结构,根据提供的材料写作批复

分析与写作 1

腾达竹制品有限公司一周前就实行公司改制、全员持股事宜向市国有资产管理局呈送过一份请求批准的公务文书。某市国有资产管理局收到腾达竹制品有限公司的请示后,经过调查,了解到该公司请示的情况完全属实。根据国务院有关规定,经研究,同意该公司所请示的事项。请为该市国有资产管理局撰写一份答复性的公务文书。

教学互动

1. 标题应该怎样写?哪一个要素能够显现文书的主旨?
2. 开头应该采用哪一种形式?
3. 正文主体部分可分为几段来写?
4. 结尾有什么特点?
5. 落款有哪些要求?

写作示例

**某市国有资产管理局关于同意
腾达竹制品有限公司实施员工持股计划的批复**

腾达竹制品有限公司：

　　你公司《关于实施员工持股计划的请示》（腾竹字〔2012〕2号）收悉。经研究，同意你公司于2012年度起进行改制工作，并实施员工持股计划，员工持股可占公司总股本的50%。公司改制及员工持股所涉及的产权转让可免办理产权交易手续。希望你们按照股份制企业的有关管理规定，认真做好员工持股管理和运作的各项工作。

　　特此批复。

某市国有资产管理局
二〇一二年十月二十八日

 教师评析

　　这是一份请求批准请示的批复。标题由批复机关、批复事项和文种三个要素构成，批复事项显现了批复的主旨。主送单位用全称。正文开头一句引述请示的标题和发文字号，因开头用了"你公司"，为避免重复，引述的标题略去了请示的制发单位"腾达竹制品有限公司"，保持语言畅达，引述的发文字号是虚拟的，发文字号外面要加括号。引语和发文字号是批复的依据，故正文开头为根据式开头。主体共有四句，是批复的事项，对请示中的重要内容直接引述，表示慎重、强调，态度十分明确，同时提出了做好这项工作的希望。结尾用批复的惯用结束语，独立成段。

　　正文的结构模块为：开头（引语加发文字号，根据式）→主体（批复的事项，递进式）→结尾（惯用结束语，强调式）。落款由发文机关名称和成文日期两个要素构成。批复及时，针对性强，语言简洁，态度鲜明，结构完整，格式规范，是这份批复的特点。

 分析与写作 2

　　浏阳县人民政府接到某乡人民政府请求征地迁址的公务文书后，根据该县乡镇建设规划和该乡经济发展的需求，经研究，同意该乡政府驻地迁址。同时要求该乡严格按照省政府办公厅《关于进一步规范政府办公驻地迁址管理工作的通知》精神实施迁址工作，在征地时尽可能不占用耕地。请代该县人民政府撰写一份同意征地的公务文书。

教学互动

1. 根据以上提供的材料，选用什么的文种写作最合适？
2. 标题包含哪些要素？怎样显现批复的主旨？
3. 开头应该采用哪一种形式？
4. 主体部分可分为几段来写？适宜采用什么表达方式？

5. 结尾采用什么惯用格式?

二、综合测试

(一)填空

1. 批复具有_____性、_____性和_____性三个特点。
2. 批复的正文一般由批复_____、批复_____和批复结束语三个部分组成。
3. 批复引语引叙来文是为了说明批复的_____。

(二)解释名词

1. 批复
2. 请求指示的批复

(三)简答

写作批复要注意哪些问题?

(四)写作

根据下面的材料,替某市科技局撰写一份答复性的公务文书:

某市科技局接到该市生物工程研究所的公文后,经研究,同意该研究所请求批准的事项。同时向该研究所提出了两个要求,一是要求该研究所认真做好业务市场和生物工程实验设备市场的调研,以保证实验室建成后充分发挥作用,实验设备价廉物美,满足实验的需要。二是对建筑施工进度与质量以及设备采购与安装等提出了要求。

写作提示:认真阅读所提供的材料,选定正确的文种;明确行文方向和回复的事项;要充分利用上一节"综合测试"中"写作"题和本题所提供的材料,注意格式规范。

第十节 纪 要

 **学习目标**

一、技能目标

1. 能够分辨不同类型的纪要
2. 能够根据提供的材料写作纪要

二、知识点

1. 纪要的含义和用途
2. 纪要的特点
3. 纪要的分类
4. 纪要的结构和写法
5. 写作纪要应注意的问题

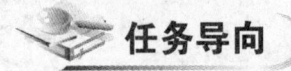

一、纪要的含义和用途

(一) 纪要的含义

纪要是用于记录和传达会议情况和议定事项的公务公文。纪要是根据会议的指导思想和目的要求,在会议记录和会议有关文件的基础上,将会议的基本情况以及决议事项加以综合整理而形成的。

(二) 纪要的用途

纪要的行文方向多元,可以上传,也可以下达,它的作用是沟通情况,交流信息,指导工作等。

二、纪要的特点

(一) 纪实性

纪要是一种实录性的公务文书,应如实反映会议的主要内容,不能把没有经过讨论的问题写进会议纪要,不然,会议纪要就失去了客观真实性,违反了纪实要求。

(二) 提要性

纪要是依据会议情况综合而成的。撰写会议纪要应围绕会议主旨及会议主要精神来整理、提炼和概括。纪要的重点应该放在介绍会议精神和决议上,而不能仅叙述会议过程,切忌写成流水账。

(三) 约束性

纪要一经下发,就要求与会单位和有关人员遵守、执行,具有较强的约束性。

三、纪要的分类

可以从不同的角度,按照不同的标准对纪要进行分类。

(一) 按纪要的性质分

纪要可以分为办公会议纪要和专项会议纪要。办公会议纪要是各级党政机关、企事业单位、社会团体召开的定期或不定期的工作会议所形成的会议纪要;专项会议纪要是为研究某一专项问题而召开的会议所形成的会议纪要。

(二) 按纪要的内容分

纪要可分为专题性会议纪要和综合性会议纪要。专题性会议纪要主要反映与会者就会议主要议题,在统一认识的基础上所形成的决议、决定。这种会议纪要大多用于企事业单位专门召开的座谈会、研讨会等,其主要特点是主题的集中性与意见观点纷呈性相结合,既要归纳比较集中、统一的认识,又要将各种不同观点和倾向性意见都表达出来;综合性会议纪要侧重于概述会议基本情况,包括会议的议题、讨论情况、讨论结果等。

四、纪要的结构和写法

纪要的结构和写法都比较灵活,但大致的结构还是比较固定的。

第十节 纪 要

(一)标题

纪要的标题一般由会议名称和文种两个要素构成。如《金城机械有限公司2013年年终总结会议纪要》、《北疆生产建设兵团教育工作会议纪要》。这是会议纪要标题最常见的写法。

还有一种标题是由会议的主要内容和文种两个要素构成的。前一个要素显现公文的主旨。如《加强价格监管工作会议纪要》、《落实城市长效管理措施会议纪要》。

会议纪要的成文日期即会议通过事项的时间或领导人签发的时间,一般在标题下居中位置,用括号标明年、月、日,也可把成文日期写在结尾的署名下面。

(二)正文

纪要的正文由三个部分组成:开头部分,写会议的基本情况,包括会议召开的背景,会议的指导思想和目的要求、会议名称、会议的地点和时间、主持者、与会人员、主要议程、主要解决或讨论的问题、对会议的评价等。主体部分,写会议的主要精神和会议概况,包括研究的问题、讨论的意见、确定的措施等。结尾部分,一般提出希望和要求。也有的会议纪要事完文止,不写结尾。

纪要在行文时,通常使用一些较为固定的用语。如前言部分的常用语,"现将这次会议研究的几个问题纪要如下"、"现将会议主要精神纪要如下"。主体部分也常常用"会议认为"、"会议指出"、"会议听取了"、"会议决定"等语句。

(三)落款

由制发文件的机关名称或单位、成文日期两个要素构成。如果标题下已经注明会议名称和通过事项的日期,则可以不落款。

阅读例文

常州市武进区花园街北延工程房屋征收
补偿方案征求意见座谈会纪要

(二〇一三年六月五日)

2013年6月2日上午9:00,常州市武进区花园街北延工程指挥部在中凉综合市场二楼会议室召开座谈会,征求对《花园街工程建设项目国有土地上房屋征收补偿方案(征求意见稿)》的意见。会议由工程指挥部办公室居杏芬主任主持。参加会议的有花园街北延工程中被拆迁的四个国有土地住宅小区的全体居民、武进区住房和城乡建设局领导、武进区湖塘镇房屋征收服务中心、嘉禾地产评估公司、真诚拆迁公司、武进区信访局等有关单位和部门的工作人员。

会议介绍了花园街北延工程的主要情况。花园街北延工程南起于定安路,向北经过人民路、聚湖路、金鸡路、312国道、京杭大运河、运河路,向北穿越中凉新村及规划中的夏雷路、富盛路,终于中吴大道,全长3.5公里,武进区段长3公里,规划红线宽度36米(其中夏雷路以北段属于天宁区,宽度30米),工程计划投资约4.5亿元(其中跨运河桥梁投资约1.5亿元)。由于此路段向北穿越的中凉新村涉及四个住宅小区,且居民都为常州市区的拆迁户、外来人口、被征收农用土地人口、退休及下岗职工,情况比较复杂。房屋征收工作启动后,遇到的阻力较大,工作开展进度慢,干群矛盾有激化的趋势。所以,及时召开这次座谈会,解释房屋征收补偿方案,听取被拆迁居民的意见,是非常必要的。

经过广泛征求被拆迁居民的意见,平等协商,反复讨论,各方最终达成了基本一致的认识。会议对房屋征收补偿方案做了相应的调整,并作出如下决定:

一、进一步征求被拆迁居民意见,延长意见收集期限。

二、增设拆迁丈量评估奖励。在规定拆迁丈量奖励期限内配合完成入户丈量评估的,给予丈量评估奖,标准为8 000元/户。具体丈量奖励期限自征收决定公告后在征收现场另行公布;在丈量奖励期限内未配合丈量的不予奖励。

三、增设拆迁签约奖励。在拆迁签约奖励期内签订征收补偿协议的给予签约奖,奖励标准为:

1. 在第一签约奖励期内签约的,奖励3万元/户。
2. 在第二签约奖励期内签约的,奖励2万元/户。
3. 在第三签约奖励期内签约的,奖励1万元/户。

签约奖励期开始之日和各档签约奖励具体期限,自征收决定公告后,在征收现场另行公布;超出签约奖励期限签约的不予奖励。

四、修改完善货币化补偿补助的相关内容。具体修改为:征收个人住宅,被征收人选择货币补偿自行解决住宅问题的,以被征收房屋实行货币补偿的合法建筑面积为计算单位,由房屋征收部门按被征收房屋评估总额(不含装修、车库及附属设施)的10%给予补助。在签约期限内签订补偿协议的,以被征收房屋实行货币补偿的合法建筑面积为计算单位,此项补助不足2 000元/平方米的补足2 000元/平方米。

会议强调,花园街北延工程,是武进区2013年重点工程。工程指挥部本着"阳光、透明、公平、公正"的原则,认真负责地做好房屋征收工作。决不让积极配合工程进展,先签约、先搬空的被征收户吃亏,一定做到"前高后低"。希望广大被征收户相信花园街北延工程指挥部的承诺,积极配合工程指挥部做好各项工作。

 教师评析

这份会议纪要的标题由发文机关、会议名称"花园街北延工程房屋征收补偿方案征求意见座谈会"和文种三个要素构成,标题下居中位置用汉字注明成文日期。正文开头部分,交代了会议时间、地点、主持人、会议主要议题、与会人员等情况。主体部分,首先用叙述的表达方式介绍了会议召开的背景,用说明的表达方式说明会议召开的必要性;其次记录了会议的四项决定,这既是讨论结果,也是会议决议。结尾部分,强调工程的重要性,重申花园街北延工程指挥部的工作原则,对被征收户的承诺及希望。

正文的结构模块为:开头(说明式)→主体(纪要的核心部分,递进式、并列式混合)→结尾(希望式)。全文格式规范,详略得当,用语专业。因标题中已写明发文单位,标题下已标注成文日期,所以不需要再落款。

写作纪要应注意的问题

1. 遵循纪实原则。纪要必须忠实于会议的实际内容,尤其是会议的议决事项,不能随主观意愿增减或更改会议内容。对没有取得一致意见的材料,一般不写入纪要。

2. 突出会议的要点。纪要是对与会人员的发言以及会议简报等进行综合分析和概括的结果,要对会议所研究的问题和决定的事项逐条归纳,不能写成流水账。做到条理清晰,简明扼要。

3. 纪要一般采用第三人称写法。由于纪要反映的是与会人员的集体意见和意愿,常以"会议"作为表述主体。常用"会议认为"、"会议决定"、"会议要求"等词语。

4. 写作要及时。纪要必须及时撰写,时间长了,不但给人"时过境迁"的感觉,而且会耽误当前的工作。

一、分析纪要的结构,根据提供的材料写作一份会议纪要

 分析与写作

某市蓝旗公园于2013年12月25日,在行政办公楼二楼会议室召开公园改制工作会议,改制工作领导小组全体成员出席了会议。市园林管理局副局长管利常出席,并主持会议。会议讨论了公园改制的相关事项,并对前阶段的改制调研情况进行了通报,对下一阶段工作进行了部署。会议首先介绍了本市园林管理局管辖的各公园改制情况,特别是对巷江公园的改制情况和进展现状进行了详细介绍。这个公园的情况与蓝旗公园有很多相似处,其成功经验值得借鉴。其中最关键的问题是病退和退休人员的待遇问题,怎样做才能既照顾他们的利益,又不影响公园的发展。其次,需要以改制为抓手,促进公园管理再上一个新台阶。特别是对临时工、编外人员的管理,如何更好地调动其工作积极性,也值得探讨。再次,加大清产力度,进一步规范国有资产管理权限,充分利用现有设施设备,为营造更舒适的娱乐环境出力。请根据以上材料,写作一份公务文书。

 教学互动

1. 应选择什么文种?标题怎样写?
2. 成文日期写在什么位置?
3. 正文开头部分应写哪些内容?主体部分要写哪些内容?
4. 结尾部分通常写哪些内容?
5. 正文的结构模块会是怎样的?

写作示例

某市蓝旗公园改制工作会议纪要
（二〇一三年十二月二十八日）

2013年12月25日，某市蓝旗公园在园行政办公楼二楼会议室召开了公园改制工作领导小组会议，改制工作领导小组全体成员出席了会议。市园林管理局副局长管利常出席并主持了会议。本次会议是市园林局调整领导班子后，在蓝旗公园召开的第一次会议。会议对全市各公园改制情况进行了通报，对蓝旗公园的改制工作进行了安排和部署。

一、会议通报了全市各公园的改制进展情况，特别是对与蓝旗公园相似的巷江公园的改制情况进行了详细介绍。该公园与蓝旗公园有很大的相似性，如建园时间长、老员工数量多、公园设备陈旧、新引进人员缺乏培训、新老交替后服务质量亟待提升等等。改制后编制问题如何解决，退休、病休职工怎样安排，企业文化如何继承，职工代表会议如何建立等问题，这些都是困扰改制的关键问题。会议对这些问题逐一进行了讨论，也提出了一些建设性意见，将提交市园林管理局审批后公布。

二、会议决定以改制为抓手，促进公园管理再上一个新台阶。在制定新的管理措施后，需要加强员工的思想教育、纪律教育、安全教育及素质提升。特别是对临时工、编外人员的管理，需要更好地从思想上帮助他们，从物质上照顾他们，充分调动他们的工作积极性，让改制成为促进工作的有力推手。

三、会议决定进一步加大资产清理力度，进一步规范国有资产管理权限，充分利用现有设施设备，努力营造更舒适的娱乐环境。

1. 会议责成财务处完成如下工作。（略）
2. 会议责成人力资源部完成如下工作。（略）
3. 会议责成资产管理处完成如下工作。（略）
4. 会议责成设备处完成如下工作。（略）
5. 会议责成综合办公室完成如下工作。（略）

四、会议决定由成思冉园长负责，清查账目。

五、会议要求在半个月内，召开全园各级各类人员座谈会，统一思想，征求意见，把改制工作落到实处。

 教师评析

这份会议纪要记述了蓝旗公园改制工作领导小组会议的情况和会议议定的事项，对公园改制的各项工作做了具体的安排和部署，并确定改制为现阶段公园工作的重点。标题由发文单位名称、会议名称和文种三个要素构成，具体明确。会议纪要的成文日期写在标题下，成文日期比会议时间晚3天，符合实际情况，标注位置合适。正文开头部分明确了会议时间、地点、主持人等要素，并交代了会议背景，明确了会议的主要议题，表述准确。

主体部分采用横式结构分条列项,从五个方面概括了会议议定的事项和内容,归类合理,要言不烦,涉及具体工作又有详有略。正文没有结尾。

正文的结构模块为:标题(要素式)→前言(会议组织概况,说明式)→主体(议定事项,并列式)→结尾(秃尾)。因标题中已写明发文单位名称,标题下已标注成文日期,所以不需要再落款。

二、综合测试

(一) 填空

1. 按内容划分,纪要可分为_____性会议纪要和_____性会议纪要。
2. 纪要有_____性、_____性和_____性等三大特点。
3. 会议纪要一般用第____人称来写。

(二) 解释名词

1. 办公会议纪要
2. 综合性会议纪要

(三) 简答

1. 纪要的正文部分一般写哪些内容?
2. 写作纪要要注意哪些问题?

(四) 写作

根据下面的材料,替新浦实业总公司撰写一份公务文书。

2013年12月8日上午9:30—11:30,新浦实业总公司在养殖基地举行了办公楼项目奠基仪式。仪式结束后,接着在基地建设项目指挥部召开了办公会议。参加会议的有18人。会议内容:张总经理对当前养殖基地建设工作做了重要部署。他明确,年初成立的养殖基地项目部是公司的组成部分,所属员工都是北方农工商总公司的员工。年底前,基地项目建设总体框架要定下来,办公楼、沼气池、饲料厂、肥料厂、养猪场等配套工程要一一规划好。各项工作的分管领导要认真贯彻总公司的意图,周密部署,协调指挥。工程技术人员要发挥积极性、主动性、创造性,及时发现问题,解决问题。明确分工:张总经理统领全局,全面负责;马副总经理负责基础建设、工程管理等;李副总经理负责财务、人力资源、对外联络等;办公室王主任负责公司内部管理、后勤保障和文秘等。刘林科长参与基地项目建设,在不影响本职工作的情况下,要经常到工地来,配合马副总经理工作,搞好管网、路网等的设计和管理工作。公司工程技术人员和北方农科所的小陈在刘科长的领导下开展工作。会议提出工作要求:基地整体规划要尽快拿出来。工程技术人员每天要有工作日志,既有明确分工,又要精诚合作。规划基地管网、路网和绿化时要充分利用土地资源,做到资源利用最大化。总公司所有员工要统一认识,不要有谁给谁打工的思想,要敢于负责,善于提出合理化建议,不准出现消极被动的现象。所有员工要注意言谈举止,自觉维护公司的声誉和形象,要协调好与所在社区领导和居民的关系,既要尊重他们,又要坚持原则。

写作提示:认真阅读材料,确定写作的文种;要充分利用提供的所有材料,正确划分段落,重视段与段之间的衔接和过渡,正确使用标点符号;注意格式规范。

第三章 事务文书

第一节 简 报

 学习目标

一、技能目标
1. 能够分辨不同类型的简报
2. 能够根据提供的材料写作简报

二、知识点
1. 简报的含义和用途
2. 简报的特点
3. 简报的分类
4. 简报的结构和写法
5. 写作简报要注意的问题

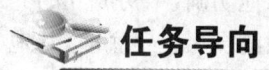 **任务导向**

一、简报的含义和用途

（一）简报的含义

简报是党政军机关、企事业单位、社会团体向上级汇报工作、反映问题，或与下级、平级单位互通情况、交流经验、传播信息时使用的事务性文书。

（二）简报的用途

简报可以下情上达，汇报工作，反映情况；也可以上情下达，互通信息，交流经验，在工作中发挥重要的沟通作用。简报还可以为新闻媒体提供有意义的新闻线索或稿件。

二、简报的特点

（一）交流范围的有限性

简报不是公文，也不同于报纸、刊物，简报的有些内容可给新闻单位提供新闻线索，但多数情况下，简报只在内部交流。有的简报专门给领导人传阅，保密要求高，并非任何人都能阅读。

第一节　简　报

（二）表达的简明性

简明扼要是简报的突出特点。简报主要用于反映问题，传播信息，要求用语精练，篇幅短小。

（三）内容的时效性

简报非常讲究时效，编发快是它的重要特点。简报不仅反映思想动态要快，报告工作情况要快，而且编发也要快。所以，简报要快编、快印、快发。否则，时过境迁，就会失去编写简报的价值和意义。

三、简报的分类

（一）会议简报

会议简报指会议期间为反映会议进展情况、会议发言中的意见和建议、会议决议事项等内容而编写的简报。一些规模较大的重要会议，会议代表不能及时了解会议的整体情况，比如分组会议的重要发言、有价值的提案等，需要依靠简报来了解会议的整体情况。重要会议的简报往往具有连续性的特点，就是通过多期简报将会议进程中的情况不断地反映出来。会议简报一般由会议秘书处或主持单位编写。

（二）情况简报

情况简报是为反映本单位、本系统各方面的情况、信息而编写的简报。这种简报着重反映与本单位、本系统关系密切的正反两面的情况、动态、问题，为领导和相关部门研究工作、作出决策提供第一手材料和信息。

（三）工作简报

工作简报是为推进日常工作而编写的简报。它主要用来反映工作进展情况、介绍工作经验、报告工作问题等。工作简报又分为综合工作简报和专题工作简报两种。

四、简报的结构和写法

简报由报头、报体和报尾三部分组成。

（一）报头

报头位于简报首页上端 1/3 处，由分割线将报头和报体部分分开；报头由以下四个要素组成：

1. 简报名称。一般套红、居中、字体稍大印刷。如"简报"、"情况简报"等。

2. 期数。印于简报名称正下方。

3. 编印机关。一般为制发简报单位的办公室或会议秘书处等，要求用全称或规范化简称，印于分割线左上方。

4. 编印日期。印于分割线右上方，要求年、月、日齐全。

除了上面四个要素外，根据简报内容和保密要求，还可以增加简报编号、密级等要素。

（二）报体

报体部分包括按语、标题和正文。

1. 按语。有的简报正文前写有按语。按语是表明办报单位的主张和意图的文字。是对文稿及使用作出说明、评价，如说明材料来源、转引目的、转发范围等，表明对简报内容的倾向性意见及表示对所提问题引起讨论研究的希望等。按语的位置在报头的分割线下方、正文标题的上方。

按语的写法有三种：一是题解性按语，它类似前言，主要对简报正文产生的过程、作者情况、主体内容作简要介绍；二是提示性按语，它侧重于对简报内容的揭示或是针对当前应注意的问题的提醒；三是批示性按语，它往往援引领导人原话或上级机关指示，结合简报内容对实际工作提出批示性意见。并不是每篇简报都必须有按语，要根据情况而定。一般在转引体、总结体及重要的报道体简报前才使用按语。

2. 标题。根据简报的体式，标题也有不同写法。动态性较强的内容多采用单行标题，简明地交代事实、揭示主旨；在总结体简报和其他体式的简报中，一般使用双行标题，主标题揭示主旨，副标题说明情况。

3. 正文。根据文体性质和文稿来源不同，简报的体式可分成四种：一是报道体，它及时、简明、准确地叙述报告部门、行业、系统或领域内最新发生的情况、动态，其文体类似于动态消息。二是汇编体，是在众多稿子基础上剪辑而成的类似综合消息的简报文体，它信息量大、涉及面广，能起到点面结合地反映全局情况。三是总结体，类似于一般意义上的总结，但内容有典型性，有推广价值，编入简报能发挥指导作用。四是转引体，即将其他单位有参考借鉴意义的材料完整地或片段地摘编转引。因体式不同，简报正文的格式也不同。报道体、汇编体等类型的简报结构往往有前言、主体、署名等；总结体可完整地将总结登于简报；转引体因转引的文章不同，正文既可以是文章片段，也可以是整篇文章。

（1）前言。亦称导语。用简洁、明确的一句话概括全文的主旨或主要事实，给读者一个整体印象。

（2）主体。即简报的核心部分。是对前言的展开，具体化地叙述。

（3）署名。即写明提供简报的单位名称或个人姓名。写在正文后右下方，并用括号括上。

（三）报尾

报尾位于简报末页下 1/3 处，用分割线与报体隔开，分割线下与之平行的另一横线内，左边标明本期简报"报"、"送"或"发"的单位名称，右侧注明本期简报的印发份数。

阅读例文

编者按：省委、省政府于 2008 年在全省农村开展了脱贫攻坚工程，目的是要动员全省的党员干部、企事业单位，积极推进学习、实践科学发展观活动，广泛参与到农村贫困人口的脱贫行动中，使广大党员同志更加密切关注和关心农村的贫困群众，让农村的贫困人口尽早脱贫致富。

丹阳市 2009 年度农村贫困人口
脱贫率位居全省第一

我市在市委、市政府的正确领导下，开展了一场轰轰烈烈的脱贫攻坚"两消除"行动。全市约有 1.5 万名党员干部和近百个市属部门单位、企业参与了此项活动，共投入

第一节 简报

帮扶资金约4 500万元，其中丹阳市级投入约2 000万元，争取镇江市及省级项目帮扶资金约2 500万元，落实增收项目78个。通过活动的开展，有效地改善了贫困村和贫困人口的生产、生活条件，成效是显著的，农村广大贫困群众也深切感受到了党和政府的关怀。

省扶贫办、民政厅、财政厅、统计局及调查总队对全省有脱贫攻坚任务的9个地级市共计49个县、市、区进行了抽查验收，依据入户核查、电话寻访等多种因素综合评估，形成了2009年全省各地农村贫困人口脱贫数据。丹阳市农村贫困人口脱贫率在镇江市位居第一，在全省范围内也位居第一。

附：2009年全省农村贫困人口脱贫情况表

（丹阳市扶贫工作领导小组办公室）

 教师评析

这份简报正文前有按语，为题解性按语，对简报的主体内容作了简要提示。标题揭示了简报的主旨，即2009年度丹阳市农村贫困人口脱贫率在全省位居第一。正文第一段前言和主体合二为一，叙述丹阳市扶贫工作的基本情况和农村扶贫工作产生的重大作用。第二段叙述经省有关部门组织的抽查验收和综合评估，丹阳市农村扶贫工作取得了显著的成效，结尾揭示了全文的主旨。

这份简报的结构模块为：按语（题解性）→标题（揭示主旨）→正文（报道体）→附件。落款为简报的撰稿者署名，并用括号括起来。这份简报采用第一人称写作，表达方式以叙述为主。

 小贴士

写作简报要注意的问题

1. 内容要真实。简报反映事件的背景、人物、地点、过程、结果等必须准确无误，不能有任何失误。
2. 材料要新颖。简报中要反映工作中的新情况、新问题。
3. 语言要简明。简报要用最精练的文字，表达最丰富的内容。

一、分析简报的结构，根据提供的材料写作简报

 分析与写作1

长期以来，农村集体经济转变为承包制后，公用设施的维护和保养成了大问题。特别是与农民和农村生产密切相关的水利设施的维护管养，成了农村公共设施管理的难题。

浙江省金华市开创了"农民水务员队伍"管理制度,不但解决了这个难题,还为农村水务的可持续发展开辟了一条全新的道路。他们首先选聘水务员,再从两级财政中拿出水务员补贴,对水务员进行考核培训,持证上岗,绩效为上,年终奖励。水务员们职责清晰,权利义务分明,这项措施调动了他们的积极性,为农民管好水、用好水,起到监督、检查的作用。这一创举的意义在于,从机制上解决了农村水利设施主体不明、责任不清、效益不高的问题,发挥了"五员"的作用,即"宣传员"、"监管员"、"巡查员"、"协调员"、"疏导员"的作用。请根据以上材料编写一份简报。要求条理清楚,主题明确,格式规范,语言得体。

 教学互动

1. 以上材料适合写成哪一种类型的简报?
2. 这份简报的标题应该怎样写?
3. 正文写成报道体还是总结体好?
4. 这份简报最适合采用什么样的结构写作?
5. 作者的署名一般放在什么位置?

 写作示例

浙江省金华市建立农民水务员队伍
成功破解村级水利设施管护难题

　　为解决农村基层水管人员缺失、村级水利设施无人管的难题,近年来,浙江省金华市采取财政补贴方式,在所辖婺城、金东区和市经济开发区1 126个行政村通过设置村级农民水务员,落实了村级涉水事务的管理主体和责任,为村级水利设施良性运行奠定了坚实的基础。其主要做法:

　　一是从严选聘农民水务员。农民水务员以行政村为单元,每个行政村配置1名农民水务员。农民水务员自愿报名,村"两委"择优推荐具有高中以上文化,且常年在家务农,热爱水务工作,有责任心,能够承担水务各项任务的村民,并在村内张榜公示,送乡镇(街道)审批,报区水务局审核并备案。

　　二是财政按月发放补贴。市、区两级财政各按每人每月1 000元的标准补贴村级农民水务员,年终考核为"优秀"的,年终还将给予奖励。同时,还统一为村级农民水务员配备了必要的工作用具,办理了意外伤害保险。

　　三是持证上岗。选聘的农民水务员必须经过防汛抗旱基本知识、水利工程日常维护、农村饮用水管网巡查、水行政执法等知识和技能培训,培训合格后持证上岗。

　　四是明确职责。市水利局、财政局负责制订农民水务员队伍建设实施意见;区水务局、财政局负责农民水务员的上岗培训;区水务局、乡镇(街道)水管员负责农民水务员技术指导;农民水务员负责村级公共水利设施(村级渠道、山塘、泵站、堰坝、河道和饮用水管网)的日常巡查、管理和维护,农村节水工作和水资源保护,农村水利突发事件应急处置和上报等工作。村"两委"负责农民水务员的管理和考核,并与农民水务员签订管护责任书。

  实践证明,农民水务员队伍的组建,从机制上解决了农村水利设施主体不明、责任不清、效益不高的问题,发挥了"五员"的作用。

  一是"宣传员"。农民水务员生活在农村,能以农民最容易接受的方式,及时将水利法规知识、水雨风旱险情、村社水事动态等信息宣传到各家各户,提高了农民群众的水患意识。

  二是"监管员"。农民水务员负责编报本村水利建设计划,监督管理水利工程的建设,及时掌握水利工程建设的进度和质量,促进了农村水利建设的顺利开展。

  三是"巡查员"。农民水务员按要求履行日常巡查和维护管理职责,时刻关注着村内水利设施的运行状况,及时将各类工程隐患消灭在萌芽状态,保障水利设施效益的发挥。

  四是"协调员"。农民水务员对村内及邻村水利设施和农民对水的需求较为了解,能有效化解灌溉用水矛盾,保证了农业用水的合理分配和高效利用。

  五是"疏导员"。农民水务员熟悉本村地形地貌和村民情况,能有效处理各类突发性自然灾害,疏导群众转移,协助村"两委"及时组织群众开展抢险自救,减少人员伤亡和财产损失。

(金华市水务局)

教师评析

  这是一份动态性较强的工作简报。标题揭示了简报的主旨。正文前言概括全文的主旨和主要事实,先给读者留下一个整体印象。主体部分采用报道体写法,具体介绍浙江省金华市建立农民水务员队伍,成功破解村级水利设施管护难题,以及农民水务员发挥"五员"作用取得的成效。最后署明提供简报的单位名称。

  全文的结构模块为:标题(单行标题)→前言(目的式)→承启语(承上启下)→主体(递进式、并列式混合)→结尾(秃尾)。主旨鲜明,层次清晰,语言简洁,是一篇优秀的简报。

分析与写作2

  南京轻工机械厂仓库保管员、共产党员于葆林同志于2009年4月18日下午,在白下区常府街看到两名歹徒抢劫一名妇女钱财时,与数名市民奋不顾身、勇斗歹徒,不幸身负重伤、壮烈牺牲。省、市领导,中国建筑材料集团总公司、市国资委和产业集团领导都分别前往吊唁、慰问。经南京市人民政府报请,江苏省人民政府追认于葆林同志为革命烈士。南京市总工会追授于葆林同志"南京市五一劳动奖章"。为弘扬正气,学习英雄,南京轻纺产业集团党委发出了《关于向共产党员于葆林同志学习的决定》。集团工会要求:全系统各基层工会要积极响应集团党委号召,紧密结合深入学习、实践科学发展观的活动,掀起学习英雄、勇于奉献的高潮,团结带领广大职工同舟共济、战胜危机,为企业的发展、社会的和谐作出积极贡献。请根据以上材料编写一份完整的简报,并在正文前加上按语。

第三章 事务文书

 教学互动

1. 编写反映以上内容的简报采用什么样的标题比较合适？
2. 如果有按语，按语应该写哪些内容？
3. 这篇简报的正文应该分几个部分写？
4. 全文哪些内容是重点写在前面？哪些内容作为背景资料写在后面？
5. 提供简报的单位名称写在什么位置？

 写作示例

编者按：南京轻工机械厂仓库保管员、共产党员于葆林同志于2009年4月18日下午，在白下区常府街看见两名歹徒抢劫一名妇女钱财时，与数名市民奋不顾身、勇斗歹徒，不幸身负重伤、壮烈牺牲。省、市领导，中国建筑材料集团总公司、市国资委和产业集团领导分别前往吊唁、慰问。经南京市人民政府报请，江苏省人民政府追认于葆林同志为革命烈士。南京市总工会追授于葆林同志"南京市五一劳动奖章"。这是我系统继周光裕烈士之后出现的又一位烈士，为弘扬正气，学习英雄，南京轻纺产业集团党委发出了《关于向共产党员于葆林同志学习的决定》。集团工会要求：全系统各基层工会要积极响应集团党委号召，紧密结合深入学习、实践科学发展观的活动，掀起学习英雄、勇于奉献的高潮，团结带领广大职工同舟共济，战胜危机，为企业的发展、社会的和谐作出积极贡献。

南京轻纺产业集团优秀共产党员、平民英雄 于葆林同志先进事迹介绍

2009年4月18日下午，南京市龙蟠中路发生一起暴力抢劫案件，南京轻工机械厂共产党员于葆林在勇斗歹徒过程中身负重伤，经抢救无效英勇献身。

当天下午4时许，市民梁某在常府街农行网点取2万元人民币后，在步行至常府街与三条巷路口时，突然被人从后用钝器打击头部并抢走其装有两万元现金的钱包。南京轻工机械厂职工、共产党员于葆林同志听到受害人梁某大声呼救后，迅速冲上前去，追击其中一名抢包歹徒。在龙蟠路南京报业大厦附近，这名歹徒被于葆林等同志及受害人梁某抓获并夺回被抢现金。这时，另一名嫌疑人突然混入人群，从背后持利器将于葆林同志和受害人捅伤，事后两歹徒随即逃跑。路过群众及时将于葆林同志送至南京军区总医院抢救，52岁的于葆林同志因被利器刺中肝部，失血过多，经抢救无效于下午6时许英勇牺牲。

事件发生后，省、市领导，中国建筑材料集团总公司、市国资委和产业集团领导分别看望、慰问了于葆林同志的亲属，并称赞于葆林同志在关键时刻挺身而出制服歹徒，有胆量、有魄力。他见义勇为的英雄事迹值得全市人民学习。

于葆林同志的老母亲深明大义，感谢各级领导的关心，感谢组织上将她的孩子培养成为一名优秀的共产党员，也为自己拥有这么一位好儿子感到自豪。

第一节 简 报

生活中的于葆林,给人们留下最深刻的印象也许就是他的普通和平凡。然而,正是在许多看似平淡的生活点滴中,我们越来越清晰地感受到一个普通党员身上所具有的可贵品质。所有与他相识相知的人,只要提起于葆林都会异口同声地说,他是一个好人。无论是对工作、对生活、对他人、对家庭,还是对社会,于葆林都默默坚守着一个优秀公民的道德操守和做人准则,几十年如一日无怨无悔。人淡如菊,这是一种平凡,但更是一种境界。

对工作,于葆林同志兢兢业业而又默默无闻。30多年的工作经历,多个不同的工作岗位,他那认真负责的态度始终如一。哪怕工作再苦再累再脏,他都踏踏实实,一丝不苟,力求做好和做得更好。

于葆林1977年进入南京轻工机械厂工作,有32年工龄,在单位的管理岗位一直兢兢业业地本分工作。自己虽不富裕,但只要单位哪个职工家庭有困难,他肯定毫不犹豫地第一个出来帮助,买东西,接送老人,单位职工对他称赞不绝。

于葆林同志作为一名党员,每当单位党委组织献爱心,他也是第一个站出来响应号召。像四川特大地震发生后,单位党委组织大家献爱心,向灾区的群众捐款,于葆林同志不仅第一个将捐款交上,还帮助党组织宣传号召,其所在部门的职工也都纷纷第一时间交上捐款。

在企业工作期间,他负责公司所有生产产品配套的领取和入库工作。一台杀菌机的配套数量有100多种,而一台洗瓶机的配套数量达到了600多种,公司一年要生产几十台杀菌机和洗瓶机,要将这么多种类的配套件准确无误地从总厂领回并交到公司库房,是一件非常复杂而又繁琐的工作,不仅要吃苦,而且心要细。从总厂到公司每天来回两次,风雨无阻,他在这一岗位上一干就是8年,从不叫苦叫累。

于葆林同志1986年就写了入党申请书,在改革开放的浪潮中,始终如一坚定自己的信念,在平凡的岗位上,多年如一日,辛勤工作,严格要求自己,用自己的实际行动向党组织靠拢,在2004年6月光荣加入了中国共产党,实现了自己多年的宿愿。在2001年南京市开展向周光裕烈士学习的时候,他就说过,对待坏人坏事,我们要坚决斗争,不怕流血牺牲,城市需要精神,人间呼唤正气。他是这么说的,也是这么做的,八年后他成为另一个周光裕。

在供应处担任保管员以来,他努力学习业务知识,提高自己的业务技能,对新来的年轻同志,手把手地教,不厌其烦。在做好自己工作的同时,协助组长做好班组管理工作,每天来得早、走得晚,上班前打好开水,拖好地,使大家有一个舒心的工作环境。工作中电脑有时会出现物料号被替换等错误信息,他总是及时向有关部门反映情况,使问题得到及时处理,避免问题进一步扩大。

于葆林同志虽然不幸牺牲了,但于葆林同志的精神激励着更多的人。道德的力量被进一步激发,社会的正气被进一步弘扬。我们坚信,这就是新时期的南京市民精神,这就是南京富民强市、加快发展的不竭动力。

在这次事件中,于葆林同志完全体现出共产党员大无畏的精神,勇敢地与歹徒进行搏斗。于葆林同志虽然牺牲了,但他永远活在每个人的心中。英雄的血,不会白流!

(南京轻纺产业集团工会)

教师评析

这是一份宣传先进人物英雄事迹的情况简报。正文前有题解性的按语,按语先用叙述式语言概括于葆林的先进事迹和社会评价,再用议论性语言揭示其行为价值,最后以号召性语句提出希望,主旨明确,思路清晰,要言不烦。正文的标题用叙述式语句,揭示简报的主旨。正文采用报道体写作。第一段是导语,揭示全文的主旨和主要事实,给读者留下一个整体印象。以下各段用叙述方式写出英雄的人生,最后两段是结尾,用抒情式语言,发出号召,震撼人心。

正文的结构模块为:标题(概括式)→正文(报道体)[导语(概括式)→主体(递进式)]→结尾(号召式)。这份简报第一人称、第三人称兼用,表达方式以叙述为主。最后为简报的撰稿者署名,外加括号。

二、综合测试

（一）填空

1. 简报具有交流范围的_____性、表达的_____性和内容的_____性三个特点。
2. 简报的正文由_____、_____和_____三个部分组成。
3. 简报的按语分_____性按语、_____性按语和批示性按语三种类型。

（二）解释名词

1. 按语
2. 工作简报

（三）简答

1. 简报可以分为哪些类型?
2. 写作简报要注意哪些问题?

（四）阅读分析

模仿"教师评析"的方法,对下面的简报作全面评析:

抓改革深化　促征管质量

8月10日至11日,全县地税系统深化农村税收征管改革暨单项税收管理办法经验交流会议在某镇召开。会议介绍交流了光化镇税务所深化农村税收征管改革的经验和各地单项税收管理办法,实地学习、考察了光化镇税务所改革成果,讨论研究了进一步深化全县农村税收征管改革,加强农村税务所征管基础建设的具体工作措施。参加会议的有县局领导,各镇(乡)税务所长及征管股长,市局税收征管处黎明处长到会作了重要讲话,县局刘柏阳局长作了总结讲话,马家辉副局长作了会议主题报告。

黎明处长充分肯定了我县地税系统征管工作成绩:一是征管改革步伐坚实;二是征管基础工作积极主动;三是个体税收管理严密规范;四是普通发票管理基础牢固。他特别强调,当前加强税收征管,关键要做好四个方面工作:一是"收",就是要坚持以组织收入为中心,努力完成好收入任务。二是"改",就是要坚持改革方向,彻底转换征管模式,完善内部工作规程,加强税源户籍管理,真正实现由"管户"向"管事"的转变。三是"管",就是要强化日常管理,堵塞税收漏洞,提高征管质量。四是"查",就是要发挥稽查作用,打击涉税犯罪,推进依法治税。

会议系统总结了光化镇税务所深化农村税收征管改革的经验,认为"光化经验"有五大特色:一是有高度敏锐的改革意识;二是有切实可行的征管模式;三是有健全规范的运行机制;四是有简明严格的考核措施;五是有持之以恒的务实作风。其综合成效表现为四个统一:所容所貌与干部精神面貌的统一;干部个人素质与队伍整体素质的统一;征管改革单项效果与全局工作综合效果的统一;精神文明建设与物质文明建设的统一。"光化经验"有三点可贵之处:贵在坚持;贵在平时;贵在创新。

会议对当前全县农村税收征管工作中的模式转换、系列划分及岗位职责落实、税务行政执法、单项税收控管和责任制挂钩考核等五个重点问题进行了客观分析,指出推进农村税收征管改革的关键在于深化认识,统一思想,整体联动,把握机遇,狠抓落实:一要调查摸底,制定切实可行的方案,分类排队,统筹安排,精心组织,稳步推进;二要加强领导,把深化农村税收征管改革作为今年的一件大事来抓;三要整体推进,注重"三个结合",即深化农村税收征管改革同开展征管基础规范管理达标定级活动相结合,同实施税务行政执法"两制"相结合,同研究制定单项税收管理办法相结合;四要严格考核,主要是抓好改革进程的阶段考核、改革内容落实情况的考核和工作责任制考核,确保深化改革的各项目标顺利实现。

刘柏阳局长在会议总结讲话中要求以推广"光化经验"为推手,进一步深化全县农村税收征管改革,着重做到四点:一是统一思想,形成改革共识。要解决好精神状态问题、改革思路问题、管理意识问题。二是加强领导,明确改革目标。各级地税部门要把深化农村税收征管改革摆上重要议事日程,从"一把手"到班子成员都要重视、支持农村税收征管改革,切实加强对改革的组织、指导、指挥、协调,保证改革有条不紊,不断深化。到年底,全县所有镇(乡)税务所的征管模式都必须参照光化镇税务所的模式,全面转换到位。三是完善措施,促进改革落实。部署要周密,考核要从严,典型要推广,重点要突出。四是搞好协调,营造改革合力。要做到目标同向,工作同步,行动一致,合力攻坚,形成齐抓共管的工作局面,保证改革政令畅通,改革任务落实。

(万寿县税务局办公室)

第二节　调查报告

学习目标

一、技能目标
1. 能够分辨不同类型的调查报告
2. 能够根据提供的材料写作调查报告

二、知识点
1. 调查报告的含义和用途
2. 调查报告的特点
3. 调查报告的分类
4. 调查常用的方法
5. 调查报告的结构和写法
6. 写作调查报告要注意的问题

任务导向

一、调查报告的含义和用途

(一) 调查报告的含义

调查报告,就是对某一事件或某一问题进行深入细致的调查、分析、研究之后写出的真实反映调查情况的书面报告。

(二) 调查报告的用途

调查报告是常见的一种应用文书,主要用于反映情况,揭露问题,总结经验,为领导或有关决策部门决策提供参考。

二、调查报告的特点

(一) 客观性

调查报告所反映的情况必须是深入调查、认真分析研究的结果。调查报告中的人物、事件、时间、地点、过程及各种细节,要绝对真实,不能有半点浮夸和虚假,作者对事件定性要实事求是,不能带有主观随意性。

(二) 针对性

撰写调查报告,是为了解决现实中迫切需要解决的问题,因此要有很强的针对性。只有针对某个问题或某一事件进行调查,才能调查得比较深入。从某种意义上说,针对性是调查报告的灵魂。

（三）典型性

调查报告所反映的内容，无论是经验，还是问题，都应该具有典型性，要能够起到以点带面，以局部反映全局的作用。否则，就难以对工作产生指导意义，而失去调查报告的价值。

三、调查报告的分类

按照内容的不同，可将调查报告分为以下三种类型：

（一）反映情况的调查报告

这类调查报告也称基础性调查报告，要求比较全面、系统地反映某一方面的客观情况，供决策者或有关部门了解情况时参考。

（二）总结经验的调查报告

这类调查报告要求在对被调查人物或事件进行深入细致的调查研究的基础上，总结经验，树立典型，探寻规律，从而推动面上整体工作的开展。

（三）揭露问题的调查报告

这类调查报告通过揭露问题，分析其危害和原因，以引起有关部门的重视，并提出解决问题的途径和建议，为有关部门解决问题提供参考和借鉴。

四、调查常用的方法

（一）现场调查法

指调查人员到现场直接观察，同时向被调查者直接了解有关情况的方法。这种调查法简便易行，但由于各种条件的限制，调查范围较小。

（二）访问调查法

指根据事先确定的调查问题，用口头或书面的方式向被调查者询问，以获取有关信息资料的方法。调查方式有开座谈会、电话询问、邮件调查和个别访问等。

（三）问卷调查法

指依据调查目的设计问题，经调查对象作答而进行统计分析得出结论的一种调查方法。这种方法有两个特点，一是适用范围宽，二是有利于定量分析。

（四）试点调查法

指为了取得实行某一政策或方案的经验，固守一个有代表性的基点，进行一个时期的持续调查，系统地收集和积累第一手资料，有目的、有意识地通过改变某些社会环境的实践活动来认识试点对象的本质及其发展规律，借以指导全面工作的调查方法。

（五）文献调查法

指从各类报表、报告等文字材料中寻找与调查对象和调查目的相关的有价值的资料进行研究的方法。

五、调查报告的结构和写法

调查报告通常由标题、署名、正文等几个部分组成。

（一）标题

常见的标题主要有三种写法：

1. 要素式标题。由调查对象、内容范围、文种几个要素构成。例如《延吉县农村剩余劳动力分流情况调查报告》。

2. 揭示主题的标题。例如《提高职工的科技素质是企业发展的原动力》。

3. 多行标题，即正标题揭示主题，副标题写明对象、内容范围和文种名称。例如《支持农业社会化服务　促进农村经济发展——济南市财政支持农业社会化服务试点情况的调查》。

（二）署名

在标题下方署上直接参加调查研究和撰写调查报告，并能对调查报告内容负责的人的名字。如果是集体完成的，就写上集体的名称。

（三）正文

正文通常包括开头、主体、结尾三个部分。

1. 开头。又称导语、前言，主要用以概述情况，如对调查范围、对象、目的、方式、内容等作扼要介绍，以使读者对调查的情况有一个大致的了解。

2. 主体。这是调查报告的核心部分，主要表述调查的结果。这一部分的结构形式有三种。一是纵式结构，即按照事物发展先后顺序安排材料，确定叙述的次序。二是横式结构，即按照事物的性质和特征对材料加以归类，从不同角度反映问题或分析问题。三是混合式结构，也称纵横混用结构，即以一种结构为主，兼用另一种结构形式，既考虑事物的发展脉络，又照顾事物的分类特征，兼有两种形式的特点。为使主体部分层次清楚，在分部分写作时，常常在每一部分之前加上序号和小标题。

3. 结尾。写法有多种，有号召式写法、建议式写法、启发式写法、总结式写法、指导式写法等。

有的调查报告在正文结束后，还写上完稿日期。

阅读例文

网络对青年影响的调查报告
珠海市燃气公司团委

进入信息化时代后，企业的发展越来越离不开网络，一些有条件的企业早已建立了自己的网站域名，并通过网络尝试着网上办公，OA系统的运用。在这种大环境下，使得接受新事物很快的青年群体成为操作、驾驭计算机的主力军，也使得不少青年人成了计算机网络的"瘾民"。最近，公司团委通过开座谈会和个别访问的方式，就网络对青年的影响问题进行了一次调查，现将调查情况报告如下。

一、网络给青年带来的帮助

1. 开阔视野。因特网信息量大，信息交流速度快，自由度强，实现了全球信息共享，青年人在网上可以随意获得自己的绝大多数需求。在网上浏览世界、认识世界，了解世界最新的新闻信息、科技动态；在电子商务网可以足不出户购买到本地所没有的新奇产品……青年人在网上交流、交友的自由化，使他们交往的领域空前宽广，极大地开阔了他们的视野,给他们的学习、生活带来了巨大的便利和乐趣。

2. 扩展对外交流。网络创造了一个虚拟的新世界,在这个新世界里,每一名成员可以超越时空的制约,十分方便地与相识或不相识的人进行联系和交流,讨论共同感兴趣的话题,由于网络交流的"虚拟"性,避免了人们直面交流的摩擦与伤害,从而为人们情感需求的满足和信息获取提供了崭新的交流场所。青年上网可以进一步扩展青年对外交流的时空领域,实现交流、交友的自由化。

3. 促进个性化发展。世界是丰富多彩的,人的发展也应该是丰富多彩的,因特网为人们提供无限多的发展机会的环境。青年可以在网上找到自己的发展方向,也可以得到发展的资源和动力。在网上注册开店、在网上创作网络文学、在网上论坛当个"斑竹",利用因特网可以学习、研究乃至创新,这些都有利于发展青年人的个性。

4. 促进学业的进步。因特网上的资源可以帮助青年人找到合适的学习材料,甚至是合适的学校和教师,这一点已经成为现实。这里值得提出的是,网络大学已成为我国具有时代特征的一种大学教育形式,有许多学习时间得不到保障的青年,通过学习卡,可以自由地和老师进行一对一教学,甚至在一些交通很不发达的地区,通过网络教学也可以随时聆听来自北大、清华的一流教授的授课,这种新的教学模式只有依托因特网才有发挥作用的广阔天地。

不难看到,随着科技的发展,计算机网络正在逐步实现人类"指点八万里"、"天堑变通途"的理想。青年自身的特点与网络特征相契合的客观事实表明,以从互联网上获取、发布、利用、管理信息为主要内容的网络生活已经成为青年生活的重要组成部分。当青年在深切感觉网络奇特功效的同时,其认知、情感、意志等正发生深刻的变革,一旦青年不能从网络本质及生活原则的深刻醒悟中明辨网络的价值属性,并从中获得有力的道德支撑,将有可能在网络黑洞的诱惑下落入"联而不通,不通则痛"的人生陷阱。

二、网络带来的弊端

1. 易使青年人上瘾。一些青年长期沉湎于网络游戏之中,有的已出现了网络病症,导致不少青年出现了精神和躯体的病症,影响了青年的健康成长。

2. 易受负面或虚假信息蛊惑。因特网上有一些宣传黄色、暴力等内容的网站,还有一些政治上反动的网站,政治素质不高的青年容易受到这些污浊内容的影响。

3. 易影响正常学习和工作。有不少青年自控能力比较差,在网上浏览又不善于取舍,沉湎于网上浏览而荒废学业或影响正常工作的可能性是很大的。

4. 易扭曲诚实的品格。网上交友聊天是当前青年上网流行的交流方式,网上交流是在"背靠背"的情况下进行的,容易产生说谎、虚拟的心理反应。网上聊天时撒谎、说粗话等,这些情况,会对青年诚实品格的塑造形成一定的负面影响。

网络是一把双刃剑,它既能带来"学习的革命",也能传播非健康资讯;既能拓展思维视野,也能软禁人的"自由",因此,努力走好"引导"和"规范"两条路,对于青年自身以及做青年教育工作的人来说都是至关重要的。

三、应对网络影响的建议

1. 优化网络环境。网络环境既宽松自由,又规范有序,这样才能充分发挥网络的积极作用,同时把负面影响减少到最低点,促进青年的健康成长。优化网络环境,首先要正确把握网络的宏观导向性。面对网上各种思想文化的冲击,我们必须增强忧患意识和紧迫感,牢牢掌握宏观导向的主动权。要通过网络确定主流价值观的主导地位,大力弘扬和捍卫中华民族优秀传统文化,扩大正义的影响力和"发言权";要通过正确的舆论导向营造良好的网络道德氛围,加强网上文明行为规范,维护文明的网络秩序;要大力宣传正面典型,发挥榜样作用,引导青年用好网络,创新思维。

2. 活跃青年教育方式。互联网使教育经历着空前的变革,拓展了教育的空间,促进了教育的社会化,但网络并不能代替教育者,不能代替生动活泼的实践和五彩缤纷的生活。网上的"虚拟存在"与网下的现实世界是紧密相连、密不可分的,青年的网上行为与网下实践也存在相互转化的关系,因此,利用互联网对青年进行教育与加强网下的常规教育是辩证统一的,切不可把两者割裂开来、对立起来。

3. 加强网络道德教育。网络是个新生事物,网络社会的伦理规则还处于建设过程之中,青年组织应加强对网络伦理规范的研究和探讨,让青年明白各种网络使用的权利、义务、责任,以及网络道德的基本原则,形成网络使用人员的职业道德,构建和规范网络伦理。同时要大力加强网络规范教育,增强青年道德判断能力,培养青年遵守网络规则的法制意识,预防青年网络犯罪和网络失范行为。

网络已存在于我们生活的方方面面,我们既不能因为其强大的生命力和对青年发展的巨大正面作用,却忽视它所带来的种种问题,也不能因为它的负面作用而敬而远之。青年应该与青年工作者共同加强对互联网的研究,探索新情况,创造新方法,解决新问题,增强网络给青年带来的有益实效,减少网络给青年带来的负面影响。

二〇一三年十一月二十日

教师评析

这是一篇反映情况的调查报告。标题由调查对象、调查内容、文种三个要素构成。署名为集体署名。正文第一段为开头,概述调查内容、对象、目的、方法等。最后一个分句,用承启语过渡到主体部分。主体部分采用横式结构,分三个小标题叙述和分析。每个小标题下也采取横式结构写法,层次清楚。第一个小标题叙述网络的正面效果,第二个小标题叙述网络可能带来的负面影响,第三个小标题,在分析的基础上提出应对网络影响的三点建议。最后一段是建议式结尾,具有一定的启发性。正文右下角写明完稿日期。

正文的结构模块为:开头(概述式)→主体(横式结构)→结尾(建议式)。这篇调查报告主题明确,叙述清楚,建议也有启发性,但调查、分析还不够深入,作者的观点缺乏必要的数据支持,显得泛泛而谈,深度不够。

 小贴士

写作调查报告要注意的问题

1. 要认真调查研究,充分占有材料。凡是有质量的调查报告,都是写作前曾进行过深入细致的调查研究的。不掌握必要的第一手资料,即使写作能力再强,也无法写出高质量的调查报告。

2. 要以正确的立场和方法,认真分析并合理组织材料。调查工作告一段落后,要对调查得来的材料做全面分析研究,进行去伪存真、去粗取精的加工提炼。对选中的材料,要按照观点与材料统一的原则合理组织起来,做到以观点统帅材料,以材料支撑观点。

3. 要讲究结构形式和语言特色。依照调查报告常用的结构形式写作,有利于提高文章的表现力,也有利于提高写作效率。语言要做到准确、简明、鲜活。

一、分析调查报告的结构,根据提供的材料写作调查报告

 分析与写作

当前,一些大学生在消费中存在严重问题。例如超前消费情况突出;消费结构不合理;物质消费和精神消费比例失调等。大学生的精神消费比重偏低,看电影、戏剧、小说,欣赏音乐,也不是从自己的实际爱好和消费需要出发,而是为好奇心和舆论所驱使,一哄而上,不注重理解作品精神和内涵,片面追求精神消费的"高雅"。还有的大学生进入舞厅和参加沙龙,只是为了猎奇和消遣,不注重陶冶情操、增进知识和友谊。怎样才能充分掌握大学生的消费情况?为什么会出现这种情况?原因又在哪里?如果让你来分析原因,应该从哪些方面入手?

 教学互动

1. 要反映上面这些情况应采用哪一种应用文体最合适?
2. 采用什么方法才能获取充分的材料?
3. 采用什么样的标题才能引起读者的关注?
4. 怎样写好开头才能抓住读者?
5. 主体部分采用什么写作结构比较合适?
6. 结尾采用哪种形式比较好?

 写作示例

大学生消费亟待正确引导
——西华大学的一项调查
报告撰写人:魏国达

今年11月下旬,西华大学人文社科系学生会通过问卷调查、个别访问和座谈会等方法,对本校参与调查的451名在校大学生的消费情况进行了调查,现将调查和分析的情况报告如下。

一、当前大学生消费存在的严重问题

1. 超前消费情况突出。从问卷统计结果看,平均每个大学生学期消费金额达7 850元,每学期按5个月计算,平均每月1 570元,加上国家供给的生活费和副食品补贴,每个学生月消费额达1 730元,远远超过了2008年全国(710元)和本地区(860元)城镇居民家庭人均消费。这对70%来自农村的大学生家庭来说,是一个沉重的负担。

2. 消费结构不合理。据调查分析,大学生人均消费情况是这样的:购买饭菜票每月支出670元,占38.7%;购买衣着和日用品,每月消费591元,占34.2%;与同学、朋友、老乡往来,每月支出191元,占11%;参加各种娱乐活动,每月消费248元,占14.3%;购买书籍杂志,每月支出30元,占1.8%。

3. 物质消费和精神消费比例失调。调查表明,大学生月人均用于物质消费方面的支出为1 452元,占月消费总额的83.9%,用于精神消费方面的支出为278元,仅占16.1%。大学生作为一个求知的群体,理应以精神消费为主,物质消费为辅,这种消费比例失调与大学生生活的主旋律是很不协调的。

4. 精神产品消费率偏低。调查发现,大学生精神消费存在消费率不高的问题。例如,不少学生买了书刊后,往往束之高阁成为饰物,有的甚至把买书作为装潢门面的手段。有的学生看电影、戏剧、小说,欣赏音乐,不是从自己的实际爱好和消费需要出发,而是为好奇心和舆论所驱使,一哄而上,不注重理解作品精神和内涵,片面追求精神消费的"高雅"。还有的大学生进入舞厅和参加沙龙,只是为了猎奇和消遣,不注重陶冶情操、增进知识和友谊。

二、不合理消费的主要原因分析

1. 超前消费风气的影响。一些大学生认为,会玩、会乐、会花钱是当代大学生应有的"素质";有钱时充阔气,无钱时向人借,尔后伸手向家里要,把相当的财力和精力用于吃、穿、用、玩上,而对学习只满足于应付。

2. 对大学生缺乏必要的教育和引导。学校对大学生的消费内容和消费结构缺乏必要的指导,致使大学生的消费欲望畸形膨胀。女生千方百计添置高档服装,使用高级系列化妆品,男生则把抽烟喝酒当成男子汉气派,在大学生中形成了一种无形的消费竞争。

3. 家庭无限制地满足子女的消费欲望。不少家长疼爱子女,望子成龙,不惜节衣缩食,甚至东凑西借,自己过紧日子,来满足子女在大学里的花销。

4. 大学生参与社会实践不够。近年来,不少学校虽然组织了不同形式的社会实践活动,但广泛性和教育性不够,致使不少大学生对父母辛勤劳动换来的果实缺乏认识,不够珍惜。

我们认为,大学生是祖国实现"四个现代化"的希望,是祖国的未来,他们的消费问题,不仅仅是花钱多少的问题,而且是关系到能否把他们培养成合格人才的问题。学校、家庭和社会应给予足够的重视,加强对大学生勤俭节约、艰苦朴素的教育,指导大学生树立正确的消费观,保证大学生的健康成长。

二〇一〇年十二月十五日

教师评析

这是一篇反映情况的调查报告。标题采用多行标题,正标题揭示报告的主题,引人注意,副标题写明调查者和文种。标题下署明撰稿人。正文第一段为开头,概述调查时间、方法、对象、内容等,最后一个分句,用承启语过渡到主体部分。主体部分采用横式结构,分两个小标题叙述和分析。每一个小标题下仍采取横式结构写法,使得层次十分清楚。第一个标题下从四个方面叙述和分析当前大学生消费存在的严重问题,第二个标题下从四个方面叙述和分析不合理消费的主要原因。末尾一段是建议式结尾。最后写明完稿日期。

正文的结构模块为:开头(概述式)→主体(横式结构)→结尾(建议式)。这篇调查报告篇幅短小,主题鲜明,层次清楚,建议值得重视,但调查所得的材料不够充分,分析、研究的深度还有加强的空间。

二、综合测试

(一)填空

1. 调查报告具有_____性、_____性和_____性三个特点。
2. 调查的方法主要有_____调查法、_____调查法、_____调查法、文献调查法和试点调查法等。
3. 调查报告的正文由_____、_____和_____三个部分构成。

(二)解释名词

1. 调查报告
2. 问卷调查法

(三)简答

1. 调查报告的标题主要有哪几种写法?
2. 写作调查报告要注意哪些问题?

(四)写作

在自己的工作单位或住地附近某个熟悉的企业就某一项工作进行调查,并对调查搜集到的材料进行分析研究,写作一篇2 500字至3 000字的调查报告。

第三节 计 划

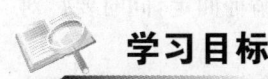

一、技能目标

1. 能够分析计划的结构类型
2. 能够根据提供的材料或自己的生活与工作撰写计划

二、知识点

1. 计划的含义和用途
2. 计划的特点
3. 计划的分类
4. 计划的结构和写法
5. 写作计划要注意的问题

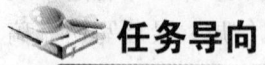
任务导向

一、计划的含义和用途

（一）计划的含义

计划是党政军机关、企事业单位、社会团体以及个人，在工作、生产、学习以及日常生活中，为完成某项任务，预先对一定时期拟定的目标、措施、步骤、要求及规定完成期限加以安排的条理化或表格化的应用文书。

（二）计划的用途

古人说："凡事预则立，不预则废。"这个"预"指的就是计划。计划可以提高工作预见性和自觉性，使工作围绕目标，更好地分工合作，充分利用人力、物力和财力，提高工作效率，同时可以为日后检查工作进度，总结、评价和考核工作的完成情况提供必要的依据。

计划是一个统称。工作中常见的规划、设想、方案、要点、安排、打算等，都是人们对今后的工作或活动作出的部署和安排，都属于计划这个范畴，只不过它们的范围大小、时间长短、内容详略等方面各有不同，因而拟写计划时必须根据不同情况用不同名称。

二、计划的特点

（一）预见性

计划是为未来工作目标或实现具体的目标而制定的预想性的部署和安排，具有一定的预见性。

（二）可行性

一份完整的计划，必须有为实现具体的目标而制定的可行性措施、办法和要求，而且各项措施、办法和要求必须具体明确，切实可行，符合实际。

（三）针对性

计划要根据党和国家的方针政策、上级部门的工作安排和指示精神而定，同时要针对本单位的工作任务、主客观条件和相应能力而定。

（四）约束性

计划是内部的执行文件，是具有鞭策力的行为准则。计划一经会议通过和批准，就具有了权威性和约束力。在一般情况下，必须按计划的步骤、措施、进度认真组织实施。

三、计划的分类

(一) 按计划性质分
计划可以分为综合性计划、专题性计划两种类型。

(二) 按计划内容分
计划可以分为工作计划、生产计划、学习计划、实验计划等类型。

(三) 按计划时间分
计划可以分为远景规划、年度计划、季度计划、月份计划、旬计划、周计划等类型。

(四) 按计划范围分
计划可以分为单位计划、部门计划、个人计划等类型。

(五) 按计划格式分
计划可以分为条文式计划、表格式计划、条文加表格式计划等类型。

因划分的标准不同,同一篇计划,往往可以归为不同的类型。一份计划既可以是专题性计划,又可以是学习计划、年度计划、个人计划、条文式计划等。

四、计划的结构和写法

计划通常由标题、正文和落款三个部分组成。

(一) 标题
标题即计划的名称,一般包括制发单位、时限、计划内容、文种四个要素。如《西湖公司2010年引进人才计划》。有时计划的标题会省略某一个要素,有以下几种写法:

1. 省略时限的标题,如《华新公司财务工作计划》。
2. 省略制发单位名称的标题,如《2010年植树绿化工作计划》。
3. 只有计划内容和文种两个要素的标题,如《办公大楼装修计划》。

(二) 正文
正文一般包括以下几个方面内容:

1. 前言。即计划的序言,是全文的导语。前言一般扼要说明制定该计划的原由、根据以及计划的对象。

2. 主体。即计划的核心部分。包括目标、措施和步骤三个部分。目标就是"做什么"、"做到什么程度"。根据需要和可能性,提出一定时期的任务和要求,这是计划的灵魂。措施就是"怎么做"、"谁来做",这是实现计划的切实保证,是解决"做什么"、"做到什么程度"的关键环节。步骤就是"什么时候做"、"在哪里做",这是工作的进度、时序和范围。主体的写作要求清晰、实在,达到目标清楚、确切,措施具体、得力;步骤稳妥、恰当。

3. 结束语。即正文的结尾。通常是提出工作的重点或强调有关事项,有的计划则是发出简短的号召。也有的计划不写结束语,计划事项写完后自然结束。

(三) 落款
落款包括计划的制发单位名称或作者姓名、成文日期两项内容,位于正文之后的右下方。如果标题中已出现制发单位名称,落款处只标明成文日期即可。

阅读例文 1

万寿山钢铁股份有限公司健全岗位责任制工作计划

为了贯彻市经委四月初的会议精神,学习首钢健全岗位责任制的先进经验,提高我公司的管理水平,根据公司职工代表大会的决议和公司总部的意见,经过总经理办公室的初步调查研究,特制定如下健全岗位责任制工作计划。

一、限时全面改进管理

在5、6、7三个月内,全公司以健全岗位责任制为中心工作,改进企业管理,更有效地调动广大职工的积极性,迅速扭转本公司的落后状况,用老设备创出新水平,保证完成和超额完成本年度各项工作指标。

二、落实岗位责任制

各生产部门把各项指标分配到各个生产岗位,建立明确的岗位责任制,制定明确的考核标准。对每个岗位的员工,明确规定工作的数量、质量和完成的时限等。

三、健全科室管理制度

各科室制定管理人员办事细则,要求每个管理人员的分管指标必须完成,基础工作必须健全,专业资料必须齐全;要求逐项定出办事程序、协作关系、完成时限和进度。细则要有明确的定额、数量、质量和时间要求,要能够据以考核。

四、制定落实考核办法

各生产部门和职能部门制定考核办法和制度,与奖惩制度挂钩。员工实行班统计、日公布、周分析、月总结的制度,用百分制按月计算。管理人员按人建立考核手册,按日登记,按周由领导签字记分。计分奖励实行百分制,按分领奖。

五、实施步骤和负责人

(一)5月上、中旬,分批组织全公司各级领导干部学习有关文件,统一思想认识(李文明负责)。

(二)5月中、下旬,在三车间和技术科试点(章苗成负责)。

(三)6月至7月中旬,各部门全面铺开(各部门负责人负责)。

(四)7月下旬,检查、验收(公司组织各部门互相检查)。

(五)党、团、工会分别制订工作计划,密切配合这一中心工作。

(六)计划执行情况,每月末由总经理办公室检查,并向全公司通报。

二〇一一年四月十五日

 教师评析

这是一份条文式计划。标题由计划制发单位、计划内容和文种三个要素构成,没有写明时限要素。正文前言部分以目的式开头,用承启语引起主体部分的条文。主体部分分条列项写明了计划的目标;写明了计划的措施;也写明了做的步骤,即安排了岗位责任制实施的具体步骤。这份计划没有独立的结尾。因标题中已有计划单位的名称,故不再署名,只写明计划的成文日期。

正文的结构模块为:开头(目的式)→承启语(承上启下)→主体(计划的核心,并列式)→结尾(秃尾)。

阅读例文 2

常州市钟楼区钟楼街道鸿文社区
2012年图书资料室工作计划

一、指导思想

为充分发挥图书在社区教育和终身教育中的作用,社区图书资料室应该主动、热情地为社区居民服务,积极努力增加图书的流通量,当好社区居民的好帮手,促进社区文化建设,积极参与青少年课外辅导活动,为青少年的健康成长出力。社区图书资料室应该科学地管理好图书资料的出借和阅览工作,为创造文明社区、读书型社区做出应有的贡献。

二、基本目标

争创常州市钟楼区钟楼街道社区示范图书资料室。

三、具体措施

1. 提高管理人员素质,全心全意为社区居民读者服务

(1) 延续以往优良的学习传统,认真学习社区图书室管理的相关文件,以理论指导工作实践。树立面向社区全体居民提供优质服务的意识,讲奉献,献爱心,努力达到读者满意度100%。无论年龄大小,无论职位高低,无论亲疏远近,对所有借书者,做到一视同仁,认真做好每一次服务工作。让社区图书资料室成为欢乐之家。

(2) 努力实行全方位、全开架、全天候服务。除每天下午正常开放图书馆外,节假日争取延长开放时间,让休息在家的社区居民,包括外来工和外来工子弟,都能分享社区的图书资料。

(3) 做好宣传教育工作,为读者提供周到服务。对外来工子弟进行借书及阅览室规范介绍,让其了解图书资料室管理制度,更好地利用图书资料室资源。引导读者自觉遵守图书资料室的规章制度,养成爱护图书资料的好习惯。图书资料管理人员要牢固树立为读者服务的思想,主动咨询他们的需求,帮助他们查找所需的图书资料,并进行图书资料预约借阅服务。

(4) 为创建和谐社区做贡献。切实开展好每月的读好书、书评、影评、读者联欢等系列活动,促进社区文化建设,共创和谐文明社区。

2. 加强图书资料室管理人员的工作责任心

(1) 做好图书装订、入库工作。确保防盗、防火、防蛀、防潮,及时修补破损书刊,延长图书资料的使用寿命。

(2) 做好新书简介和重要信息发布工作,为居民读好书,及时了解各类生产、生活信息,当好和谐社会正确舆论导向宣传员。

(3) 做好图书资料介绍工作。特别是上级配备的新书、新光盘,都要及时进行介绍。

(4) 充分利用图书资料室这个阵地,让其成为社区居民交流阵地,让管理水平再上新台阶。

(5) 营造整洁、安静的阅览环境,让每一个读者都能感受到社区的良好读书氛围。

四、活动计划

序号	月份	活动内容
1	1月	迎新年系列活动:写春联、送春联活动;迎新年茶话会等。
2	2月	小小读者节活动:邀请市青少年心理咨询中心老师开讲座。
3	4月	诗歌鉴赏活动。
4	5月	演讲活动。题目:我与书。
5	6月	夏至节读书活动。
6	8月	暑期小读者活动。
7	9月	实用知识培训活动。
8	10月	日常家居安全知识讲座;房产知识讲座。
9	11月	读者联欢活动。
10	12月	腊八节节俗介绍活动;邻里共吃腊八粥活动。

(具体活动安排,每月在社区活动宣传栏公布)

二〇一二年一月三日

教师评析

这是一篇条文加表格式计划。标题由计划制发单位、时限、计划内容、文种四个要素构成。正文分指导思想、基本目标、具体措施、活动计划四个部分,包括了计划写作核心内容,即做什么、怎么做和什么时候做,对社区图书资料室的工作做了明确安排。计划的目的性明确,从两个方面对管理人员提出要求,便于检查和考核,措施具体。活动计划用表格式呈现,清晰醒目,给执行提供便利。

正文的结构模块为:开头(目的式)→主体[基本目标(说明式)→具体措施(并列式)→计划内容(表格式)]。这份计划主题集中,内容明确,达到了目标清楚,措施具体的要求。

写作计划要注意的问题

1. 目标明确,突出重点。计划确定的任务目标要在数量、质量上清晰明确,分清主次及先后,切忌流水账式的全部罗列出来。

2. 方法、措施及实施步骤必须切实可行。计划采取的措施、步骤在时间、人力、物力、财力的安排上,必须具体可行,便于检查和考核。

3. 条理清晰，结构合理。写作计划时，应该根据内容的需要，采取恰当的结构形式，灵活运用条文式和表格式，努力做到条理清晰，一目了然。

 技能训练

一、分析计划的结构，根据提供的材料写作计划

 分析与写作 1

神牛家具有限公司在全行业的竞争中，尽管产品销售量连年上升，口碑不错，但是面对市场竞争的压力，公司决定全面提升管理质量，向现代企业管理要效率，要质量，要产量。公司要求全员投入质量管理活动，抓好每一个生产管理环节。为此，公司领导要求总经理办公室写出质量管理工作计划。请代该公司总经理办公室秘书撰写一份 2012 年度质量管理工作计划。

 教学互动

1. 标题中制发单位名称、时限、计划内容、文种等要素怎样呈现出来？
2. 正文前言写哪些内容？主体部分的目标、措施、步骤是什么？是否需要写结尾？
3. 署名和日期写在什么位置？
4. 从材料要求看，这份计划适合选用哪一种格式写作？
5. 采用第几人称写作最得体？

 写作示例

神牛家具有限公司 2012 年度质量管理工作计划

面对国际金融危机带来的出口放缓，国内家具行业的激烈竞争的情况，努力提高产品质量，增效节能，已成为我们战胜压力的重要手段。在 2011 年创下销售量历史新高的基础上，2012 年应更好地总结经验，开拓创新，争取创造更好的效益。为此，公司决定把 2012 年定为质量管理年，为圆满完成全年的质量管理目标，特制订如下计划。

一、质量工作目标

1. 彻底改变不讲究板材质量、低价位的用料习惯，坚持用环保板材生产洁净家具。与国内品牌基材各公司建立和巩固长期合作关系，如大亚、吉林森工等，进口材料，如奥地利的爱格等。3 月底前，至少要与两到三个品牌基材公司建立长期合作关系。

2. 6 月底前，增加两台跟踪型自动封边机，换下两台手动封边机，以此提高家具成品美观度和整体质量。

3. 8 月份起，全面启用后进料式全自动电子裁板锯。操作人员培训及技术资料准备工作最迟在 5 月底前完成。以此全面提高家具制造效率，从根本上提高产品质量。

二、质量工作措施

1. 建立全员质量管理意识，进行全公司质量管理培训。重点培训中层干部和技术骨干。

2. 成立技改组，由副总工程师李强负责。为提高产品质量所引进的一系列机器、准备引进的器械、技术改革必要的准备、创新改革可行性论证等都由技改组负责。由公司技术科负责协调，人力资源部负责督查。

3. 建立质量保证体系，完善质量管理制度。把提高产品质量列入主管生产的副总经理工作职责，年终根据产品质量提升状况分配奖金，执行奖惩分明的激励机制。（具体奖惩办法由人力资源管理部制定）

4. 本计划纳入2012年全公司工作计划。总经理办公室负责监督、实施。各部门、各科室共同配合，保证计划执行落到实处。

神牛家具有限公司
二〇一一年十二月二十九日

教师评析

这是一份企业专题工作计划。标题由计划制发单位名称、时限、计划内容和文种四个要素构成。标题要素齐全，属于完全式标题。正文开头，即前言，简单明了地交代了制订计划的背景和原由，属原由式开头。主体部分采用并列式结构，分"质量工作目标"和"质量工作措施"两部分，写出提高产品质量的打算。其中"质量工作目标"按照时间顺序，确定完成期限；"质量工作措施"则分别从全员质量管理意识、领导体制保障、质量保证体系和质量管理制度以及检查督促等方面全面提出要求。这份计划没有独立的结尾，属于秃尾文。落款写明计划制订者名称和成文日期，以备日后查验。

正文的结构模块为：开头（原由式）→承启语（承上启下）→主体（计划的核心，并列式）→结尾（秃尾）→落款（单位名称和成文日期）。

分析与写作2

红叶餐饮服务总公司为提升青年员工的工作积极性，打算在"五四"青年节开展系列文化活动，如篮球比赛、演讲比赛、文艺联欢会、书画摄影展、电影专场、游艺活动等。请为该餐饮服务总公司的人力资源部撰写一份活动计划。可以用条文加表格形式，活动安排用表格呈现，有关内容如时间、地点、负责人等可以虚拟。要求语言简洁明了，表格条理清晰，具有可执行性和可检查性。

教学互动

1. 计划是由哪个部门制订的？标题应该如何拟写？时限和计划内容是否需要在标题中呈现？用完全式标题还是用省略式标题？

2. 计划前言怎样写？计划是否有目标？表格应怎样设计？

第三节 计 划

3. 计划中的活动内容怎样安排？时间、地点、负责人等内容怎样在表格中体现？
4. 实现计划目标的措施和步骤怎样写？
5. 结尾是否需要发出号召？落款写在什么位置？

二、综合测试

（一）填空

1. 计划有_____性、_____性、_____性和可行性等四个特点。
2. 按格式分，计划有_____式计划、_____式计划和_____式计划三种类型。
3. 计划的正文部分由_____、_____和_____三个部分组成。
4. 计划的主体是计划的核心部分，包括_____、_____和_____三个部分。

（二）解释名词

1. 综合性计划
2. 专题性计划

（三）简答

1. 怎样理解计划的约束性特点？
2. 写作计划要注意哪些问题？

（四）写作

根据下面的材料，替万源县统计局撰写一份2012年下半年工作计划：

当前，统计事业正处于全面改革，走向现代化的重要发展期，统计工作面临着许多新的挑战、新的课题、新的考验。为全面提升统计服务水平，率先基本实现统计工作现代化，充分发挥统计在促进经济社会又好又快发展中的重要作用，万源县统计局特制订2012年下半年工作安排。

积极主动，提升统计服务水平。主要措施是：1. 开展重点目标任务统计监测。围绕基本现代化、文化产业现代化、农业现代化以及县四个文明建设等内容实行统计监测工作。从不同层面、多个角度收集信息资料，及时为县委、县政府提供决策依据。2. 加强经济运行监测。密切关注经济发展变化，及时做出反映和研判，深入企业开展调查研究，掌握实际情况，把握发展趋势。3. 推出统计分析信息、调研课题精品。在完成统计分析和统计信息基础上，对经济发展的热点难点、领导关注的重点问题深入基层开展经济调查研究，及时写出高质量的调研课题，为领导科学决策提供更加对路、更加到位的统计服务。

实现企业一套表联网直报的目标。主要措施是：1. 巩固前一阶段改革成果，继续做好一套表联网直报工作，发现问题，及时整改。2. 做好联网直报并轨工作。从7月27日起，全省企业一套表联网直报统一平台将实行单轨运行，为此，要以积极负责的态度和严谨务实的作风，加强沟通协调，积极探讨一套表单轨运行工作，确保企业一套表单轨运行安全稳定。3. 抓好基本单位名录库管理工作，严格调查单位审核确认，确保进库企业名录信息真实可靠。

突出重点，推进统计制度方法变革。主要措施是：1. 建立统计制度，形成统计调查体系。我县虽然目前已经启动了87家重点服务业企业统计，但从执行情况看还不够规范，乡镇对企业填报的数据审核把关还不到位。根据最近省政府办公厅下发的《关于加强和完善服务业统计工作的实施意见》提出的要求,建立由部门统计、重点企业全面统计、规模以下企业调查统计构成的服务业统计制度,形成互为补充、覆盖全面的服务业生产经营活动统计调查体系。2. 积极推进城乡住户调查一体化改革。严格执行国家住户调查一体化抽样方案,建立和完善数据质量控制体系,真实反映居民收支变动状况,增强住户调查数据的科学性和权威性。配合调查队重点抓好辅助调查员的选配,做为调查户的抽选、业务培训、入户调查工作。

依法治统,不断强化统计工作的法制建设。主要措施是:1. 深入开展《统计法》宣传。充分利用主流媒体、户外广告、电视广播、过街横幅、法制宣传栏等进行广泛宣传。利用9月20日"中国统计开放日"、"12·4"全国法制宣传日、"12·8"《统计法》颁布纪念日,在全县上下集中开展统计工作法制宣传活动,形成全社会认知统计、支持统计、依法统计工作的良好氛围。2. 扎实开展统计监审工作,按照2012年统计监审计划安排,对劳资、批零贸易、房地产、建筑业、工业等组织好监审。8月份将组织对固定资产投资项目、房地产项目和建筑业企业实行专项检查。8月—10月,我局将对近40家企业开展执法检查,并组织案卷评审。同时,恪守统计法律法规,确保"企业一套表"直报数据质量。

争创一流,加强统计能力建设。主要措施是:1. 大力加强干部培训教育。围绕转型升级、率先基本实现现代化等目标任务,聘请上级统计部门领导,对局、乡镇统计人员开展国民经济核算、统计分析信息培训及基本现代化指标体系等内容开展培训。同时在全市统计系统青年干部中,开展形式多样的技能提升活动。2. 抓好"三上"企业从业资格考试和继续教育工作,提高"三上"企业人员整体素质。重点做好从业资格人员辅导培训和网上继续教育推行工作。3. 加强党风廉政建设。密切联系群众,深入调查研究,尽心尽力,确保优质高效完成各项任务。紧紧围绕转型升级的重点工作和关键环节,出谋划策,努力在"敢想"中拓宽视野,在"敢试"中探索前行,在"敢闯"中开辟新路。大兴清正廉洁之风,牢牢守住道德和党性原则底线,做到既干成事又不出事。

写作提示:要充分利用提供的所有材料,正确划分段落,重视段与段之间的衔接和过渡,正确使用标点符号;注意格式规范。

第四节 总 结

学习目标

一、技能目标

1. 能够分析总结的结构类型
2. 能够根据提供的材料或自己的学习与工作写作总结

二、知识点

1. 总结的含义和用途
2. 总结的特点
3. 总结的分类

4. 总结的结构和写法
5. 写作总结要注意的问题

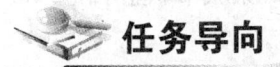

一、总结的含义和用途

(一) 总结的含义

总结是党政军机关、社会团体、企事业单位或个人对过去一个时期内的实践活动作出系统回顾归纳、分析评价，从中得出规律性认识用以指导今后工作的事务性文书。常用的小结、体会、回顾等，都属于总结的范畴。

(二) 总结的用途

总结是制订计划的重要依据，是开展工作的有效手段，通过总结，检查前一阶段实践活动的成绩与不足，在分析研究实际材料的基础上，找出经验教训，以便更好地指导下一阶段的工作。

二、总结的特点

(一) 实践性

总结是对本单位、本部门或个人的实践进行的回顾、检查，没有实践也就不能总结。实践性是总结的基本特点。

(二) 客观性

总结是对实践的回顾、分析，它必须以客观事实为依据，真实地、客观地分析情况，总结经验，不能言过其实，也不能文过饰非。

(三) 概括性

总结是通过对材料的分析、综合、归纳，上升为理性认识，重点是从实践中总结出经验和教训，得出规律性的认识，这样才能指导实践。

三、总结的分类

按照总结内容涉及的项目多少或范围大小，一般分为综合性总结和专题性总结。

(一) 综合性总结

综合性总结，也称全面总结，是一个单位、部门或个人对某一时期各方面工作进行的总结。

(二) 专题性总结

专题性总结，也称单项总结，是一个单位、部门或个人对某项特定工作或某个方面的情况所作的专门性的总结。

四、总结的结构和写法

总结一般由标题、正文和落款三个部分组成。

(一) 标题

总结的标题有以下几种构成方式：

1. 要素式标题。由单位名称、时限、内容范围和文种构成。如《某城市职业学院2011年招生工作总结》。

2. 论断式标题。由正、副两个标题组成，正标题概括总结的内容或基本观点，副标题标明单位名称、内容范围、时限和文种。如《还是生一个好——西塘乡2011年计划生育工作总结》。正标题"还是生一个好"概括了总结的主旨，副标题写明总结的单位名称、时限、内容范围和文种。

3. 概括式标题。根据总结的内容概括出标题，类似一般文章标题的写法。如《丰富校园文化，营造良好的学习氛围》。

(二) 正文

正文通常包括前言、主体和结尾三个部分。

1. 前言。概括基本情况，包括交代总结所涉及的时间、地点、对象和背景；概述基本经验，点明主旨；引用数据扼要说明主要成绩和问题，让读者对全文有个大体印象。

2. 主体。即总结的核心部分，包括如下内容：

(1) 概述总结事件的过程。要求语言简洁，重点突出。

(2) 主要成绩和收获。这部分内容在不同的总结中有不同的写法。若是综合性工作总结则在前言中概写成绩和收获，在主体中详细、具体地归纳成绩和收获；若是专题性经验总结，除了在前言部分扼要点明成绩和收获外，其他具体的成绩常常在下面写的"主要经验体会"中作为各论题的例证之用，不必专门写出"主要成绩和收获"。

(3) 主要经验体会。经验是指取得优良成绩的原因、条件以及具体做法。体会则是经验的升华，理论的概括。这部分是总结的重心，应下工夫分析、研究、提炼、概括，对是非得失、成败利弊作出科学判断，找出规律性认识。若是写经验性总结，则应根据推广经验的需要而使侧重点不同，有的重点阐明工作的成效，有的重点阐明先进的做法，有的重点阐明深刻的体会、认识的提高。

(4) 存在的问题与教训。查找工作中应当解决而没有解决的问题，分析造成问题的原因，从思想方法、工作方法或者其他主客观原因等方面去查找，从而总结出失误的教训。

不同的总结，写作结构也有所不同。有的总结采用条目式写法，即把材料概括为要点，按一定的次序分条列项地写。这种结构，条理较清楚，但有时显得不够紧凑。有的总结采用三段式写法，即从认识事物的习惯来安排顺序，先对总结的内容作概括性交代，表明基本观点；接着叙述事情经过，同时配合议论，进行初步分析；最后总结出体会、经验和存在的问题。这种结构单纯、易学。有的采用分项式写法，即不按事件的发展顺序写，而是把做的事情分几个项目，也就是几类，一类一项地写下去。每类问题又按介绍基本情况，叙述事情经过，归纳经验，找出问题的顺序写。这种方式较复杂，只有涉及面广、内容复杂的总结才采用这种结构形式。还有的总结向别人介绍自己的学习经验时，常采用漫谈式写法，把自己的实践、认识、体会慢慢叙述出来。这种写法多用于对自己亲身经历的事物的总结。

3. 结尾。一般写两层意思：一是今后努力方向。在总结经验教训的基础上，明确今后工作的方向,提出新的目标和任务。二是针对问题和教训,提出改进措施和新的设想。结尾应简短有力,成为画龙点睛之笔。

（三）落款

落款包括署名和成文日期。单位总结的署名,一般在标题之中或标题与正文之间的位置。标题中已有单位名称,可以不署名。个人总结的署名,可放在标题与正文之间的位置,也可以放在文后的右下方。成文日期,一般写在文后的右下方。

阅读例文 1

江门市旅游开发投资公司 2013 年工作总结

2013 年是江门市旅游开发投资公司全面开展工作的第一年。在本年度,公司以"加快发展,造福市民"为宗旨,在市旅游局、政府投资项目办公室的直接领导下,拓展思路、抓住机遇、积极进取、锐意改革,全面完成了投资建设任务,为我市旅游事业的发展作出了较大贡献。为了公司下一年的更好发展,特作如下总结。

一、主要成绩

（一）目标明确

1. 明确旅游开发投资公司的融资地位。（展开部分略）
2. 明确政府在旅游开发投资中的作用。（展开部分略）
3. 明确旅游开发投资公司的主要任务和项目。（展开部分略）
4. 明确发展方式和前景。（展开部分略）

（二）制度完备

1. 建立法人依法治理体系。（展开部分略）
2. 建立健全各项规章制度。（展开部分略）
3. 建立公司各部门运行规范。（展开部分略）
4. 建立公司部门间协调机制。（展开部分略）

（三）运作规范

1. 规范每年投资计划编制工作。（展开部分略）
2. 规范项目招标工作程序。（展开部分略）
3. 规范资金使用程序。（展开部分略）
4. 规范应聘人员入职程序。（展开部分略）

（四）重点突出

1. 融资工作取得重大进展。（展开部分略）
2. 新项目开发取得突破。（展开部分略）
3. 公司加农户形式获肯定。（展开部分略）

（五）争取协助

1. 做好横向联系,与其他开发公司建立紧密合作关系。（展开部分略）

2. 与相关职能部门建立定期联系。(展开部分略)

3. 拓展外地市场,拓宽投资渠道。(展开部分略)

(六)强化监管

1. 发挥监管部门作用,加强投资项目监管。(展开部分略)

2. 发挥舆论监督作用,做好信息收集与反馈工作。(展开部分略)

3. 落实奖惩制度,使监管常规化。(展开部分略)

二、存在问题

(一)资金流转问题没有彻底解决(展开部分略)

(二)项目投资成本控制有待加强(展开部分略)

(三)招标工作需要进一步规范(展开部分略)

(四)部门实际工作协同不够(展开部分略)

总结今年的成功经验,分析不足和失败,是为了明年更好、更快地发展打基础。相信凭借我们的聪明才智,加上全体同仁共同努力,明年公司一定会有更大的发展。

二〇一三年十二月五日

教师评析

　　这是一篇综合性总结。标题由单位名称、时限、总结内容和文种四个要素构成。前言概括了公司基本情况和在一年中取得的主要成绩,同时也标明了这篇总结的价值。主体部分写主要成绩和存在问题两项内容。主要成绩采用分条列项的方法,对取得的成绩进行了全面归纳概括,体现了总结的概括性特点,这是把复杂的工作内容条理化,便于今后工作中运用借鉴。为了条理清晰,文章还采用小标题概括的方式。这样写,既全面具体,又突出重点。存在的问题列出了四大项,采用概写方式,不展开叙述。这样写,给人成绩主要,问题次之的感觉,是总结常用的手法。结尾表明态度和决心。标题中已有单位名称,落款处只需署明成文日期。

　　全文的结构模块为:标题(四要素式)→开头(说明式)→承启语(承上启下)→成绩(并列式)→存在问题(并列式)→结尾(总结式)→落款(成文日期)。材料具体,主题鲜明,结构完整,语言顺畅是这篇总结的突出特点。

阅读例文2

平塘县交通系统民主评议行风工作总结

　　我局按照市、县关于在交通部门开展民主评议行风工作的部署,以"三个代表"重要思想为指导,以科学发展观为指引,以加快发展我县交通事业为主题,按照"谁主管、谁负责"的原则,调整人员,充实力量,研究制订方案,扎实有效地开展民主评议行风工作,有力地促进了交通行风建设,为全县交通事业的健康发展创造了良好的环境。现将主要工作总结如下:

第四节 总 结

一、主要做法

(一)领导重视,机构健全,责任落实

交通系统点多、面广、线长,交通行风建设任务重。我局领导高度重视,把行风建设摆上重要议事日程,与其他工作同安排、同部署、同检查、同考核,强化组织领导,落实责任。

1. 健全机构,加强领导。(展开部分略)

2. 明确目标,落实责任。为了保证行风评议工作有序开展,我局与所属各单位签订了《平塘县交通系统行风建设责任书》,把行风建设纳入领导班子、领导干部目标管理,与各单位工作紧密结合。

3. 广泛发动,加强监督。(展开部分略)

(二)加强学习,典型引路,提高服务质量

职业道德建设是交通行风建设的一项重要内容,直接关系到交通建设及服务窗口的形象。我局全力加强职业道德建设,提高干部职工素质。

1. 把加强学习,提高认识,作为职业道德建设的基础。(展开部分略)

2. 优化队伍,提高素质。(展开部分略)

3. 舆论宣传,典型引路。(展开部分略)

4. 强化监督,提高服务质量。(展开部分略)

(三)规范收费管理,树立清正廉洁的交通执法新形象

我局把规范收费管理,切实减轻服务对象负担,作为树立交通执法新形象的突破口,抓紧、抓实、抓好。

1. 建章立制,使收费管理工作法制化、规范化。(展开部分略)

2. 落实责任,实行责任追究制度。(展开部分略)

3. 标本兼治,防止反弹。(展开部分略)

(四)进一步提高政务公开水平,全力营造公正透明的交通环境

交通系统进一步加强政务公开,推进依法行政,加强民主监督与管理,全力营造公正透明的交通环境,加强交通行风建设。

1. 进一步扩大政务公开内容。(展开部分略)

2. 强化督察,务求实效。(展开部分略)

3. 健全机构,民主管理。(展开部分略)

(五)加强制度建设,提高服务水平,认真抓好机关效能建设

加强制度化、规范化建设,增强公仆意识,抓好机关的效能建设,是加强行风建设的重要保证。我局将行风评议与"解放思想,加快发展"大讨论、党风廉政建设活动紧密结合起来,努力转变机关作风,塑造务实高效的交通新形象。

1. 加强领导,提高认识。(展开部分略)

2. 完善制度,强化行为。(展开部分略)

3. 推行阳光政务,塑造诚信机关。(展开部分略)

二、存在的问题

(一)各单位行风建设发展不平衡

一些单位对行风建设的重要性和紧迫性认识不足,重视不够,执法不严,处理不力。

(二)职工道德建设仍存在薄弱环节

个别职工工作方法不当,法纪观念不强,存在执法不严的现象。

这些问题,反映了交通系统行风建设的艰巨性和长期性。我们将进一步认清形势,切实增强抓好行风建设的紧迫感和责任感。我们将正视存在的问题,主动争取各级领导的关心和社会各界的监督,组织和带领广大干部职工共同努力,切实加强与服务对象的配合,扎扎实实地抓好交通系统行风建设工作。

平塘县交通局

二〇一一年一月五日

教师评析

　　这是一篇专题性总结。标题由总结的行业系统、总结内容和文种三个要素构成。正文前言写明工作进展和取得的主要成绩,结句承上启下,转入主体的写作。主体部分采用横式结构,分为"主要做法"和"存在的问题"两个部分。"主要做法"即取得的成绩,也采用分条列项的并列式结构,从五个方面总结抓好行风工作的经验。五个方面先轻后重,从领导到收费,分层次、分部门写出,材料丰富,条理清晰,语言通顺。"存在的问题"同样采用并列式结构,从面到点,提出存在的两个方面问题。主要做法即成绩写得详细,存在的问题写得简略,能给人以鼓舞的力量,同时又找到了前进的方向。结尾针对存在的问题,提升了认识高度,对存在的问题提出今后改进的具体措施。

　　正文的结构模块为:开头(叙述情况,说明式)→承启语(承上启下)→主要做法(即成绩,并列式)→存在问题(并列式)→结尾(说明式)。全文材料具体,主题明确,层次清楚,语言简明。落款的署名和成文日期格式规范。

写作总结要注意的问题

　　1. 充分掌握材料。只有全面了解和掌握工作情况才能使总结言之有物,不写成流水账。而平时工作中养成勤于记录、不断积累、长于概括的习惯,对总结写作有很大的意义和价值。

　　2. 认真分析材料。仅仅对材料加以罗列,不能算总结。应该深入分析,概括出带有普遍规律性的认识和结论,如工作中存在的问题,得到的经验教训,找到成功或失败的原因等。只有这样的总结才能指导今后的工作实践,发挥其应有的作用。

　　3. 详略得当,重点突出。不论是总结经验还是教训,总结都应该突出重点,不应该是平铺直叙的。详略得当,突出重点是对总结的基本要求。

第四节 总　结

一、分析总结的结构，根据提供的材料写作总结

 分析与写作

由江苏开放大学图书馆组织的"第三届开放教育读书节"和读书征文活动已经完满结束。读书征文已于 2012 年 5 月 20 日截止。江苏开放大学常州学院图书馆按照省校图书馆的统一安排，精心组织了这次活动。回顾活动过程，师生们一致认为"让阅读与快乐相伴"是读书节活动的最大收获。

读书节活动分教师组和学生组。教师组征文内容为"读一本好书"，图书馆向每位老师赠送了一本《英才是怎样造就的》，广大教师撰写了一批征文。学生组发动宣传力度大，参与面大，征文数量较多。教师参加读书节活动不仅和学生密切了联系，提高了自己素养，还促进了教育教学的改革；学生通过活动，提高了阅读兴趣，扩大了知识面，也养成了读书思考的习惯。请根据以上材料，撰写一篇读书节活动总结。

 教学互动

1. 这份总结的标题应该怎样写？以上材料适合采用单行标题还是双行标题？
2. 总结的前言需要写哪些内容？
3. 总结的主体部分如果分两部分来写，先写什么，后写什么？
4. 总结通常呈现的结构模块是怎样的？
5. 结尾一般写哪些内容？

 写作示例

让阅读与快乐相伴
——江苏开放大学常州学院图书馆读书节活动总结

由江苏开放大学图书馆组织的"第三届开放教育读书节"和读书征文活动历时大半年，已于 5 月 20 日截稿。江苏开放大学常州学院图书馆按照省校图书馆的统一安排，成功组织了这次读书征文活动。回顾活动过程，"让阅读与快乐相伴"是此次活动的最大收获。

一、教师组

（一）全员阅读，提高素养

2011 年下半年，我院为提高广大教师的教育教学素养，更新教育教学观念，进一步推动教育教学改革，决定在全院教师中开展"读一本好书"活动。学院选购了流行很广的教育叙事作品《英才是怎样造就的》赠送给每一位教师。学院图书馆随书奉送了由馆长拟就的密切联系本院教育教学实际、密切联系家庭教育实际的十个导读题。同年 12

月份,学院专门请本院教育学硕士为全体教师做集体导读,这让大家对书中崭新的教育教学观念有了更深刻的理解和感悟。

(二)深度阅读,硕果累累

在阅读和探讨中,在反思和实践中,传统观念、陈旧意识、习惯做法开始被怀疑,遭到了挑战。特别是年轻的一代,更是带着疑问去阅读、去探索。从院图书馆收到的几十篇征文中,可以看到教师们深刻的感悟,心灵的震撼,观念的更新,心态的自由和快乐!

从推荐到省校的教师组征文标题,我们就能看出教师们的阅读是联系实际的,真诚而有实效的。10篇征文中,有从心理角度写的,有从教育学生角度讲的,有从尊重人的角度谈的,有从教师素养提高角度谈的,也有从班主任、辅导员角度谈的。总之,充分发挥了好书的功效,引发了读者的心灵震撼。

这次"读一本好书"征文活动,改变了原先形式主义的阅读方式。让大家读得有兴趣,有实效,有思考,有收获,真正起到了以好书为引导,促进学院教育教学改革的作用。

(三)以身作则,榜样示范

在整个读书节活动中,领导始终带头。分管教学的副院长在忙碌之余抽时间写了征文,和大家探讨"英才"的真正内涵,造就真正英才的主观和客观条件。此举获得了师生们的广泛赞誉。

尽管学院办公室主任工作繁忙,但依然一遍遍地反复阅读文本,与大家一起探讨交流,形成文字,畅谈体会,以身作则,起到了领导带头学习、榜样示范的作用。

二、学生组

(一)及时发动,全员参与

常州学院有着为开放教育学生举办读书活动的惯例。从接到省校读书征文活动通知开始,学院即在校园网的"最新公告"栏里发出通知,号召广大开放教育学生积极参与活动。要求他们写出感悟最深的读后感。在短短10天时间里,共收到开放教育学生征文85篇。

纵观参与活动的班级组成,有本科的,有专科的;有文科的汉语言文学专业、小学教育专业、教育管理专业,有理科的计算机应用专业;有新生班,也有老生班。学生们联系自己的切身体会和感悟形成文字,一篇篇征文给人更多的是生活的思考和快乐的生命启迪。

(二)面广量大,好中选精

图书馆的老师们夜以继日地对征文进行阅读和筛选,对遴选出来的征文提出修改意见。在征文修改过程中,教师通过QQ聊天方式指导学员修改征文,突出了远程开放教育的特色,培养了学生远程开放学习的习惯。

从挑选出来的优秀征文看,此次参加征文比赛的学生作品水平明显超过了以往两届。从所读的书看,有外国文学名著,像盛冬娜的《幸福婚姻的基石是美德》是看了《傲慢与偏见》的读后感;有当代励志书籍《羊皮卷》的读后感;有职业规划书籍《今天怎么做老师》的读后感;有和学院老师共读一本书的《英才是怎样造就的》读后感;有专业书籍《安全经济学》的读后感等。文章无不给人耳目一新的感觉。推荐到省校参评的10篇文章中,每篇文章都有鲜明的时代特征和学生的个性特点,读后如见其人,如闻其声。读书节活动真正让学员在阅读中体会了快乐和幸福。

　　这次读书节活动极大地提高了师生们的阅读兴趣,提升了写作热情。联系工作和生活实际的思考、讨论,也让参加者感受到读书带来的精神享受。师生们一致表示,今后将更多地参与这种活动,在读书活动中吸收更多的精神养料。

江苏开放大学常州学院图书馆
二〇一二年八月六日

教师评析

　　这是一篇专题性工作总结。双行标题中,正标题突出读书活动中的体会和感悟,即总结的主旨,副标题由单位名称、总结内容和文种三个要素构成。前言部分要言不烦,简介了活动概况,包括活动组织者、活动时间、参与人员、活动收获等。主体部分采用分条列项的写法,先重后轻,师生分别总结,符合应用文书的写作规律。主体部分详细叙述了教师组的导读、自读等一系列活动。学生组的读书征文,从面到点,写出学生读书的感受,即与快乐相伴。结尾概括这届读书节活动的主要价值和意义,指出今后的努力方向。

　　这份总结正文的结构模块为:开头(说明式)→主体(并列式)→结尾(总结式)。落款为此项活动的组织者署名和成文日期。

二、综合测试

(一) 填空

1. 总结一般由_____、_____和_____三个部分构成。
2. 总结的主体部分包括事件过程的概述、_____、_____和存在的问题与教训等四项内容。
3. 总结常见的结构形式有_____式、_____式、_____式和漫谈式等。

(二) 解释名词

1. 专题性总结
2. 要素式标题

(三) 简答

1. 简要说明总结的特点。
2. 总结的结尾一般写哪两层意思?

(四) 分析

模仿"教师评析"的方法,对下面的总结作全面评析:

我们是怎样带领群众共同致富的?

磁山镇山西村党支部

我们磁山镇山西村地处太行山东麓,过去是一个典型的穷山村。人均不足7分耕地,长期过着吃粮靠返销、花钱靠贷款的贫穷日子。党的十一届三中全会以后,改革开放的春风吹进了山村,在实行家庭联产承包责任制的当年,不仅没有再吃国家的返销粮,而且还向国家交售了5万多公斤粮食,一举解决了温饱问题。以后我们又通过发展乡镇企业,发展多种经营,走上了全面发展的道路。现在,我们村有炼铁厂、轧钢厂、化工厂等34个集体企业。其中,食品厂的"开口笑"荣获商务部的金杯奖,化工厂的搪瓷釉打入了国际市场。2005年全村工业总产值已达5亿多元,利税1.3亿元,同时还吸收了3 500多名外地农民就业。随着经济的发展,全村人的生活水平有很大提高。在我们这里虽没有暴富户,但也没有贫穷户,100万元的富裕户很多。可以说,全村人走上了一条共同致富的大道。我们认为,带领群众走共同富裕的路,党支部的领导是关键。

第一,党支部是推动改革的主导力量。我们村在实行家庭联产承包责任制的初期,一些人认为,承包了,土地分到户,各人顾各人,什么支部不支部,甚至要求把集体的副业也分掉。我们党支部一班人认为,过去农民没有富起来,一个重要的原因就是"大锅饭",平均主义束缚了大伙的手脚。党中央领导我们农民搞改革,推行责任制,这是从实践中总结出来的经验,是要把广大农民往富裕的路上带,不是要否定集体经济,而是为集体经济的大发展创造条件。我们从村里的实际出发,一方面积极推行家庭联产承包责任制,调动农民的生产积极性,另一方面对不利于生产发展的思想进行了抵制,没有分掉集体的副业摊点,使这些摊点的生产能力完整地保留了下来,为集体经济更快地发展奠定了基础。以后党支部又组织党员干部到改革开放的先进地区参观学习,全村老少最终达成了"致富"的共识。在此基础上,党支部带领群众发展村办企业,发展多种经营,壮大了集体经济,提高了广大农民的生活水平。经济发展了,收入增加了,我们又通过改革建立了共同富裕的机制,在实行各种责任制,加强企业管理,提高劳动生产率的基础上,建立了保险、福利、优抚、医疗、救济等集体福利事业和社会保障体系,使农民群众的生活有了根本保证。

第二,支部一班人在共同富裕的道路上要成为坚强的领导核心,必须有为人民大众的利益奋力拼搏、无私奉献的精神。在"一穷二白"的基础上进行社会主义经济建设,肯定会遇到一些意想不到的困难与挫折。这虽然不需要我们去流血牺牲,但依然要求我们共产党员发扬不折不挠、与困难作斗争的精神。这是我们带领群众脱贫致富的精神支柱,也是我们共产党人的党性在和平建设时期的体现。只有这样,党支部才能发挥战斗堡垒作用,才能提高党组织的凝聚力。2004年,我们用村里的全部积累办了一个小型玻璃瓶厂。由于不懂技术,不会管理,投产几个月后,就亏损了60多万元。结果群众埋怨,干部丧气。玻璃厂还上不上,这在当时有很大争论。支委会开了3天3夜,也没有形成决议。是进还是退?进,就要冒遭一辈子埋怨,甚至坐牢的风险;退,对于个人没有任何损失,但是让全村人的共同富裕就会成为一句空话。在个人利益与人民利益发生矛盾的时刻,我们支部一班人毅然地选择了前者。支委们都在财产抵押书上按上了手印,准备以自己的家产作抵押,再做一次尝试。终于,我们的决心和诚心感动了全村人。我们接受了不懂技术的教训,由支委带队8次到上海拜师学艺,并请上海的师傅到村里帮助调试设备,传授技术。第二次投产不到半年就盈利300多万元。当我们村年产值突破1亿元大关时,上级领导机关奖励我们村干部40多万元,但我们一分钱也没要,全部用于发展集体经济。

第三,党支部一班人在共同富裕的道路上,要不断汲取新知识,树立新观念。在国家宏观调控下,发挥市场对资源配置的基础性作用,这是一个崭新的课题,其间有许多复杂的情况需要研究,有许多突出的矛盾需要解决,要求我们进行开拓性的工作。其中一个很重要的问题,就是要彻底摒除长期以来形成的"自给自足,小富即安"的自然经济观念。发展村集体企业,我们有资源条件,例如有丰富的铁矿资源,有充裕的劳动力等。但要使这些生产要素有机地组合起来,还需要大量的资金投入。这单纯依靠我们自身的积累是很难达到的,只有依靠市场,广泛寻求合作单位才能实现。对此,一些群众,甚至少数村干部心存疑虑,怕肥水流入外人田。为了统一全村人的思想,我们开展了"对外联合会不会吃亏"的讨论,使大多数群众明白了埋在地下的资源只有将它开发出来,才会变成财富的道理。我们动用了全部的集体积累,投入基础设施建设,为引进资金提供良好的环境。2005年,我们实现了与首钢总公司的合作,投资4 800万元建成了一座150立方米的炼铁高炉。2006年,我们同外地一些企业合作成立了"河北太行实业股份有限公司",总投资将达4.5亿元,主要从事炼钢、轧钢生产。同时,还与香港一家企业合资办了一个化工企业。村里几乎所有的"大家伙",都是横向经济联合的结果。资源吸引了资金,大大加快了建设的速度。

这些年来,我们党支部在上级党组织的领导下,在带领群众走共同富裕的道路上作出了一点点成绩,党和群众却给了我们很高的荣誉。2006年年底,我们村支部被中央组织部誉为"新时期农村基层党组织的一面旗帜"。群众也称赞说"要想富,靠支部"。我们要把这些鼓励变为动力,争取作出更大的成绩。

二〇〇七年二月十八日

第五节　感谢信

一、技能目标

1. 能够辨识和评析不同类型的感谢信
2. 能够根据提供的材料写作相应类型的感谢信

二、知识点

1. 感谢信的含义和用途
2. 感谢信的特点
3. 感谢信的分类
4. 感谢信的结构和写法
5. 写作感谢信要注意的问题

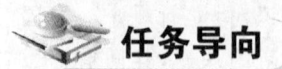

一、感谢信的含义和用途

（一）感谢信的含义

感谢信是在得到有关单位或个人给予的关心、支持或帮助后,向对方表示感谢的应用文书。

（二）感谢信的用途

感谢信广泛使用于公共事务和个人日常生活中。

二、感谢信的特点

（一）客观性

感谢信中感谢的对象要真实,所述的事件也必须是客观存在的。

（二）感召性

感谢信中表达的热情洋溢的感激之情,可使被感谢一方受到鼓舞和鞭策,对其他人也有一定的感染力和号召力。

三、感谢信的分类

（一）普发性感谢信

指被感谢者为众多的单位或个人的感谢信。

（二）专发性感谢信

指被感谢者为特定的单位或个人的感谢信。

四、感谢信的结构和写法

（一）标题

一般有三种写法:第一种写文种"感谢信";第二种由受文单位和文种两个要素构成,如《致某市第一人民医院的感谢信》;第三种由发文机关或单位、受文机关或单位和文种三个要素构成。如《海华水泥制品有限公司致天方汽车运输公司的感谢信》。

（二）称谓

写被感谢的单位名称或个人姓名。被感谢者如果是个人,姓名后要写上"先生（女士）",或职务（职称）,或"同志"。

（三）正文

正文一般包括两个方面的内容。

1. 简述被感谢者的事迹，说明在被感谢者帮助下产生的效果。
2. 对被感谢者的品德作出评价和颂扬，表达对被感谢者的感激之情，表示向被感谢者学习的态度和决心。

（四）敬语

按信函格式写上"致以最诚挚的敬礼"一类敬语。

（五）落款

在正文右下方署明感谢的单位名称或个人姓名及书写日期。

阅读例文

四川省委、省政府致全社会的感谢信

四川抗震救灾和灾后恢复重建的广大救援与援建人员、志愿者和社会各界人士，港澳台同胞、海外华人华侨及国际友人：

2008年5月12日14时28分，汶川特大地震突如其来，地裂山崩，路断河改，数万鲜活生命顷刻消逝，无数美丽家园瞬间毁灭。365个日夜过去，我们沉痛悼念在地震中不幸罹难的同胞，深切缅怀在救灾中英勇献身的烈士！

一年安危与共，一年风雨同舟。地震发生后，党中央、国务院举全国之力组织救灾，解放军指战员、武警官兵、民兵预备役人员和公安民警冲锋在前，医疗人员、专业技术人员和新闻工作者奋战一线，广大援建人员、志愿者和社会各界人士倾情奉献，港澳台同胞、海外华人华侨和国际友人真诚援助，凝聚成万众一心、众志成城，不畏艰险、百折不挠，以人为本、尊重科学的伟大抗震救灾精神。我们永远铭记，在抢险救援的危急关头，你们与灾区人民血脉共搏、千里驰援、生死营救，创造了战天斗地的奇迹，谱写了感天动地的壮歌；我们永远铭记，在恢复重建的艰难时期，你们与灾区人民心手相连，无私无畏、超常付出，全力以赴救灾区所急，千方百计解灾区所难。无疆之爱昭示了大真大善大美，倾力之援展现了坚定坚强坚韧。抗震救灾斗争取得的重大胜利使我们更加深切地感受到：祖国大家庭最温暖，人民子弟兵最可爱，赤子之心最可贵，匹夫之责最可敬。在此，我们谨代表地震灾区及全川8800万人民，对一年来你们给予的真诚关心和宝贵支持表示最诚挚的感谢，并致以最崇高的敬意！

承关爱自奋起，历磨难志愈坚。在中央的亲切关怀和社会各界的大力支持下，我们自立自强自救。在抢险救援阶段，从废墟中救出生还者8万多人，收治伤病员400多万人次。在安置群众阶段，震后第一时间对近1200万群众进行了紧急安置，北京奥运会开幕前按"就地、就近、分散"原则解决了450万户住所问题，震后第一个冬季确保了安全过冬温暖过年，实现了受灾群众"安居、安定、安全、安稳、安心"。在恢复重建阶段，切实加大力度、加快进度，已开工建设重建项目19702个，完成投资3370.5亿元，已开工农村、城镇永久性住房重建分别占总数的99%和45.2%，已开工建设学校、医院分别占

总数的76.9%和51.6%。全省经济社会发展逐步走出特大地震和国际金融危机的不利影响。遭遇特大地震，四川人民没有垮，抑制悲痛、隐忍哀思，从废墟中挺立、在危难中崛起；遭遇特大地震，四川没有垮，浴火重生、负重前行，正加快建设灾后美好新家园、加快建设西部经济发展高地。

　　一周年是重建家园的重要节点，更是加快发展的崭新起点。我们将继续弘扬伟大抗震救灾精神，坚持实事求是和群众满意，突出民生优先和科学统筹，攻坚克难，爬坡上行，力争灾后恢复重建三年目标任务两年基本完成，到2010年9月基本实现"家家有房住、户户有就业、人人有保障、设施有提高、经济有发展、生态有改善"，灾区基本生活条件和经济社会发展水平总体达到或超过灾前水平，向历史和人民交出一份合格答卷。

　　灾后四川依然美丽，今日天府处处生机。我们坚信，有党中央、国务院的坚强领导，有亿万同胞和国际友人的巨大关怀，更加美好的四川一定会展现在世界面前！

中共四川省委　四川省人民政府
二〇〇九年五月十二日

教师评析

　　这是一份普发性的感谢信。标题由发文机关、受感谢的单位和个人、文种三个要素构成。

　　称谓"四川抗震救灾和灾后恢复重建的广大救援与援建人员、志愿者和社会各界人士，港澳台同胞、海外华人华侨及国际友人"，包含极广。正文第一段至第四段概述被感谢者的事迹，说明在被感谢者帮助下抗震救灾取得的显著效果；对被感谢者的品德作出评价和颂扬，表达对被感谢者的感激之情。第五段表示抗震救灾，战胜困难，夺取更大胜利的决心。热情洋溢，言简意明。

　　正文的结构模块为：开头（说明式）→主体（叙述一年来抗震救灾的事迹，递进式）→结尾（展望式）。这份感谢信没有写敬语。落款包括发文机关名称和成文日期两个要素。

写作感谢信要注意的问题

　　1. 内容要真实，叙事要简洁。所要感谢的人物和有关事件、时间、地点、原因、结果都必须交代清楚。

　　2. 评价和颂扬被感谢者要适度。对被感谢者良好的行为和品德，要有一定的高度，但是又不能无限拔高。

　　3. 情感要真挚，态度要热烈。

第六节　邀请信　请柬

学习目标

一、技能目标
1. 能够辨识和评析不同类型的邀请信、请柬
2. 能够根据提供的材料写作相应类型的邀请信、请柬

二、知识点
1. 邀请信、请柬的含义和用途
2. 邀请信、请柬的特点
3. 邀请信、请柬的分类
4. 邀请信、请柬的结构和写法
5. 邀请信、请柬的区别
6. 写作邀请信、请柬要注意的问题

任务导向

一、邀请信、请柬的含义和用途

（一）邀请信、请柬的含义

邀请信，也称邀请函、邀请书。请柬，也称请帖。邀请信和请柬都是党政机关、企事业单位、社会团体或个人邀请有关单位或人员出席某个重要会议、典礼或重要活动时使用的一种礼仪文书。

（二）邀请信、请柬的用途

邀请信和请柬作用相似，但邀请信的信息量比请柬大，适用范围也比请柬大，更多地使用于党政机关或企事业单位。而请柬一般要有一定的装帧，如封面、花边、图案等，因此显得庄重、典雅，表达礼仪的情感色彩更浓一些，更多地使用于民间和个人。

邀请信和请柬用来传达信息、交流感情，有时甚至可以成为表示尊重的一种郑重态度；设计精美的请柬还具有收藏价值；有些活动的请柬还具有代替入场券的作用。

二、邀请信、请柬的特点

（一）确指性
邀请信、请柬的发送对象都是特定的单位或个人。

（二）礼仪性
邀请信、请柬的使用，包含表达尊敬、重视、礼遇、联络感情的意味，具有较强的礼仪性。

第三章 事务文书

三、邀请信、请柬的分类

按内容分,有会议类邀请信、请柬,用于庆祝会、纪念会、座谈会等;有活动类邀请信、请柬,用于典礼仪式、活动宴请等。

四、邀请信、请柬的结构和写法

邀请信、请柬一般由以下几部分构成:

(一)标题

邀请信或请柬的文种名要居中。有的邀请信采用公务文书的要素式标题。有的请柬分封面和封里两部分。封面写"请柬"或"请帖"二字,封里写正文。

(二)称谓

第一行顶格写被邀请者的姓名及称谓(如先生、女士、小姐、同志等),后面加冒号。被邀请者如果是单位,称谓要用全称或规范化简称。

(三)正文

正文包括主体和结尾两个部分。

1. 主体。通常由会议或活动的性质、目的、时间、地点等几项内容构成。

请柬内容若是有关部门文艺演出或体育比赛的观看邀请,则一定要附上入场券;若是宴请,则应说明具体的酒店、楼层、包房号或桌号等。

2. 结尾。邀请信、请柬常以"敬请光临"、"恭候光临"等祈请礼貌语结尾。结尾既可紧接正文之后书写,也可另起一行顶格书写。

(四)落款

由邀请单位名称或个人姓名以及写作日期构成。日期的年月日要完整。

阅读例文 1

2010年成都春季全国糖酒商品交易会邀请函

全国糖酒商品交易会是由中国糖业酒类集团公司主办的大型全国性商品交易会,每年春、秋两季各举办一次。自1955年举办首届交易会以来,已经走过了55年的历史,2010年成都春季全国糖酒商品交易会将于3月21—27日在成都会展中心举行。我们真诚邀请您光临本届糖酒商品交易盛会,希望本届糖酒商品交易会能成为您交易产品的场所、宣传展示的舞台、信息交流的媒体、联系友谊的纽带。我们相信,糖酒商品交易会上多层次的服务一定会使您不虚此行。如果您想了解更多糖酒商品交易会的信息,请及时与我们联系,我们将随时恭候您的垂询。

最后,祝愿您和您的事业兴旺发达!

谨此奉邀。

全国糖酒商品交易会办公室
二〇一〇年二月三日

教师评析

　　这是一份活动类邀请信。采用公文的要素式标题,较好地显现了邀请信的主旨。因为发送范围较广,本邀请信没有写称谓(当然也可以用手写的方式补出)。正文第一段写全国糖酒商品交易会的主办者、活动性质、交易会的历史、本届交易会的时间、地点等,并盛情邀请对方积极与会。第二段是祝愿语,与被邀请者沟通感情,拉近距离。第三段以祈请式礼貌语结尾。正文的结构模块为:开头(说明式)→主体(递进式)→结尾(祈请式)。

 阅读例文 2

请　束

尊敬的刘跃进先生:

　　敝公司定于 2013 年 10 月 28 日至 30 日(每天 9:00—17:30)在上海瑞金路 28 号国际展览中心 3 号大厅举办现代家具展销会。

　　恭候光临。

上海国际家具公司
二〇一三年十月八日

 教师评析

　　这是一份会议类请柬。以文种"请柬"为标题,居中。称谓中姓名前加礼貌语"尊敬",姓名后加"先生"。正文写明会议内容"家具展销会"以及时间、地点等。结尾"恭候光临"为祈请礼貌语。落款包括邀请单位名称和书写日期。这份请柬内容明确,格式规范,语言简括,可做范本学习。

 阅读例文 3

请　束

××先生/女士:

　　我俩定于 2014 年 6 月 28 日(星期六)18 时在凤凰酒家二楼宴会厅举行结婚典礼,并设筵招待。

　　恭候光临!
　　席设:凤凰酒家二楼宴会厅
　　时间:晚 6 时 08 分整开席
　　地址:鼓楼区光明街道 156 号

王国才
路莲英　鞠躬
二〇一三年十一月二十八日

教师评析

这是一份活动类请柬。以文种"请柬"为标题,居中。称谓姓名后加"先生/女士"。正文写明"结婚典礼"活动内容、时间、地点等。结尾"恭候光临"为祈请礼貌语。落款为新婚夫妻署名及书写日期。署名后加"鞠躬"二字,显得庄重礼貌。

五、邀请信与请柬的区别

邀请信多用于邀请对方前来参加某项实质性的业务活动,有具体的事项和内容,如学术讨论会、展销订货会、成果鉴定会等。这些活动一般时间较长、项目较多、程序较复杂,需要用邀请信详细说明,不这样不足以说服或打动对方前来参加。为了真诚邀请对方,也为了让对方大致了解活动情况,邀请信对活动本身的意义、作用等也要作简明的介绍。

请柬多用于礼仪性、例行性活动,只要说明活动内容或名称以及时间、地点即可。

 小贴士

写作邀请信、请柬要注意的问题

1. 措辞与被邀请者参与的活动风格要相适应。一般来说,邀请信和请柬都要求文辞典雅得体。邀请信、请柬宜用谦敬、期盼性语言,以表达诚邀之心。

2. 被邀请的单位名称或个人姓名不能写错,活动的时间、地点要具体明确。

第七节 贺 信(贺电)

 **学习目标**

一、技能目标

1. 能够辨识和评析不同类型的贺信(贺电)
2. 能够根据提供的材料写作相应类型的贺信(贺电)

二、知识点

1. 贺信(贺电)的含义和用途
2. 贺信(贺电)的特点
3. 贺信(贺电)的分类
4. 贺信(贺电)的结构和写法
5. 写作贺信(贺电)要注意的问题

第七节　贺信(贺电)

任务导向

一、贺信(贺电)的含义和用途

(一) 贺信(贺电)的含义

贺信(贺电)是党政军机关、社会团体、企事业单位或个人向取得重大成绩、作出突出贡献的有关单位或人员表示祝贺或庆贺的礼仪文书。

(二) 贺信(贺电)的用途

贺信(贺电)既可用于向取得重大成绩、作出突出贡献的有关单位或人员表示祝贺或庆贺,也可用于企事业单位的周年庆典、名人诞辰等。

二、贺信(贺电)的特点

(一) 祝贺性

贺信(贺电)主要体现在"贺"字上。发出贺信(贺电)的目的是恭贺对方,为对方取得成就增加喜庆气氛,增进相互间的感情和友谊。

(二) 函电性

庆贺者发出贺信(贺电)是由于不能当场向受贺者表示祝贺。贺信(贺电)通过人工投递或电子邮件送抵受贺者手中。

三、贺信(贺电)的分类

按作者类型分,贺信(贺电)可分为单位发出的贺信(贺电)和个人发出的贺信(贺电)两种类型。

四、贺信(贺电)的结构和写法

贺信(贺电)由标题、称谓、正文、落款四个部分构成。

(一) 标题

常见的标题有三种:

1. 只写文种名"贺信"或"贺电"二字。

2. 由贺信(贺电)内容和文种两个要素构成。如"致四川大学110周年校庆的贺信"。

3. 由发出贺信(贺电)的单位名称和文种两个要素构成,如"东升贸易有限公司贺信(贺电)"。

4. 由发出单位名称、接收单位名称和文种三个要素构成,如"东升贸易有限公司给昆仑旅游产业协会的贺电"。

(二) 称谓

标题下一行顶格书写被祝贺单位名称或个人姓名。发给个人的,在姓名后要缀以职务(职称)或"先生(女士)"、"小姐"、"同志"等。如果是祝贺会议的则写会议名称。

(三) 正文

正文由开头、主体、结尾三个部分构成。

1. 开头。用简练的语言写祝贺的原由，并表示祝贺。如"值此……之际，谨代表……向……表示热烈的祝贺"。

2. 主体。根据被祝贺对象的不同，主体的内容与措辞有所不同。如果是祝贺对方取得了突出成绩，在主体部分一般要充分肯定和热情赞颂对方所取得的成绩，述评取得成绩的原因及意义，表示向对方学习，或提出希望。如果是祝贺领导履新，主体部分就要侧重于祝愿，祝愿对方在任期内取得新的成就，并祝愿双方的友谊进一步加强。如果是祝贺会议，在主体部分则侧重说明会议召开的重要意义和深远影响。

3. 结尾。可再次写祝贺、祝愿或希望方面的话。也可以不另写结尾。

(四) 落款

落款包括祝贺单位名称（或个人姓名）和写作日期两项内容。

阅读例文1

致四川大学110周年校庆的贺信

四川大学：

值此四川大学110周年校庆到来之际，我们谨代表民盟中央，并以我们个人的名义，向贵校全体师生员工和广大校友表示热烈的祝贺！

四川大学是一所具有光荣革命历史和优良办学传统的著名高等学府。在一个多世纪的发展过程中，许多杰出的政治家和优秀科学家在川大工作和学习过，其中包括民盟的创始人之一张澜先生曾在这里担任校长。一代又一代川大人心系民族振兴、国家富强，艰苦奋斗，不倦探求，熔铸和培育了以校训"海纳百川，有容乃大"、校风"严谨、勤奋、求是、创新"为核心的川大精神。100多年来，四川大学培养了大量各方面的优秀人才，为推动中国的现代化进程和各项事业的发展贡献了力量。

目前，我国正处于全面建设小康社会的关键时期，对于人才的需求更加迫切。我们相信，四川大学在未来的发展中，一定能够坚持正确的办学方向，发扬光大优良传统，大力实施科教兴国战略和人才强国战略，努力开拓进取，不断提高办学水平和学校的综合实力，为国家培养更多的德才兼备的优秀人才，为完成全面建设小康社会的伟大历史任务，实现中华民族的复兴作出更大贡献！

全国人大常委会副委员长　民盟中央名誉主席　丁石孙
全国人大常委会常委　民盟中央主席　蒋树声
二〇〇六年十月十日

教师评析

这是一份以个人名义发给单位的贺信。由贺信（贺电）内容、文种两个要素构成。标题显示了贺信的主旨。称谓为被祝贺单位四川大学。正文第一段开头,以"值此……之际,向……表示热烈的祝贺"惯用句式说明祝贺的原由。第二段是主体,称赞四川大学建校以来为社会作出的贡献。第三段是结尾,联系社会对人才的需求情况,对被祝贺单位提出期望。

正文结构模块为:开头(原由式)→主体(递进式)→结尾(期望式)。落款包括署名(包括职务名称)和写作日期。这份贺信篇幅短小,主题鲜明,语言热情洋溢。

阅读例文 2

贺　电

中国体育代表团:

欣悉江苏运动员陈艳青在第 29 届奥运会女子举重 58 公斤级比赛中,不畏强手,沉着应战,顽强拼搏,勇夺桂冠,并打破挺举和总成绩两项奥运会纪录,展示了中国体育健儿的风采,为祖国和家乡赢得了荣誉。我们谨向中国体育代表团、陈艳青同志和教练员表示热烈的祝贺,并致以崇高敬意和亲切慰问!

祝中国体育代表团再接再厉,取得更大的成绩!

中共江苏省委　江苏省人民政府
二〇〇八年八月十一日

教师评析

这是一份由党政机关发出的贺电。标题即文种名称"贺电",居中书写。称谓为受贺团队"中国体育代表团"。正文开头和主体为一段式结构,先写发贺电的原由:江苏运动员陈艳青打破挺举和总成绩两项奥运会纪录而夺冠。接着充分肯定和热情赞颂陈艳青所取得的突出成绩。第二段是结尾,写再接再厉的祝愿语。

正文结构模块为:开头(第一句,原由式)→主体(第二句,递进式)→结尾(期望式)。落款写明发贺电机关的名称和写作日期。

写作贺信(贺电)要注意的问题

1. 内容要实事求是,赞扬、评价和祝贺的语言要恰如其分。
2. 感情要真挚热烈,发自内心。
3. 语言要简洁流畅,篇幅力求短小精悍。

第三章 事务文书

一、分析感谢信、邀请信、请柬贺信的结构，根据提供的材料写作感谢信、邀请信、请柬贺信

分析与写作1

感谢信

龙岗汽车出租公司：

　　2013年12月19日下午，我公司经理黄天宇乘坐贵公司"甘A9861"号出租车时，不慎将公文包丢失。内有人民币10万余元、身份证1个、护照1本，空白支票5张及各种票据30余张。正当我们焦急万分的时候，贵公司司机刘为民师傅主动将丢落在出租车上的公文包送至我公司，使我公司避免了一次重大损失。为此，我们再三表示感谢并拿出1万元作为酬谢。刘为民师傅坚决不要，并说："这是我们的职业道德，是我应当做的。"刘为民师傅这种拾金不昧的高尚品德，体现了社会主义社会的良好道德风尚，对我公司全体工作人员是一次很好的教育。在此，特致函贵公司，深表谢意，并建议对刘为民师傅的高尚行为予以表扬。

　　此致
敬礼！

绿源股份有限公司
二〇一三年十二月二十日

教学互动

1. 这是一份什么类型的感谢信？
2. 正文先写什么内容？后写什么内容？
3. 对被感谢者的事迹是否要作出评价？
4. 结尾有什么特点？
5. 落款有什么要求？

教师评析

　　这是一份专发性感谢信，被感谢者为特定的单位。标题即文种名称"感谢信"。正文篇段合一，先概述被感谢者拾金不昧的事迹，再说明在被感谢者帮助下产生的效果，表达对被感谢者的感激之情。用"社会主义社会的良好道德风尚"一句对被感谢者的事迹进行赞扬与评价，并表示向被感谢者学习的态度。结尾句，建议龙岗汽车出租公司对被感谢者予以表扬。

　　正文的结构模块为：开头（概述事迹）→主体（赞扬与评价并表示向对方学习）→结尾

(向对方提出建议)。正文后写"此致敬礼",表示敬意。落款由发感谢信的公司名称和写作日期构成。这份感谢信主旨明确,语言真诚有礼,格式规范。

 分析与写作2

请　柬

尊敬的张晓军先生/女士/小姐:

第六届西部高新企业联谊会暨2013年(成都)国际高新产业研讨会定于2013年10月25日(星期五)上午9:30在成都世纪城新国际会展中心(地址:成都市天府大道中段1号)举行。诚邀您届时莅临指导。

第六届全国电子产品展销会组委会
二〇一三年九月十八日

 教学互动

1. 这是一份什么类型的请柬?标题有什么特点?
2. 称谓有什么特点?
3. 正文写了哪些内容?结尾有什么特点?
4. 落款包括哪些内容?
5. 你怎样评价这份请柬?

 教师评析

这是一份会议类请柬。以文种"请柬"为标题,居中排列。称谓中姓名前加礼貌语"尊敬",姓名后加"先生"。正文写明会议内容"联谊会"暨"研讨会"以及时间、地点等。结尾用祈请性礼貌用语。落款由会议组织者名称和写作日期构成。主旨明确,格式规范,语言简洁。

 分析与写作3

贺　信

联通公司全体员工:

喜闻十月一日是贵公司成立10周年纪念日,谨此表示热烈祝贺!10年来,贵公司全体员工发扬自力更生、艰苦创业、同心同德、锐意创新的可贵精神,不仅在国产计算机芯片研究领域获得了重大突破,而且培养了大批技术人才,支援了兄弟单位。多年来,贵公司在技术力量方面给我公司以无私的帮助和支援。为此,我们表示衷心的感谢,并决心以实际行动向贵公司全体员工学习,努力钻研技术,提高产品质量,为达到同行业的先进水平而努力。

最后,祝贵公司在未来的时间里取得更辉煌的成就。

此致

敬礼!

环北电子有限公司
二〇一三年九月十八日

教学互动

1. 发出贺信者与接收贺信者分别属什么性质的主体？
2. 正文主要写了哪些内容？与祝贺的主题是否一致？
3. 这份贺信的格式是否规范？
4. 正文的结构模块是怎样的？
5. 你怎样评价这份贺信？

 教师评析

这是一份特定的单位发给另一个特定的单位的贺信。标题用文种名"贺信"。称谓用规范性的统称，顶格写。正文第一段先说明祝贺的原由，接着充分肯定和热情赞颂对方所取得的成绩，感谢对方过去对自己公司的无私的帮助和支援，并表示向对方学习的决心。第二段为祝颂语。

正文的结构模块为：开头（原由式）→主体（祝贺、感谢并表示向对方学习，递进式）→结尾（祝颂语）。此外，正文后还写有"此致敬礼"的致敬语。落款由发出贺信的公司名称和写作日期构成。这份贺信主题单一，格式规范，语言简明，可作为写作范例。

二、综合测试

（一）填空

1. 感谢信具有＿＿＿＿性和＿＿＿＿性两个特点。
2. 邀请信（请柬）的特点体现在＿＿＿＿性和＿＿＿＿性两个方面。
3. 贺信（贺电）的结构包括标题、＿＿＿＿、＿＿＿＿和落款四个部分。

（二）解释名词

1. 感谢信
2. 邀请信（请柬）
3. 贺信（贺电）

（三）简答

1. 写作感谢信要注意哪些问题？
2. 写作邀请信（请柬）要注意哪些问题？
3. 写作贺信（贺电）要注意哪些问题？

（四）写作

1. 回忆一下，在过去的岁月中，有哪个单位或个人曾经帮助过你并使你非常感动过，然后给它（他）写一份感谢信。
2. 你的公司（或所任职的公司）要举办一场汽车配件订货会，时间、地点均已确定（可虚构）。请你写作一份客户邀请信（或请柬）。
3. 母校邀请你参加2014年2月28日举行的80周年校庆活动，但你因工作繁忙不能出席，请给母校写一份贺信（或贺电）以示祝贺。

第八节 启 事

学习目标

一、技能目标
1. 能够辨识和评析不同类型的启事
2. 能够根据提供的材料写作相应类型的启事

二、知识点
1. 启事的含义和用途
2. 启事的特点
3. 启事的分类
4. 启事的结构和写法
5. 写作启事要注意的问题

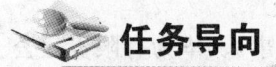
任务导向

一、启事的含义和用途

（一）启事的含义
启事是党政军机关、企事业单位、社会团体或个人向公众公开陈述有关事情，并希望得到公众关心、理解、支持、参与或协助的应用文书。

（二）启事的用途
启事多用于地方党政机关、社会团体、基层企事业单位或个人。

二、启事的特点

（一）内容的单一性
通常一则启事只告启一件事，内容单一，主旨明确。

（二）作者的广泛性
启事的发布者，可以是党政军机关、社会团体、企事业单位，也可以是个人。

（三）发布的期待性
启事不属于公务文书，因而没有行政约束力，所陈述的事情只能期待公众的关心、理解、支持和参与，公众响应与否具有自主性。

三、启事的分类

启事应用范围十分广泛，种类繁多。

（一）根据启事者的身份分

可分为公务启事和私人启事两大类。

（二）根据启事的形式分

可以分为张贴启事、报刊启事、广播启事、电视启事、网络启事等五大类。

（三）根据内容分

可分为告知类启事、找寻类启事和征求类启事等三大类。

四、启事的结构和写法

启事一般包括标题、正文、附启和落款四个部分。

（一）标题

启事的标题，有五种写法。

1. 只写"启事"二字。
2. 由陈述的事项和文种两个要素构成，如《搬迁启事》、《寻人启事》、《招领启事》等。
3. 由启事单位名称、陈述的事项和文种三个要素构成。如《四明县城南中学建校60周年校庆启事》、《昆仑集团有限公司更名启事》、《假日酒店集团招聘公关部经理启事》、《山城晚报社征订启事》等。
4. 由启事单位名称和文种两个要素构成。如《湘南电信局启事》、《华为有限责任公司启事》等。
5. 如果内容重要或紧急，可在文种前加上相关说明，如《重要启事》、《北极齿轮股份有限公司紧急启事》等。

（二）正文

正文主要说明启事的事项，是启事的核心部分。不同类型的启事有不同的结构。一般包括两个部分。一是说明启事的目的、意义或原由。必要时还可对启事者作一简单介绍。二是启事的事项。例如：

招聘启事，要写明招聘人员的职别和工种、应具备的条件、报名事项、考场和录用方法等，有的还需说明待遇。

征集设计方案启事，一般要说明征集目的、有关背景、设计要求、奖励办法及截稿日期。

聘请法律顾问启事，一般写明某单位聘请某律师担任法律顾问这一事实即可，也可说明聘请目的，以及法律顾问的职权。

搬迁启事，一般要写明搬迁日期、新址、电话以及方便联系的有关事项。

开业启事，一般要写明企业性质、宗旨、经营范围和地址、电话、电报挂号等，而且要写上"欢迎惠顾"一类词语。有的开业启事还写上负责人的姓名，也有的另列上祝贺单位的名称。

若希望对方与启事方联系，则需写明通联方式。

（三）附启

附启在正文之下，主要写联系地址、联系人姓名、联系电话、有效时间等。

(四) 落款

落款包括署名和发布日期。在附启的右下方写上启事者的名称或姓名,在启事者名称或姓名的下方写上发布日期。如果标题或正文中已写明启事者的名称,此处则可以省略。

 阅读例文 1

江苏省福利彩票发行中心招录工作人员启事

江苏省福利彩票发行中心为江苏省民政厅直属的自收自支事业单位,负责全省福利彩票的统一销售和管理工作。为了满足事业发展需求,现公开招聘3名非在编工作人员:市场营销管理、宣传管理、财务管理岗位各1人。

报名条件:第一学历为招聘岗位所需相关专业的国家全日制高校硕士研究生及以上学历(含2010年应届毕业硕士研究生),或有两年以上工作经验的国家"211工程"全日制高校本科(一本)毕业生。

报名时间:2010年4月12日至4月30日。

详情请登录江苏人事人才公共服务网、江苏福彩网查询。

江苏省福利彩票发行中心
二〇一〇年四月一日

 教师评析

这是一份招聘启事。标题由启事单位名称、陈述事项和文种三个要素构成。标题显豁,揭示核心事项,容易理解,吸引公众。开头一段介绍启事者单位性质和职能,接着说明招聘人数、编制情况和工作岗位。第二段说明应聘者条件。第三段说明应聘报名的起讫时间。第四段说明网上查询详情的网址名。最后是落款。

正文的结构模块为:开头(说明式)→招聘人数及岗位(说明式)→报名时间(叙述式)→结尾(说明式)→附启(本启事无附启,因事项中已说明)。全文主题明确,陈述事项清楚,语言简明。落款的署名和成文日期格式规范。

 阅读例文 2

谱写中国梦的江苏篇章
"中国梦·我的梦"全省儿童画大赛征稿启事

为进一步深化"十八大"精神宣传,贯彻、落实全国"两会"精神和习总书记讲话精神,生动展现全省上下以"两个率先"的伟大实践谱写中国梦江苏篇章的精神风貌,特举办"中国梦·我的梦"全省儿童画比赛。

作品征集面向全省14岁以下儿童,接受个人投稿或由学校、群艺馆、文化馆等单位集中报送。

参赛作品要求：围绕"中国梦·我的梦"主题，通过少年儿童对幸福生活的描画、对美好未来的畅想，表现热爱家乡、热爱祖国、热爱自然、热爱科学的人生情怀，展示"有梦想、有机会、有奋斗"的时代特征。

作品题材不限、类别不限，尺幅要求不超过大12开、不小于大32开。

参赛作品从即日起至2013年8月31日止（以邮戳为准），寄至新华日报社大型活动部陈兴华收（南京市管家桥69号，邮编：210092）。作品请如实附注作者姓名、出生年月、身份证号、通信地址、联系电话、学校班级及指导教师姓名。信封右上角请注明"'中国梦·我的梦'参赛作品"字样。来稿一律不退。主办单位、协办单位将组织评审委员会，从参赛作品中评出一、二、三等奖和优秀组织奖。

新华日报、中江网、江苏作家网、江苏教育报将选登优秀作品，2013年10月在南京举办"中国梦·我的梦"全省儿童画比赛优秀作品全省巡回展启动仪式，同时揭晓获奖作品并向获奖者颁发获奖证书和奖金。巡回展南京首展后，将赴相关市展出。

投稿人应保证对参赛作品享有著作权，严禁侵犯他人著作权的行为，一经发现即取消评选资格，由此引发的一切后果，由投稿人承担责任。主办方对投稿作品享有无偿使用权，包括但不限于有权选登作品、举办优秀作品全省巡回展等，还有权将入围作品汇编出版并举办公益拍卖，所得全部用于我省贫困儿童助学。投稿人的投稿行为将视同已完全知晓并同意本活动的所有规定。

江苏省委宣传部　江苏省文明办

新华日版社　江苏省教育厅

江苏省文化厅　江苏省作家协会

二〇一三年五月十六日

教师评析

这是一份征稿启事。标题由陈述事项"谱写中国梦的江苏篇章'中国梦·我的梦'全省儿童画比赛征稿"和文种两个要素构成。标题显豁，揭示核心事项，比较吸引公众。第一段说明征稿目的；第二段说明征稿对象；第三段、第四段说明画稿要求；第五段说明投稿时间和评奖事宜；第六段说明获奖揭晓时间、地点和全省巡回展出事宜；第七段说明画稿版权问题。最后是6家联合主办单位的署名和成文日期。

正文的结构模块为：开头（目的式）→事项（说明式）→结尾（秃尾）→附启（本启事无附启，因事项中已说明）。全文主题明确，陈述事项清楚，语言简明。落款的署名和成文日期格式规范。

第八节 启 事

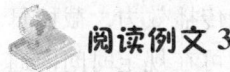 **阅读例文 3**

寻人启事

　　李太宝,男,51岁,身高1.75米,背微驼,讲普通话。由于早年曾遭受刺激,因此神志有时不清。离家时穿一身蓝色服装,黑色运动鞋。2013年9月12日外出,至今未归。有知其下落者,请速与某市金山街道仇晓易联系,必有重谢。

　　住宅电话:0242-27336139

　　移动电话:13624××4562

仇晓易
二〇一三年九月二十一日

 教师评析

　　这是一份寻人启事。标题由陈述事项和文种两个要素构成,陈述事项显示启事的主旨。正文篇段合一。先陈述失踪者姓名、性别、年龄和身高、体形、语言、服饰、鞋子等特征。接着写失踪时间、联系地址和联系人姓名以及酬谢等。附启写联系电话。落款写启事发布者姓名和发布日期。这篇启事虽简短,但要素齐全,可做学习范本。

 小·贴士

写作启事要注意的问题

　　1. 内容要真实。启事的内容不能弄虚作假,否则,不但欺骗他人,还会损害单位或个人形象。

　　2. 内容要单一,要一事一启。

　　3. 标题要显豁,力求吸引公众。

　　4. 态度要诚恳,给公众以信任感。

　　5. 不要把启事误写成公告。例如,凤凰县天一中学将举行70周年校庆活动,希望往届校友和有关方面人士来校参加庆祝活动,就只能用启事,而不能用公告。某大学将面向全国招聘12名二级学院院长,只能用启事,而不能用公告。

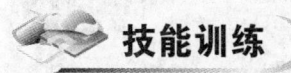

一、分析启事的结构,根据提供的材料写作启事

 **分析与写作 1**

　　某市旅游局为提升位于本市方山区的方山旅游景区的品质,同时扩大宣传,提高景区的知名度,委托智慧广告公司向全社会征集旅游景区标识。要求:标识设计要构思新颖,

寓意深刻,结构简洁,有创造性和象征意义,有较强的形式美感和视觉传播效力。截稿日期:2013年10月30日(以作品提交发送时间为准)。参与征集的人员可在规定时间内通过网络或信函方式提交作品。入围作品一经确定,版权归属智慧广告公司,智慧广告公司有权播放、宣传或修改。设采用奖1名、入围奖3名。采用奖奖金1万元,入围奖每位奖金1000元。请根据以上材料,撰写一份启事。

 教学互动

1. 这种内容的启事属于哪一种类型?标题怎样写才醒目,吸引人?
2. 开头通常写哪些内容?
3. 正文最适合采用什么结构方式?
4. 正文的结构模块会是怎样的?
5. 是否要写附启一项?

 写作示例

征集旅游景区标识启事

近日,我市旅游局决定提升方山区方山旅游景区的品质,我公司作为专业旅游开发推广公司,将参与相关工作。为了让广大市民,尤其是旅游爱好者更好地了解该景区,同时也为了让我市的旅游经济百尺竿头更进一步,特面向社会征集该旅游景区的标识。具体要求如下:

一、设计要求

标识设计要构思新颖,寓意深刻,结构简洁,有创造性和象征意义,有较强的形式美感和视觉传播效力,有浓厚的文化内涵,能体现景区所处的地域特点和人文特色,具有美感和较高的识别度,适宜作为旅游景区对外宣传、进行推广及社会活动的形象标识。

二、截稿时间

2013年10月30日(以作品提交发送时间为准)。

三、征集回收途径

参与征集的人员可在规定时间内通过以下两种方式提交发送作品:

1. 网络方式。将作品通过网络方式发送至电子邮箱745678@163.com。
2. 信函方式。将作品邮寄至某市方山区西江路128号智慧广告公司。邮政编码:642000。

四、评选方式

1. 在广泛征集各种方案的基础上,由我公司牵头组织有关方面专家和领导组成评审组,对所有的征集作品进行认真评选,推荐出入围作品。
2. 入围作品一经确定,版权归属智慧广告公司,智慧公司有权播放、宣传或修改。

五、奖励办法

本次征集活动为有奖征集。设采用奖1名、入围奖3名。采用奖奖金1万元,入围奖每位奖金1 000元。

智慧广告公司
二〇一三年八月一日

教师评析

这是一份征集旅游景区标识的启事。标题由陈述事项、文种两个要素构成,陈述事项显示了启事的主旨,清晰醒目。正文开头说明发布启事的原由,结尾的分句,承上启下,引出主体。主体采用横式结构,分五个部分陈述设计要求、截稿日期、提交途径、评选方式和奖励办法等。

正文的结构模块为:开头(原由式)→事项(并列式)→结尾(秃尾)→附启(因主体已说明清楚,故不写附启)。落款的署名和成文日期格式规范。全文主旨明确,陈述事项清楚,语言简明。

分析与写作2

2013年12月7日中午,一名乘客在南京市中央门长途汽车站下车时,丢落了一个手提袋,内有银行卡一张,高档化妆品一盒,人民币若干。司机发现后,将手提袋送到车站失物招领处。请根据以上材料撰写一篇启事。

教学互动

1. 启事的标题怎样写才醒目,并且能凸显主题?
2. 遗失物品的名称和遗失时间、地点要不要交代清楚?
3. 手提袋的颜色、哪一家的银行卡、化妆品的品牌、人民币的数额要不要写出来?
4. 认领的地点要不要写清楚?为什么?
5. 落款有什么要求?

二、综合测试

(一)填空

1. 根据启事的内容,可以把启事分为_____类启事、_____类启事和_____类启事三大类。
2. 根据启事者的身份,启事可分为_____启事和_____启事两大类。
3. 一份启事一般包括标题、正文、_____和_____四个部分。

(二)解释名词

1. 启事
2. 征求类启事

(三)简答

1. 启事的标题有几种写法?

2. 写作启事要注意哪些问题？

(四) 写作

根据下列材料,撰写相应类型的启事:

1. 圣特女子减肥中心因业务发展需要,诚聘女性员工 10 名,年龄 18—30 岁之间,包食宿,月薪 2 600—3 600 元。工作出色者可晋升业务主管,月薪将大幅度提高。要求应聘者有吃苦耐劳精神,有较强的沟通能力。联系电话:139211××881;邮箱:rong707@sohu.com;中心地址:××市湖滨路 31 号;联系人:刘小姐。

2. 某县家具制造公司因业务需要,聘请天平律师事务所万国才律师为常年法律顾问。并明确该公司的法律事务均委托法律顾问办理。该家具制造公司地址:某县河沿路 121 号;法定代表人:张天翔总经理;邮政编码:343000;电话:77675600。

3. 假如你在单位或校园内丢失了一串钥匙,可用张贴启事的办法,让公众帮助寻找。请写一份陈述以上内容的启事。

第四章 规章文书

第一节 概 述

学习目标

一、技能目标
1. 能够辨别不同类型的规章文书
2. 能够分析不同类型规章文书的结构

二、知识点
1. 规章文书的含义和用途
2. 规章文书的特点
3. 规章文书的分类

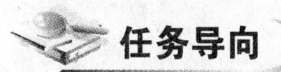
任务导向

一、规章文书的含义和用途

（一）规章文书的含义

规章文书,也称规章制度。指党政机关、社会团体、企事业单位为实施管理的需要,依照国家法律、法令和政策,在自己职权范围内制定的具有法规性、指导性与约束力的应用文书。

（二）规章文书的用途

规章文书在内容上对某方面工作、某项工作或某一事项作出规定和要求,对有关方面、有关人员的行为进行规范和制约,从而达到加强组织纪律和强化管理的目的。合理的规章制度,可以进一步净化工作环境,提高工作效率。

二、规章文书的特点

（一）约束性

规章文书为规范人们的行为而写作,它限定了人们可以做什么,不可以做什么;可以怎样做,不可以怎样做,一经公布,就对有关单位和个人的言行举止具有约束性、强制力,必须遵守执行,如果违反则要受到相应的处罚。

(二) 周密性

规章文书在内容上总是面面俱到,对所涉及的各个方面,都必须周密地作出相应的规定。该怎样做,不该怎样做,什么情况该奖,什么情况该罚,不能有疏忽和遗漏,不能含糊不清、模棱两可或有多种解释,力求做到无懈可击。

(三) 条文性

为便于表述、援引和记忆,规章文书在表述上一般采用条理分明的章断条连式结构或条文并列式结构。内容复杂的规章文书多采用章断条连式结构;内容简单、条文少的规章文书多用条文并列式结构。

(四) 广泛性

规章文书针对性较强,使用范围广泛,涉及对象众多。上至国家最高领导机关,下至基层单位、科室、车间和班组,为了有效、有度、有秩序地进行管理,都需要使用规章制度。

三、规章文书的分类

从内容上分,规章文书可分为法规类、公约类、章程类、制度类等四类。具体文种有条例、规定、办法、细则、规程、公约、章程、守则、须知、制度等。

本章只讲述基层企事业单位常用的规定、制度等规章文书。

第二节 规 定

学习目标

一、技能目标

1. 能够分析规定的结构模块
2. 能够根据提供的材料写作规定

二、知识点

1. 规定的含义和用途
2. 规定的特点
3. 规定的分类
4. 规定的结构和写法
5. 写作规定要注意的问题

一、规定的含义和用途

规定是党政机关、社会团体、企事业单位对某一项工作或开展某项活动作出政策性或规则性规定的应用文书。

第二节 规 定

二、规定的特点

（一）统一性

各级党政机关、社会团体、企事业单位为了政策和行动的统一,都会制发各种相应的规定。规定可以用于重大事项,也可以用于一般事项,篇幅可大可小,时效可长可短,但适用范围非常广泛。

（二）针对性

规定是就某项工作或某种活动而制定的,有的放矢,对象明确、具体,针对性较强。

（三）约束性

规定就某项工作或某种活动限定人们的某些行为,规范办事准则、活动方式。特别是一些禁止性、限制性规定,约束性更强。

三、规定的分类

根据规定的内容可以把规定分为以下类型：

（一）政策性规定

指依照有关法律法规条文,对某项活动或某项工作制定政策规范的规定。

（二）管理性规定

指制定某些活动或某方面工作的管理规则和要求,以达到加强管理,规范行为目的的规定。

（三）实施性规定

指为实现有关法规而制定的规定。实施性规定与实施原件配套使用。

（四）补充性规定

指为某些法规性文件作补充和说明的规定。

四、规定的结构和写法

（一）标题

规定的标题有三种写法：

1. 与公务文书标题相同,由发文机关或单位、适用对象或主要内容、文种三个要素构成。如《三明市关于加强引进资金管理的规定》。
2. 由适用对象或主要内容及文种两个要素构成。如《江城县明代古墓管理的规定》。
3. 由规定的范围和文种两个要素构成。如《关于暑期不得举办补课班的规定》。

（二）正文

规定的正文一般由开头、主体、结尾三部分组成。

1. 开头。这一部分说明制发规定的依据或目的。
2. 主体。这一部分主要写规定的内容。因内容不同,规定的写法也不同。

（1）政策性规定。着重于划分界限、明确范围、提出要求和奖惩情况,解决"应当怎样"和"不应当怎样"的问题。

（2）管理性规定。着重于规定管理原则、管理职责、质量标准、措施、办法、管理范围及要求。

(3) 实施性规定。着重于对实施原件作出有关规定,对原件条款作出解释,提出相应的实施意见。

(4) 补充性规定。主要是对原件中某些提法不够明确、不够具体的方面加以明确和具体化,对遗漏的问题加以补充完善,以便实施。

3. 结尾。这一部分一般说明本规定的制发权、解释权和实施日期。

(三) 落款

落款包括制定本制度的单位署名和成文日期。署名可放在正文之后的右下方,也可以写在标题下面。日期的年月日要写全,位置在署名的下一行,也可以放在标题下方。

 阅读例文

关于加强干部作风建设的若干规定(试行)

华北钢铁集团公司

为进一步加强集团公司各级干部作风建设,规范其工作行为,改进工作作风,提高工作效率,更好地服务基层,特制定《关于加强干部作风建设的若干规定(试行)》。

一、严格遵守和执行集团公司党政各项制度

1. 严格执行考勤和请销假制度。中层党政正职因私请假,必须向集团分管经理或书记请假;副职因事休息,必须向同级正职领导请假;其他各级管理人员请假必须向本部门分管领导请假;各单位、各部门要相应完善考勤和请销假制度。

2. 严格管理人员值班制度。各级管理人员,要严格遵守值班制度,在重要岗位以及节假日值班的人员,如擅自脱岗、玩忽职守,将给予免职或调离管理岗位处分。

3. 严禁工作日期间酗酒。凡是上级领导来单位检查,或因工作原因需要陪酒的,必须经党政领导同意,未经批准,工作日期间饮酒的管理人员一律按违纪处理。

4. 保持手机24小时开通。在重要岗位上的科级以上管理人员的手机必须保证24小时开机,保持通讯畅通,无故不接电话,影响工作的按违纪处理。

二、严格政治纪律和工作纪律

1. 在政治上与集团公司党政保持高度一致,不传播来源不明、道听途说的小道消息,不参与一切有损公司和个人声誉的活动。

2. 做到令行禁止,对集团公司领导、股份公司领导安排部署的各项工作任务,必须做到事事有落实,件件有回音;向领导反馈问题要真实,汇报数字要准确,处理问题要及时到位。

3. 对本职工作高度负责,恪尽职守,扎扎实实,高质量、高效率地完成各项工作任务。对所属业务范围内或领导交办的工作,不管分内分外,不许推、拖、躲、怕,要千方百计按要求完成;对因工作拖诿扯皮、消极怠工等损害公司形象、造成不良影响的,予以严肃处理。

4. 遵守作息时间，不迟到早退，上班期间专心工作，不脱岗、串岗，不玩手机、看小说杂志、上网玩游戏、查看与工作无关的东西。

5. 严格执行首问责任制。无论何人到本部门咨询、办事，第一个被问到的工作人员即为首问责任人。首问责任人要做到接待热情、有礼貌，属本部门解决的问题，要尽快解决，属其他部门办理的问题，要介绍或引领来人到相关部门。

6. 管理部门要强化服务理念，进一步树立为基层服务的意识，要深入基层，了解实际，指导和帮助基层解决相关问题，使管理工作更切合生产、切合实际，提高办事效率。

7. 坚持少开会、开短会、少发文件。严肃会议纪律，参加会议人员不准迟到、早退、打瞌睡、玩手机、接打手机等，因故不能参加会议的，应事先向会议召集人或主持人请假，未经同意不得替会。

8. 要开拓创新工作，努力钻研业务，拓展专业知识，每人每年要确定学习计划和要达到的目标。

三、严格进行督导检查

督导检查由纪委牵头，人力资源部、集团办公室、宣传部、工会等部门参加。要坚持原则、敢于负责、秉公办事，做到制度面前人人平等。要采取每月至少一次不定期明察暗访的办法，加强对各级管理人员作风建设的督导检查，发现问题，及时公开通报。把管理人员的作风建设作为单位、部门创先争优、评先选优、干部选拔任用的重要依据。对因作风不实、效能低下、违纪违规、失职渎职，造成严重影响的单位和个人，严格按照有关规定给予党纪政纪处分。

四、发现问题、严肃处罚

由纪委、人力资源部建立处罚登记台账，凡是检查组检查发现违反有关制度规定的管理人员，根据其性质，第一次违反予以通报批评，第二次予以免职或调离机关部室工作。

五、推行奖励举报人制度

纪委、人力资源部要设立干部作风建设举报箱和举报电话，对举报管理人员违反上述规定的举报人，严格保密并给予奖励。

六、本规定适用范围

本规定适用于集团公司、股份公司各管理部门及全体中层领导干部。各子、分公司管理部门参照执行。

二〇一二年三月六日

 教师评析

这是一份管理性规定。标题由适用对象和文种两个要素构成。规定的制定者认为还不够成熟，在标题后加括号注明"试行"，表示试行一段时间后还将修改、完善。正文开头说明制定本规定的目的。主体采用并列结构，第一至第五部分写规定的具体内容。其中第一、第二两部分内容较多，仍采用并列式结构写作，眉目十分清楚。第六条是结尾，说明本规定的适用范围。

正文的结构模块为:开头(目的式)→主体(并列式)→结尾(说明式)。本规定的制定单位署名已放在标题之下,落款处只写成文日期一项内容。

 小·贴士

写作规定要注意的问题

1. 规定的内容要具体、明确,让读者明确"应该怎样"和"不应该怎样"。
2. 语言要简明、准确、严密、肯定,避免产生歧义。

 技能训练

一、分析规定的结构,根据提供的材料写作规定

 **分析与写作**

为进一步加强企业办公信息化管理,提高工作效率,北极电子集团公司决定使用电子印章。为规范电子印章的使用和管理,必须让使用者明确电子印章与实物公章一样,都具有法律效力,因此对电子印章的使用范围、电子印章的管理、电子印章的安全、电子印章的启用时间等都必须作出相应的规定。请为该公司写作一份电子印章使用和管理的规定。

 教学互动

1. 标题宜采用哪一种方式写作?
2. 规定的开头、主体和结尾宜采用什么表达方式写作?
3. 主体部分宜采用什么结构写作?
4. 正文的结构模块是怎样的?
5. 署名和成文日期通常写在什么位置?

 写作示例

集团电子印章使用和管理规定

北极电子集团公司

(二〇一一年六月二十七日)

为进一步加强企业办公信息化管理,提高工作效率,规范电子印章的使用和管理,现做如下规定:

一、电子印章的使用

1. 在全集团范围内用于内部往来的正式文件和函件使用的电子印章与实物公章具有同等的法律效力。

2. 电子印章不得在合同、协议、委托书、工作介绍信等信函或资料中使用。电子印章的签署流程与实物印章的加盖流程一致。

二、电子印章的管理

1. 集团所属公司、集团各部门所需使用的电子印章由集团总裁办公室负责统一制作、变更或销毁工作,并负责电子印章的备案工作。

2. 电子印章与实物印章必须同等管理。集团及集团所属公司的电子印章与实物印章的管理模式相同;集团各部门的电子印章须指定工作责任心强、保密意识强、工作严谨的人员妥善管理。

3. 集团、集团所属公司及集团各部门的电子印章管理人员须严格按照集团有关规定,妥善保管电子印章,不得随意将电子印章交与他人或放置在不妥之处。集团及集团所属公司电子印章管理人员确需他人代理管理时,必须经各单位总经理(总裁)批准。集团各部门电子印章管理人员确需他人代理管理时,必须经各部门主要负责人批准。

4. 集团、集团所属公司及集团各部门的电子印章必须由电子印章管理人员在专用的计算机上使用,并且必须在第一次使用电子印章时修改印章密钥密码,不得使用初始密码进行签章。

5. 集团所属公司总经理及集团各部门负责人须对本单位电子印章的管理负全责。若因管理不慎造成后果,集团将严肃追究电子印章使用单位主要领导、分管领导及保管人员的责任。

三、电子印章的安全管理要求

1. 电子印章的管理与实物印章的管理相同,须严格按照集团印章管理相关制度妥善保管,不得带离指定的办公场所。

2. 集团所属公司、集团各部门若需新增电子印章须专题上报集团,经集团审核批准后,由集团总裁办公室具体办理电子印章的制作等手续。

3. 集团所属公司、集团各部门若需变更或注销本单位电子印章的,须由使用单位提出书面申请报集团同意后,向集团一并交回电子印章软件、密钥盘及密钥盘密码,并由集团总裁办公室办理变更或注销手续。

4. 由于操作失误或其他原因导致电子印章损坏的,须上报集团,并由集团总裁办公室负责重新办理制发电子印章手续。

5. 电子印章丢失时,应立即汇报集团总裁办公室,进行确认及印章挂失。并根据本单位出具的书面证明重新补办密钥盘。

6. 集团总裁办公室将定期对集团各单位电子印章的使用及安全状况进行检查。

四、电子印章的启用时间

集团所属公司、集团各部门电子印章于2011年7月1日起正式启用。

 教师评析

这是一份管理性规定。标题由适用对象和文种两个要素构成。标题下是本规定制定单位署名和成文日期。正文开头说明制定本规定的目的,煞尾的分句承上启下,使规定过渡到主体部分。主体采用并列结构,第一至第三部分是规定的具体内容。每一部分的下面仍采用并列式结构,层次分明,条理清楚。第四部分是结尾,说明本规定的适用范围和实施时间。

正文的结构模块为:开头(目的式)→主体(并列式)→结尾(说明式)。规定的制定单位署名和成文日期已写在标题之下,正文之后无需再落款。

二、综合测试

(一) 填空

1. 规章文书具有_____性、周密性、_____性和广泛性四个特点。
2. 规章文书可分为_____类、公约类、章程类、_____类等四种类型。
3. 按内容分,规定可分为政策性规定、_____性规定、_____性规定和管理性规定四种类型。
4. 规定的正文一般由_____、_____和结尾三个部分组成。

(二) 解释名词

1. 规章文书
2. 规定
3. 实施性规定

(三) 简答

1. 规定的标题有哪几种写法?
2. 写作规定要注意哪些问题?

(四) 写作

根据提供的材料,写作相应的应用文书:

宏远公司培训部新建了一座计算机房,内有45台计算机,机房配套设施很先进。为加强计算机房管理,特制定了一个计算机房的管理规定。该公司为机房设置了专人管理;要求使用计算机房者应事先登记;使用计算机房时要爱护机房的所有设备,服从机房管理人员安排;在机房内不要大声喧哗,不得吸烟和乱丢纸屑,注意机房的安全和卫生。每场培训结束后,机房管理人员要检查每台计算机是否关机,地面是否整洁;要经常打扫机房的卫生;每天下班时要切断电源,关好门窗等。

写作提示:要充分利用所提供的材料,注意格式规范。缺少的项目,可以虚构补充。

第三节　制　度

一、技能目标

1. 能够分析制度的结构模块
2. 能够根据提供的材料写作制度

二、知识点

1. 制度的含义和用途
2. 制度的特点
3. 制度的分类
4. 制度的结构和写法
5. 写作制度要注意的问题

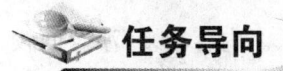

一、制度的含义和用途

(一) 制度的含义

制度是党政机关、社会团体、企事业单位为了加强对某项工作的管理而制定的要求有关人员共同遵守的管理操作规则和行为准则类的应用文书。

(二) 制度的用途

建立各种制度是为了明确职责，规范行为，提高工作质量，达到优化管理的目的。

二、制度的特点

(一) 规程具体性

制度所体现的工作规范和工作程序，都是针对某项具体的工作或具体的岗位而制定的。规程具体，有利于促使该项工作顺利展开，提高工作质量。

(二) 准则性

制度是一种行为准则，和规定相比，其约束性不及规定。

(三) 发布形式多样性

制度可作为文件发布，也可以张贴或悬挂在某一岗位和工作现场。

三、制度的分类

(一) 法规性制度

指为做好某一岗位的工作而制定的管理操作规程和行为要求。例如《天地公司门卫制度》、《食堂卫生制度》、《图书借阅制度》等。

(二) 岗位性制度

指根据有关政策法规而制定的某一项工作的工作程序和管理规范。例如《美菱公司用电管理制度》、《民生银行资金营运管理制度》等。

四、制度的结构和写法

(一) 标题

制度的标题有两种写法：

1. 由制发机关或单位名称、制度内容和文种三个要素构成。例如《华达电机制造公司固定资产管理制度》。

2. 由制度内容和文种两个要素构成。例如《行政事业单位定期审计制度》、《后勤人员岗位责任制度》等。

（二）正文

制度正文一般由开头、主体、结尾三个部分构成。

1. 开头。一般简要说明制定制度的目的、依据等。并用"特制定本制度"等承上启下的过渡语，转接到主体。

2. 主体。主要写需要遵守或执行的具体事项及有关奖惩办法。内容较多，涉及面较广的制度多采用章断条连式结构，分总则、分则、附则三个部分来写。总则说明制文的目的、根据和指导思想；分则写某项工作的具体规范；附则说明执行要求及生效日期等事项。内容较单一的基层单位制度，正文一般多用条文并列式结构，第一条写制定制度的目的、要求、适用范围等，中间各条写制度的各项具体规范，最后一条写施行制度的要求及生效日期。也有的制度只写具体规范，略去制定制度的目的、适用范围及生效日期等。

3. 结尾。交代适用对象、施行时间或解释权限等事项。

（三）落款

落款写在正文右下方，包括制发机关或单位名称以及制发日期两项内容。如果标题中已出现制发机关或单位名称，此处则可省略。

阅读例文

金飞成机械制造有限公司员工考勤制度

为提高公司员工整体素质，建立有效的激励机制，规范岗位职责，保障生产经营健康、有序，特制定本制度。

一、工作时间与考勤

1. 公司工作时间为：上午 9:00—12:00；下午 12:30—17:30。

2. 午餐时间掌握在 30 分钟以内，自觉遵守，互相提醒。

3. 公司实行每周 5 天工作制，周工作 40 小时。工作中要提高效率，不允许做与工作无关的事情。

4. 公司实行打卡考勤，每位员工上下班自行打卡，不得互相代替打卡。行政部每月按考勤卡、请假条和加班统计表统计出勤，并妥善保管备查。

5. 员工应按时到达工作岗位，不得迟到、早退和擅离岗位。考勤情况作为评估员工业绩的组成部分，并作为员工加薪和晋级的依据。

6. 员工有私事不能上班，应向所在部门经理请假，并做好记录；各部门经理需要请假，应向上一级主管经理直至公司总经理请假。

7. 员工缺勤、带薪休假均要填写请假条，经主管经理签字批准。如遇特殊情况无法提前请假，应于上班后 30 分钟内告知主管经理，补填假条，否则按旷工处理。

8. 未办理请假手续缺勤的员工将给予劳动纪律处分。如果连续两个工作日缺勤而未告知主管经理的,将被视为自动辞职。

二、准假与计算工资

1. 员工请假与计算工资标准

(1)病假。休病假须有医院病假诊断书。病假扣除工资金额为病假期间工资金额的 40%。病假满一天按一天(本人月工资÷22 天)计算,不满一天按小时(本人月工资÷22 天×病假实际小时)计算,月末累计病假计算总额。

(2)事假。(略)

2.(略)

三、加班与计算工资

如遇紧急情况或工作需要安排加班,由部门经理报请总经理批准。加班之后填写《职工加班登记表》。(以下略)

本制度自公布之日起施行。

二〇一二年九月十日

教师评析

这是一份岗位性制度。标题由制发单位、制度内容和文种三个要素构成。正文除开头和结尾两段外,采用条文并列式结构,即横式结构。开头第一段说明制定本制度的目的,然后以承启语过渡到主体。结尾一段说明制度生效日期。中间各条为主体部分,写考勤的具体规范。

正文的结构模块为:开头(目的式)→主体(具体规范,并列式)→结尾(说明式)。落款的署名因标题中已出现而省略,只写成文日期一项内容。

写作制度要注意的问题

1. 内容必须符合党和国家的方针、政策及法律。
2. 条文必须具体、实在,有较强的针对性和操作性。
3. 语言准确、明晰、简练,避免产生歧义。

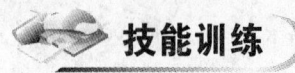

技能训练

一、分析制度的结构,根据提供的材料写作相应的制度

分析与写作 1

仓库安全管理制度

为了加强仓库安全管理,保卫国家财产,发挥仓库的效能,更好地为生产建设服务,特制定本制度。

一、仓库保管人员要提高警惕,注意防火、防盗,严禁在库房内吸烟、生火;工作时间不准闲杂人员进入库房,以确保仓库安全;下班后要随手关灯、锁门。

二、仓库保管人员要努力学习业务知识,熟悉所保管的货物性能和保管方法,以使仓库始终处于安全状态。

三、进库货物验收后,应根据分区、分类存放的规定,按照货物数量、性能、体积、包装情况,结合库房条件,在安全、节约、方便的原则下进行堆垛。

四、应在库房内、外的适当地点设置干湿温度计,定期检查记录,注意气候变化对货物发生的影响,及时采取有效措施。

五、仓库管理员发现货物在进库或储存过程中有异常现象时,应记录下来,并通知货主或有关部门及时进行处理。

六、每批货物发完后,如有损溢,应立即办理报损、报溢手续,报请上级处理,不得以其他货物冲抵。

七、经常保持仓库库房和环境的清洁卫生。

八、本制度从公布之日起执行。

西山海港仓库管理处
二〇一三年十二月一日

教学互动

1. 仓库安全管理制度属于哪一类型的制度?标题有什么特点?
2. 这份制度的写作结构属于哪一种结构?
3. 开头有什么特点?结尾有什么特点?
4. 中间的各项规范写得是否具体、简洁、明晰?
5. 这份制度正文的结构模块是怎样的?

教师评析

这是一份岗位性制度。标题由制度内容和文种两个要素构成。正文除第一段外,采用条文并列式结构写作。第一段即开头,目的式。"特制定本制度"承上启下。第二段至第八段是主体,写仓库安全管理的具体规范,第九段写这份制度的生效日期。

正文的结构模块为:开头(目的式)→主体(具体规范,并列式)→结尾(说明式)。落款的署名和成文日期格式规范。这份制度中间各项规范写得较具体、简洁、明晰。

分析与写作 2

门卫管理制度

一、在值班时间务必服饰整洁,对来访者以礼相待,态度和蔼。

二、当班时必须坚守岗位,谢绝会客,做好安全保卫工作。

三、外来联系工作的人员必须出示介绍信,经来访登记后,方可进入公司。

四、外来集体参观人员,必须持上级主管部门介绍信,并事先与本公司有关部门联系,经同意后方可进入公司。

五、本公司员工上班迟到者必须在门卫处登记。工作期间因公外出,需在科室登记,并持出门证方可离开公司。

六、公司内原材料、生产设备、成品、半成品等一切物品须凭物资出门清单,并经过验证无差错后方可放行。

七、本公司员工各种车辆按指定地点停放,外单位车辆未经保卫部门批准,一律不准进入公司。

一枝花化工有限公司
二〇一三年十月五日

教学互动

1. 门卫管理制度属于哪一类型的制度?标题有什么特点?
2. 开头有什么特点?结尾有什么特点?
3. 中间的各项规范写得是否具体、简洁、明晰?
4. 这份制度正文的结构模块是怎样的?
5. 落款有什么特点?

二、综合测试

(一)填空

1. 制度具有规程具体性、_____性和发布形式_____性的特点。
2. 制度可分为两大类,即_____性制度和_____性制度。
3. 内容比较单一的基层单位制度,一般采用_____并列式结构写作。

(二)解释名词

1. 制度
2. 岗位性制度

第四章 规章文书

(三) 简答

1. 内容较多,涉及面较广的制度一般采用什么结构写作?
2. 写作制度要注意哪些问题?

(四) 写作

根据提供的材料,写作相应的应用文书:

为完善财务管理制度,金辉商业出版有限公司最近修订了财务报销制度。要求公司所有办公用品,不再由各部门自行采购,一律由行政科集中采购。采购物品超过500元者,一律用支票,不得用现金支付。使用支票应先填写领用单,经公司财务主管签字后,方可到财务室领取。购买的物品,需由专人验收并签字确认,再经公司财务主管签字批准后,方可报销。购买物品的票据应是税务部门印制的,没有税务章的收据不能作为报销凭证。

写作提示: 要充分利用提供的材料,注意格式规范。缺少的项目,可以虚构补充。

第五章 经济文书

第一节 合同

 学习目标

一、技能目标
1. 能够分析不同类型的合同
2. 能够根据提供的材料写作合同

二、知识点
1. 合同的含义和用途
2. 合同的特点
3. 合同的分类
4. 合同的结构和写法
5. 写作合同要注意的问题

 **任务导向**

一、合同的含义和用途

（一）合同的含义

合同，又称契约。根据《中华人民共和国合同法》（以下简称《合同法》）的规定，合同是"平等主体的自然人、法人、其他组织之间设立、变更、终止民事权利义务关系的书面协议"。

（二）合同的用途

1. 有利于维护合同当事人的合法权益和明确当事人的权利、义务。
2. 有利于维护社会经济秩序，促进市场经济健康发展。
3. 对生产企业来说，有利于促进企业加强经济核算，改善经营管理。
4. 对订立合同的各方来说，有利于促进交易安全，一旦发生纠纷可以将合同作为证据进行司法裁决。

二、合同的特点

（一）合法性

《合同法》规定："当事人订立、履行合同，应当遵守法律、行政法规，尊重社会公德，不得扰乱社会经济秩序,损害社会公共利益。""工商行政管理部门和其他有关行政主管部门在各自的职权范围内,依照法律、行政法规的规定,对利用合同危害国家利益、社会公共利益的违法行为,负责监督管理;构成犯罪的,依法追究刑事责任。"

(二) 制约性

依法签订的合同对双方当事人具有同等的法律约束力,各方当事人必须严格履行合同内容,否则将承担违约责任。

(三) 规范性

合同的主要条款和不同种类的合同应该包含的主要内容,《合同法》中都有明确规定。合同示范文本的推行对合同格式的规范性要求更为严格。

(四) 平等性

合同当事人的法律地位是平等的。合同的签订应遵循平等互利、协商一致、等价有偿的原则。合同的任何一方都不得采取欺骗、强制等手段把自己的意志强加给对方。

三、合同的分类

根据不同的标准,可以把合同分为不同的类型。

(一) 按合同内容分

合同可分为买卖合同、供用电(水、气、热力)合同、赠与合同、借款合同、租赁合同、融资租赁合同、承揽合同、建设工程合同、运输合同、技术合同、保管合同、仓储合同、委托合同、行纪合同、居间合同等。

(二) 按合同形式分

合同可分为条款式合同、表格式合同和条款表格结合式合同三种类型。

(三) 按合同期限分

合同可分为长期合同、中期合同和短期合同三种类型。

(四) 按合同是否立即交付标的分

合同可分为诺成合同和实践合同两种类型。诺成合同,即订立合同后不马上交付标的的合同,如建设工程合同;实践合同,即合同订立后立即交付标的物的合同,如借款合同。

(五) 按合同主体的数量分

合同可分为双边合同和多边合同两种类型。

四、合同的结构和写法

合同一般由标题、立约人、正文和落款四个部分组成。

(一) 标题

合同首页最上方正中位置是合同标题。标题要写明合同的性质,如"租赁合同"、"买卖合同"等。有的合同还在标题右下方标明合同编号。

(二) 立约人

立约人就是合同签订的当事人名称或姓名,也就是写出签订合同双方或多方的名称或姓名。要准确写出合同单位或个人的全称、全名,并在其后注明双方约定的固定指代:"甲方"、"乙方",如果有第三方,则为"丙方"。在对外贸易合同中,有时可用"买方"和"卖方"。但合同中应避免使用不定指代"你方"、"我方"。

(三) 正文

正文分为引言、主体(主要条款和其他条款)和结尾三个部分。

1. 引言。即合同的开头部分,主要写签订合同的目的或依据。常用句式为:"为了……"或"根据……"如果选用表格式合同,则依据有关部门制订的合同规范文本要求,填写相关内容。

2. 主体。这是合同的核心部分。一般采用条文式,按照双方当事人的约定,详细写明主要条款和其他条款的内容。

(1) 主要条款。即合同的主要内容,由双方当事人约定,一般应该具备如下条款。

① 标的。即合同当事人权利义务所共同指向的对象,是合同的基本条款。无标的的合同是无效合同。标的可以是物品、货币、劳务、智力成果等,一般可以用货物、劳务、工程项目名称表示。例如,借款合同的标的为一定数量金额的货币,要注明是哪种货币;工程承包合同的标的为应完成的工程项目。签订合同的双方对标的的表述要一致,而且必须明确具体。

② 数量和质量。指从数量和质量的角度对标的进行精确确定,它决定双方当事人承担的权利义务的大小范围。数量要有具体的计量,如金额、工作量等,要有明确的计量单位,如吨、米、件、车、小时等;质量就是对标的物有质的要求,标志着标的物的优劣程度。如有必要,要对应明确质量的技术标准(如国家标准、行业标准)、等级、检测依据等。

③ 价款或报酬。标的的价格是经济合同当事人根据国家法律、法规、政策和有关规定对标的议定的价格,是合同一方以货币形式取得对方商品或接受对方劳务所应支付的货币数量。要明确标的的总价、单价、货币计算标准、付款方式、程序、结算方式。如果是与外方交易,还应写明支付币种。

④ 合同履行期限、地点和方式。履行期限就是合同的有效期限,是合同法律效力的时限和责任界限,过时则属于违约;日期采用公元纪年,年、月、日书写齐全。地点是指当事人履行合同义务、完成标的任务的地点。履行方式是当事人履约的具体办法。如借贷合同的出资方要以提供一定的货币来履约;劳务合同的某一方要提供某种具体的劳动服务,如打扫卫生、做饭洗衣等。

⑤ 违约责任。是指合同当事人不能履约或不能完全履约时,所要承担的经济责任和法律后果,具体包括违约金、赔偿金和其他承担责任的法律形式等。违约责任是履行合同的重要保证,也是出现矛盾纠纷时解决问题的最重要的依据。

(2) 其他条款。指除了上面的必备条款外,有时还要写上经双方当事人商定的其他条款。

①不可抗力条款。如果发生了当事人不能预见、不能避免和克服的客观事故(例如地震、台风、火灾等)而导致合同履行困难时,当事人可根据这一条款,依据《合同法》规定,部分或全部免除责任。

②解决争议的方法。该条款约定了在履行合同发生争议时解决问题的方式和程序,要明确写出是通过仲裁解决、协商解决还是诉讼解决。

3. 结尾。合同的结尾一般包括有效期限和文本保存等内容。

(1) 合同有效期。指合同生效、终止的时间，是合同当事人共同约定的时间。

(2) 合同的文本保存。文本保存是注明文本的保管方式，即合同一式几份及当事人保管的份数。

（四）落款

指在合同的有效期限和保管条款下方，依次写上当事人的名称、签章、通讯地址、法人代表、银行账号、签约日期及地点等。当事人的这些信息要分列排序，以示平等。

有些合同有特殊要求，或有附件，也需要在尾部注明。通常是在合同正文其他条款之后注明"合同附件、附表均为本合同组成部分，且具有同等法律效力"。如工程承包合同要在附件中列出：工程项目表、工程进度表、工程图纸等。这些附件、附表均标在合同落款的最下方，即年、月、日以后的地方。

阅读例文

电子产品买卖合同

甲方（采购单位）：某商业职业技术学院

乙方（供货单位）：联想计算机公司

甲乙双方本着诚实守信的原则，经公平协商签订如下买卖合同，以资遵守。

第一条　标的物

1. 乙方根据甲方要求提供以下货物：

序号	名　　称	品牌型号	数量	单价（单位:元）	合计（单位:元）
1	U 盘	朗科 512 M	8 只	40	320
		朗科 256 M	5 只	30	150
2	移动硬盘	希捷 40 G	7 只	140	980
3	投影仪	日立 X900(1024×768/2000 流明)	1 台	2 800	2 800
4	DVD	先科	6 台	180	1 080
5	照相机	凤凰 DC505	15 台	500	7 500
6	录音笔	译讯通 32M/9 小时	25 只	1 200	30 000
7	电视机	长虹 25 英寸	2 台	1 299	2 598
8	激光打印机	联想	4 台	820	3 280
9	录音机	雷登 PC - 9076 可读 CD	3 台	250	750
10	讲台	钢制讲台	1 台	1 500	1 500
11	投影	NEC VT670＋2 200 流明 1 024×768 2.9 kg LCD	1 台	4 400	4 400
	合　计		78	13 159	1 026 402

2. 交易数量：<u>78 台（只）</u>

3. 总价为人民币(大写)：壹佰零贰万陆仟肆佰零贰元整

4. 质量

(1) 乙方须提供全新的、符合国家有关质量标准和规范、环保要求的货物，其质量、规格及技术特征符合合同附件的要求。

(2) 每台(只)货物上均应钉有铭牌，内容包括货物名称、型号规格、出厂日期、制造商名称等，并附有产品质量检验合格标志。

(3) 货物质量出现问题，乙方应负责三包(包修、包换、包退)，费用由乙方负责。

(4) 货到现场后由于甲方保管不当造成的质量问题，乙方亦应负责修理，但费用由甲方负担。

第二条　运输

运输办理方：<u>乙方</u>

运输费用负担方：<u>乙方</u>

始发地点：<u>联想计算机公司仓库</u>

到货地点：<u>某商业职业技术学院(南京市文澜路99号)</u>

承运人：<u>乙方</u>

第三条　交付

双方按照以下第<u>2</u>种方式完成交付。

1. 乙方将货物交付第一承运人并取得提取货物的单证，乙方将提取货物的单证交付甲方则交付完成。

2. 甲方收到货物并且验收完毕则交付完成。

3. 甲方自己提货，提货装车(船)完成则交付完成。

乙方应于<u>2013</u>年<u>9</u>月<u>20</u>日前完成交付。

第四条　风险转移

货物毁损灭失的风险交付前由乙方负担，交付后由甲方负担。该风险的负担不影响违约责任和产品侵权责任的主张。

第五条　所有权的转移

所有权的转移遵照以下第<u>1</u>项执行。

1. 货物交付后所有权即转移至甲方。

2. 货款完全结清前乙方保留相当于未结清的货款价值的货物所有权，具体执行办法另行协商。

第六条　检验

自货物交付后的<u>3</u>日内完成检验，若对质量有异议，甲方应当在<u>7</u>日内向乙方书面提出，并且妥善保管质量瑕疵货物，等待协商处理。

检验人：<u>乙方</u>

检验合格的标准：<u>合格</u>

第七条　产品不合要求的补救措施

经检验，若产品质量合格率为<u>95%</u>以上，则乙方对不合格产品可以采取以下补救措施:退货、修理、更换,费用由乙方负担。

经检验,若产品质量合格率为95%以下,则甲方享有对整个合同或者不合格部分的解除权,甲方仅解除不合格部分的,合同其余部分有效。

第八条 货款支付

支付方式:银行转账(可以约定使用银行转账、支票、本票、汇票、现款等方式)

支付时间或者期限:10天

支付地点:中国工商银行湖北路分理处

第九条 担保

甲方于2013年9月10日前支付定金200 000元。

第十条 售后服务

乙方负责对产品的安装、调试、技术培训,费用由乙方负担,这些工作应于2013年9月20日前完成。

产品正式投入使用后的两年内(时间)维修由乙方负责,费用由乙方负担。工具、配件的供应由乙方提供,费用由甲方负担。

第十一条 违约责任

1. 甲方无正当理由拒收货物、拒付货款,由甲方向乙方偿付合同总价的5‰的违约金。

2. 甲方应在合同规定时间内向乙方支付货款,每逾期1天甲方向乙方偿付欠款总额的5‰滞纳金,累计滞纳金总额不超过欠款总额的5%。

3. 乙方不能交付货物,则由乙方向甲方支付合同总价的5‰的违约金。

4. 乙方逾期交付货物,每逾期1天,乙方向甲方偿付逾期交货部分货款总额的5‰的滞纳金,累计滞纳金不超过逾期交货部分货款总额的5%,逾期交货超过10天,甲方有权终止合同。

5. 乙方所交的货物品种、型号、规格不符合合同规定的,甲方有权拒收设备。乙方向甲方支付货款总额的5‰的违约金。

6. 如经乙方两次维修,货物仍不能达到合同约定质量标准,甲方有权退货,乙方退回全部货款,同时,乙方还须赔偿甲方因此遭受的损失。

7. 乙方所供货物必须权属清楚,不得侵害他人的知识产权,否则构成对甲方违约,违约金为货款总额的5‰。

第十二条 争议及仲裁

1. 因货物的质量问题发生争议,由南京市技术监督局或其指定的质量鉴定单位进行质量鉴定。货物符合标准的,鉴定费由甲方承担;货物不符合质量标准的,鉴定费由乙方承担。

2. 因本合同引起的争议,甲、乙双方应首先通过友好协商解决,如果协商或调解不能解决争议,则可向合同签订所在地人民法院提出诉讼。

第十三条 本合同项下的各项债权债务未经对方同意均不得转让给第三人,否则对方可以直接解除合同。

第十四条 本合同中关于产品本身以及其使用技术方面的专用词汇的解释由乙方

出具附件专门解释。附件在本合同签署之前确定并为本合同的一部分。

第十五条　本合同一式两份，双方各执一份。

第十六条　本合同签订地点：<u>某商业职业技术学院</u>

甲方(公章或者私章)：　　　　乙方(公章或者私章)：

某商业职业技术学院　　　　　联想计算机公司

住所：南京市文澜路 99 号　　　住所：广州市湖北路 132 号

法定代表人(公章或私章)：王国权　　法定代表人(公章或者私章)：陆大安

联系电话：<u>52381057</u>　　　　联系电话：<u>10814299966</u>

传　　真：<u>85238077</u>　　　　传　　真：<u>45851761</u>

签约时间(以最后签字盖章为准)：2013 年 9 月 10 日

附件：

1. 电子产品质量、规格及技术证明书
2. 产品使用说明书

教师评析

这是一份条款和表格结合式买卖合同，标题由标的和文种两个要素构成。立约人，写明买卖双方名称。正文引言说明买卖原由。主体部分是合同的重要组成部分，它包括了明确双方权利义务的具体条款。这份合同的标的物是电子设备产品，合同第一条就用表格形式，清晰地列出了所需产品的清单，并写明数量、单价和总价；下面依次列出了交付、风险转移、所有权转移、检验、产品不合要求的补救措施、付款方式、担保、售后服务等一系列具体内容。同时，在其他条款部分，本合同还详细规定了违约责任、争议与仲裁、债权债务问题处理、附件等内容。该合同的条款周详而完备。结尾写明合同的数量及保管情况。落款写明甲乙双方的名称、住所、法人代表、联系方式及签约时间。

正文的结构模块为：标题(要素式)→立约人情况(说明式)→正文[开头(原由式)→主体(并列式)]→结尾(说明式)。这是一份条款比较完备的合同。

小·贴士

写作合同要注意的问题

1. 内容明确具体。合同具有法律效力，它既能保障双方当事人享有的权利，又要求双方认真履行各自应尽的义务，因此，合同的内容必须写得明确具体。

2. 格式规范。对合同的主要条款及不同种类的合同所应具备的主要内容，《合同法》都有明确的规定，写作时不能随便撰写。

3. 条款完备。合同的每个条款都要订得具体、全面、周详，不能有遗漏。

4. 措辞严谨。合同的用词要十分准确、严密，不能模棱两可或含混不清，以免造成歧义而产生纠纷。

技能训练

一、分析合同的结构，根据提供的材料写作合同

 分析与写作

　　张冰洁刚从学校毕业，为了靠近工作单位上下班方便，她从网上寻找到了出租房。经过与房主刘文华协商，房主同意把宝善新村32幢3102号房出租给她。租期为一年，租金每月2 000元，入住前先预交三个月房租，保证金为2 000元。另外，水、电、煤气、宽带等费用都由张冰洁支付。为了使双方的权利和义务规定得更加详细，房主希望张冰洁拟写一个租房合同文本。请根据以上材料，代其拟写一份租房合同。

 教学互动

　　1. 租赁合同的结构包括哪几个部分？
　　2. 这份合同的标题应该怎样写？
　　3. 正文部分需要写哪几项内容？
　　4. 正文的结构模块是怎样的？
　　5. 结尾部分怎样写？

 写作示例

租赁合同

甲方(出租人)：<u>刘文华签名/盖章</u>　身份证号码：<u>22334560987612××××</u>
乙方(承租人)：<u>张冰洁签名/盖章</u>　身份证号码：<u>21220197708090××××</u>

　　一、甲方将<u>宝善新村32幢3102号</u>房屋出租给乙方作为<u>住宅</u>使用。
　　二、租期从<u>2013</u>年<u>3</u>月<u>3</u>日起到<u>2014</u>年<u>3</u>月<u>2</u>日止，租期<u>壹年</u>。
　　三、月租金为人民币<u>2 000</u>元，采取三个月预付一次房租的方式，乙方入住前共需支付首季房租<u>6 000</u>元(大写<u>陆仟元</u>)整。
　　四、入住前，乙方一次性交付保证金人民币<u>2 000</u>元(大写<u>贰仟元</u>)整。租期满后，退房时，甲方退还全部保证金。
　　五、乙方租用后应注意以下事项
　　1. 乙方应遵纪守法，合法居住，并自行办理相关手续，承担相关责任。
　　2. 乙方应注意居住安全，自行采取防火、防盗等安全措施。加强用电安全，不得乱拉、乱接电线。如乙方措施不当造成的所有损失由乙方自行承担；造成甲方房屋财产损失，由乙方全额赔偿给甲方；造成第三方房屋财产损失，由乙方负责处理并全额赔偿对方。

3. 乙方对租用房没有处理权,不得擅自与人合租、转租或借给他人,也不得改变其用途。

4. 电、水、电视、煤气、宽带及其他设施供乙方使用,产生的费用(包括治安、政府部门的各项管理费用)由乙方按时、足额缴纳。如有失误,造成麻烦,乙方自行解决,确需甲方出面协助解决时,乙方应支付甲方必要的费用。(附:电表底数4 275度;水表底数1 635吨;煤气底数599立方米。)

5. 乙方在租用期内,不得改变房屋结构及其设施;使用中如有损坏或管道堵塞,应予以修复、疏通,费用自理。乙方如需装修须征得甲方同意,费用自理;乙方退租或租期到期如需拆除装修,须同时恢复房屋原貌,产生费用由乙方自理。

六、本合同为甲乙双方约定的正式合同,以此为执行文本。

七、本合同一式贰份,每份贰页,甲乙双方各执壹份。

甲　方:刘文华签名/盖章(红印)　　乙　方:张冰洁签名/盖章
联系电话:1312234××××　　　　联系电话:1432345××××
合同签订日期:2013年3月3日　即日生效

教师评析

　　这是一份房屋租赁合同。房屋租赁合同有时以"租房协议"的名称出现,所以,合同有时等同于协议。立约人项目中,用甲方、乙方规定各自在文中的称呼,还写出了各自身份证号,排列顺序符合规范,给人诚信的印象。正文没有前言,采用并列式结构,直接写约定条款,简洁晓畅。从房屋坐落写起,符合合同写法,也符合人们认识习惯;条款一到五,严格规定了各自的权利与义务。条款六和七为结尾部分,规定了合同的执行效力和各自保存的份数。落款包括签署、联系方式和合同生效日期等。

二、综合测试

(一) 填空

1. 合同具有＿＿＿＿性、＿＿＿＿性、＿＿＿＿性和平等性四个特点。
2. 合同的正文由＿＿＿＿、＿＿＿＿和＿＿＿＿三个部分组成。
3. 合同中应避免使用不定指代＿＿＿＿、＿＿＿＿。

(二) 解释名词

1. 实践合同
2. 标的
3. 不可抗力

(三) 简答

1. 合同有哪些用途?
2. 写作合同要注意哪些问题?

(四) 写作

根据下面提供的材料写作一份合同:

甲方:建波果品有限公司;乙方:常焦农场。为了保证市场水果供应,满足市民秋季消费水果需求,双方代表经过平等协商,订立本合同。主要内容为:其一,乙方向甲方提供八成熟香水梨2万千克,其中一级、二级各半,即每种1万千克。一级每千克10元,二级每千克6元,总货款为人民币16万元整。其二,乙方于2011年8月12日用汽车直接将货运至甲方仓库,运费由乙方承担。香水梨用二皮篾竹箩包装,每只竹箩5元,费用由甲方承担,乙方以4折价回收旧箩。其三,甲方过秤验收后,于3天内把货款和包装竹箩费用一并汇至乙方银行账号。其四,在正常情况下,乙方拒不交货,应处以货物总款20%罚金;数量不足则按不足部分的货款20%处以罚金;质量不合格则重新计算货款;如逾期交货则每天处以货款5‰的滞罚金。在正常情况下,甲方拒不收货,则处以货物总款20%的罚金;逾期付款,则每天处以货款5‰的滞罚金。如因自然灾害或特殊情况双方不能履行合同时,应提前20天通知对方,并赔偿对方10%损失费。其五,合同一式三份,甲乙双方各执一份,鉴证机关一份。合同自签订之日起生效,至双方义务履行完毕之日失效。

写作提示:认真阅读并充分利用所提供的材料,注意内容完整,格式规范。缺少的项目,如双方代表的姓名、开户银行、银行账号、地址、电话等可以虚构。

第二节 协议书

学习目标

一、技能目标

1. 能够辨别不同类型的协议书
2. 能够根据提供的材料写作协议书

二、知识点

1. 协议书的含义和用途
2. 协议书的特点
3. 协议书的分类
4. 协议书的结构和写法
5. 协议书与合同的区别
6. 写作协议书要注意的问题

一、协议书的含义和用途

(一)协议书的含义

协议书指党政机关、企事业单位、社会团体或个人就某个问题经过谈判或共同协商,取得一致意见后订立的一种具有经济或其他关系的契约性文书。

(二)协议书的用途

协议书与合同有相似之处,能够明确双方的权利和义务,为双方的合作事宜确定大致的方向,有助于合作的持续和深化。如果双方发生纠纷,也可以将协议书作为依法诉讼的依据。

二、协议书的特点

协议书除与合同在平等性、互利性、法规性等方面有相似之处外,还有自己的特点:

(一)宽泛性

协议书涉及的领域非常广泛,凡是不适合签订合同的合作形式,只要双方当事人协商一致,都可以签订协议书。

(二)灵活性

协议书的写法比较灵活,协议的内容、条款的形式等都可以由当事人协商议定。

(三)原则性

与合同相比,协议书的可执行性不如合同。它规定的协议双方的权利和义务比较笼统和抽象,比较原则。

三、协议书的分类

(一)经销协议书

经销协议书是一个企业为另一个企业销售产品而订立的、明确相互之间权利和义务关系的应用文书。如某大型超市为某企业销售产品时订立的销售协议。

(二)委托协议书

委托协议是委托人和受委托人约定,由受委托人为委托人处理事务的应用文书。其主要特征是受委托人以委托人的名义和费用,为委托人处理事务,由委托人承担法律责任,当然,受委托人不能超越委托人的权限。

此外,还有联营协议书、捐赠协议书、补偿协议书、代理协议书等。

四、协议书的结构和写法

协议书的格式和合同有相似之处,有条文式、表格式和条文表格结合式三种格式;它的结构也与合同相似,即由标题、立约人、正文、落款四部分组成。

(一)标题

协议书的标题有三种形式。第一种,直接用文种"协议书"三个字做标题,这种写法比较普遍;第二种由协议事项和文种两个要素构成,即写明协议书的性质,如《补偿协议书》、《代理协议书》、《委托协议书》等;第三种由当事人名称、协议事项和文种三个要素构成,如《兰香制衣公司与建国中等专业学校合作办学协议书》。

(二)立约人

即签订协议的单位名称或立约当事人。在标题下,正文前,写明拟定协议各方当事人单位或个人名称,并在立约各方当事人名称之后注明一方为甲方,一方为乙方,便于在正文中称呼。最好是把立约人并列排列,以表明双方地位平等;上下排列则有主次式的感觉。

（三）正文

正文包括开头、协议条款、结尾三个部分。

1. 开头。协议书的开头比较简洁，主要用目的式、根据式或原由式写明订立协议的目的和依据，以引起下文。

2. 协议条款。这是协议书的核心部分。一般分条列项将当事人协商确定好的事项罗列出来。不同性质的协议书，所列条款也不一样。一般情况下，协议书的内容比较原则，不像合同那样具体、细致。

3. 结尾。一般写本协议书一式几份，如何保存，还要注明协议书的附件、有效期限等信息。

（四）落款

落款包括署名、协议签订日期两个要素。

1. 署名。写明协议当事人的全称。
2. 协议签订日期。写明协议书签订的年、月、日。

阅读例文

合作办学协议书

甲方：安徽省学大留学中介公司　　乙方：安徽省机电高等职业学院

根据皖教字〔2011〕43号文件精神，甲乙双方愿意在派员出国培训工作中进行合作，经协商达成协议如下：

一、甲、乙双方按照上级有关政策规定，联合刊发招生宣传信息。

二、乙方根据招生通知，负责培训班的招生工作。

三、乙方负责与有关国家委托办学机构联系教学等各项业务工作。

四、甲方负责办理出国培训人员和管理人员的审批手续。

五、乙方负责出国培训人员的管理、交通和食宿等。

六、乙方按照招生通知的要求收取出国培训人员的学杂费，负责培训中各类费用开支。甲方按比例收取出国培训人员审批手续费（手续费为：招收学员100人以内，收取学费总额的8%；招收学员100人以上，收取学费总额12%），其余部分由乙方支配。

七、本协议书自双方盖章后生效。

八、本协议书一式四份，双方各执两份。

甲方：安徽省学大留学中介公司　　乙　方：安徽省机电高等职业学院

法人代表：张百成　　　　　　　　法人代表：周晓丽

二〇一三年三月十三日

教师评析

这份协议书标题由协议的事项和文种两个要素构成，协议事项规定了协议的性质。

立约人并列排序,体现了双方的平等地位。正文开头说明协议的依据,尾句承上启下,引出主体部分的协议条款;条款一至六条,对各自的职责和权利、利益分配等相关问题做了约定;七条、八条属于结尾,规定本协议书生效期限、各自保存份数。落款包括署名和协议书签订日期两项。全文条理清晰,甲乙双方权利和义务规定明确,具有可执行性,是一份规范的协议书。

正文的结构模块为:开头(根据式)→承启语(承上启下)→主体(并列式)→结尾(说明式)→落款(署名和协议签订日期)。

五、协议书与合同的区别

协议书与合同都是由双方当事人共同订立的一种契约。但协议书与合同有一定的区别。协议书内容适用范围较为广泛,合同内容一般限于经济活动方面。

合同一经签订就产生法律效力,双方必须严格遵守,认真履行,任何一方违约都将承担相应的经济责任和法律责任;协议书往往要经过行政主管部门签证或公证机关公证才能产生法律效力。

小贴士

写作协议书要注意的问题

1. 内容合法。即协议书的内容、形式、程序都必须符合国家的法律、法规。
2. 平等互利,协商一致。协议当事人,无论级别高低、经济优劣,订立协议时的地位是平等的,应该相互尊重,任何一方不能把自己的意志强加于对方。

一、分析协议书的结构,根据提供的材料写作协议书

分析与写作

李如玉毕业后,在无锡市路桥公司找到一份工作。该公司要与李如玉订立一份试用3个月的用工协议书。请替李如玉与无锡市路桥公司拟写一份试用协议书。

教学互动

1. 协议书的标题应该怎样写?
2. 立约人部分是否需要并排写?
3. 这份协议书的正文应该分几个部分写?
4. 协议书必须写明哪些条款?
5. 落款需要写明哪些内容?

写作示例

无锡市路桥公司员工试用协议书

甲方：无锡市路桥公司　　乙方：李如玉
法人代表：张慧彬　　　　年龄：22岁；性别：女；学历：本科；所学专业：文秘
地址：无锡市县前街161号　身份证号：21220199108090××××
联系电话：45918710　　　联系方式：1387761××××

经过甲乙双方认真协商，共同确认本协议如下内容：
一、乙方在甲方总经理办公室试用，试用时间为2013年7月20日至2013年10月20日，共3个月。
二、甲方负责安排乙方工作，为其提供必要的工作条件。
三、甲方负责对乙方进行职业道德、业务技能和公司规章制度的教育和培训。
四、甲方按照公司的规章制度考核乙方，如乙方对公司有突出贡献，经申请批准后可提前正式录用。
五、乙方享受公司试用期规定的工资待遇。
六、乙方必须遵守甲方所规定的一切规章制度，尽职尽责，服从领导，与公司全体同仁团结合作，如违反规章制度，甲方可随时解除此协议。
七、乙方应严守工作中获得的有关本公司经营、财务、人事等机密，违反《保密法》条款者，应承担相应责任并接受处罚。
八、乙方因工作业绩不佳，品德不良，有重大失误或给公司带来较大经济损失和形象损害者，甲方可随时解除此协议，甲方不负任何责任。
九、乙方如被解聘或自动解聘时，一经批准，应立即办理工作移交手续。
十、乙方应于试用期满前一周向甲方提交工作总结及转正申请，甲方根据乙方表现作出书面答复和评价。
十一、本协议书签字后即生效，甲乙双方各执一份。

甲方（盖章）：无锡市路桥公司　　乙方（签字）：李如玉
负责人（签字）：张慧彬
二〇一三年七月十八日　　　　　二〇一三年七月十八日

 教师评析

这份用工协议书标题由用工单位、事项和文种三个要素构成。标题显示了协议书的内容。立约人部分，招聘公司为甲方，被聘者为乙方，表述清晰。正文前言采用根据式写法，尾句承上启下。主体分条列项写明双方的权利和义务。协议条款和合同比较，显示出原则性，规定的是一般应聘者应遵守的制度、规范，没有具体说明如工资、奖金、福利待遇等内容。第十一条是结尾，说明了协议书生效期和保存情况。落款处各自签字盖章、注明日期,完全符合协议书结构要求。

全文的结构模块为:标题(三要素式)→立约人(并列式)→承启语(承上启下)→正文[开头(根据式)→主体(并列式)→结尾(说明式)]→落款(签字盖章和日期)。主题鲜明,结构完整,语言顺畅是这份协议书的特点。

二、综合测试

(一) 填空

1. 协议书具有_____性、_____性和_____性三个特点。
2. 一份完整的协议书通常由标题、_____、_____和落款四个部分组成。
3. 立约人就是签订协议的_____或立约当事人。

(二) 名词解释

1. 协议书
2. 经销协议书

(三) 简答

1. 协议书与合同有哪些区别?
2. 写作协议书要注意哪些问题?

(四) 写作

根据下面提供的材料,为东菱汽车租赁有限公司和华表汽修有限公司拟写一份合作协议书:

东菱汽车租赁有限公司和华表汽修有限公司经过实地考察,市场调研,决定联手合作投资创办出租汽车公司。双方决定合营企业定名为东华出租汽车公司,经营的大小车辆共100辆。其中德国奔驰280轿车7辆(二手车,行车里程不超过17 000公里,外观较新),日产丰田轿车83辆(50辆含里程表、金额计数表、空调、步话机等),面包车10辆。双方约定合营企业为有限公司。投资比例为3∶7,华表公司占30%,东菱公司占70%,总投资额140万美元,其中,东菱公司98万美元(含库房等公用设施),华表公司42万美元。合作期限5年。公司设董事会,人数为5人,东菱公司3人,华表公司2人。董事长1人由东菱公司担任,副董事长1人由华表公司担任。合营企业所得净利润,根据双方投资比例进行分配。合作期间,华表公司纯利润达到投资额(包括本息)后,企业资产即归东菱公司所有。双方共同遵守我国政府制定的外汇、税收、合资经营以及劳动等法规。双方商定,在适当时间,就有关事项做进一步协商,提出具体方案,再签订合同。

写作提示:认真阅读并充分利用所提供的材料;注意内容完整,格式规范;缺少的项目,可以虚构补上。

第三节　招标书

**学习目标**

一、技能目标
1. 能够分辨不同类型的招标书
2. 能够根据提供的材料写作招标书

二、知识点
1. 招标书的含义和用途
2. 招标书的特点
3. 招标书的分类
4. 招标书的结构和写法
5. 写作招标书要注意的问题

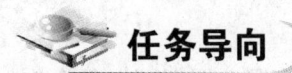**任务导向**

一、招标书的含义和用途

（一）招标书的含义

招标书又称招标说明书，是招标者利用投标者之间的竞争达到优选投标者的文书。

（二）招标书的用途

招标书的作用是利用投标者之间的竞争达到优选投标者的目的。

二、招标书的特点

（一）公开性

招标者一般是将自己的标的物、招标意图、招标范围、招标条件、招标步骤等通过一定的媒体公布于众，广泛传播，公开号召投标者参与竞争。

（二）竞争性

招标的动机是寻找和选择最理想的合作伙伴，尽可能最广泛地造成竞争局面，以获取最佳的经济效益。

（三）约束性

招标书是招标单位以法人的名义向投标单位提出的约言，一经发出便不能更改，如果违背约言就要承担法律责任，要赔偿由此给投标单位造成的损失。

三、招标书的分类

可以从不同的角度，按照不同的标准对招标书进行分类。

（一）按时间分

可以分为长期招标书和短期招标书两种类型。

（二）按性质和内容分

可以分为工程建设招标书、大宗商品交易招标书、选聘企业经营者招标书、企业承包招标书、企业租赁招标书、劳务招标书、科研课题招标书、技术引进或转让招标书等类型。

（三）按招标范围分

可以分为国际招标书和国内招标书两种类型。

四、招标书的结构和写法

招标书种类较多，本节只讲述招标公告、招标邀请书和招标说明书三种最常见的招标书。

（一）招标公告

招标公告，又称招标通告、招标启事或招标广告。一般由标题、正文和落款三个部分组成。

1. 标题。常见的写法有三种：第一种由招标单位名称、招标事项和文种三个要素构成，如《东北大学图书馆楼建筑工程招标公告》；第二种由招标单位名称和文种两个要素构成，如《朗悦集团公司招标公告》；第三种只写文种名称，如《招标公告》。

2. 正文。包括引言、主体和结尾三个部分。一般用条文式写作，也有用表格式写作的。

（1）引言。一般写明招标目的、依据以及招标项目的名称。如"本公司负责组织建设的如意里住宅小区工程施工任务，经北海市城乡建设委员会批准，实行公开招标，择优选定承包单位，现将招标有关事项告知如下"。

（2）主体。这是招标公告的核心。这部分要详细写明招标的内容、要求及有关事项。一般采用横式并列结构，将有关要求逐项说明，有的还需要列表。具体包括如下几个方面：

①招标内容。一般要写明工程名称、建筑面积、设计要求、承包方式、交工日期等。如："工程名称和地址：如意里住宅小区，坐落于北海市东城区内城东北角。工程总建筑面积：10.7万平方米。其中14层住宅楼7座，计7.85万平方米，砖混结构6层住宅楼5座，计2.25万平方米，其余为配套附属建筑，也为砖混结构。工程质量要求符合国家施工验收规范。承包方式：全部包工包料（建设单位提供三材指标）。设计及要求：见附件（略）。交工日期：2011年2月。"

② 写明投标单位资格及提交的文件。如："凡持有一、二级建筑安装企业营业执照的单位皆可报名参加投标。报名时应提交下列文件：A. 投标单位概况表；B. 技术等级证书（复印件）；C. 工商营业执照（复印件）；D. 外地建筑企业在本市参加投标许可证。"

③ 写明招标程序。如："招标程序如下：A. 报名及资格审查；B. 领取招标文件；C. 招标交底会（交代要求及有关说明）；D. 接受标书；E. 开标；F. 交招标文件押金或购买招标文件。"

④ 写明招、投标双方的权利和义务、双方签订合同的原则、组织领导以及其他事

项等。

(3) 结尾。写明招标单位名称、地址、联系人、电话、电报、邮政编码等，以便投标者参与。

3. 落款。由招标单位名称和成文日期两个要素构成。

阅读例文

某报业传媒集团购买办公电脑等设备
招标公告

因业务需要，我集团需购买一批办公电脑等设备。现面向社会公开招标，欢迎符合条件的厂商前来投标。

一、资质要求

凡具有独立法人资格，注册资金50万元人民币以上（含50万），具有计算机设备的销售许可，从事计算机设备经营三年以上，有与大中型企事业单位合作经验的投标人，均可参加本项目投标。

二、招标文件领取

凡具备资质的投标人，请持本单位营业执照副本原件、相关资质证明原件（影印件应加盖单位公章）、被授权人身份证和授权委托投标函原件，于2014年2月18日17:30前到陕西省西安市中山路55号西华大厦19楼1907室领取招标文件。

三、投标文件送交

投标文件必须于2014年2月21日下午17:30前，以面交方式送至陕西省西安市中山路55号西华大厦19楼1907室，过时送到的投标文件将被拒绝。

四、招标人联系方式

联系电话：029-8685××××　　金先生

监督电话：029-8685××××　　唐先生

某报业传媒集团
二〇一四年二月十三日

教师评析

这是一份招标公告，标题由招标单位名称、招标项目名称和文种三个要素构成。正文将招标单位、招标内容、招标范围、投标者资质要求、领取招标文件、递送投标文件的时间、地点以及联系方式等事项逐条列出，简明扼要。落款是招标单位署名及日期。

全文的结构模块为：标题（要素式）→正文［引言（说明式）→主体（并列式）→结尾（秃尾）］→落款（招标单位名称和成文日期）。格式符合一般招标公告的要求。

（二）招标邀请书

招标单位若采取邀请招标的方式邀请有关对象参加投标，需写招标邀请书。招标邀请书是书信体文书,由标题、主送单位、正文、落款四个部分组成。

1. 标题。通常以文种为标题,如《招标邀请书》,也可写作《招标邀请函》。
2. 主送单位。又叫抬头,即被邀请单位的名称,要顶格写。
3. 正文。写明招标的目的、依据及招标的事项。如另有招标公告,则不需就招标事项进行详细说明,只需说明随函邮寄即可。结尾处写明招标单位全称、地址、联系人、电话等。
4. 落款。包括招标单位名称和成文日期两个要素。

阅读例文

招标邀请书

飞浦建筑工程公司:

徽州大道与高铁南站衔接工程是我省2013年重点计划安排的项目。市建筑工程局决定采取招标办法进行发包。

贵公司多年来从事路桥工程建设施工,施工质量口碑很好。对此,我们表示赞赏。随函邮寄《徽州大道与高铁南站衔接工程施工招标书》一份。如蒙同意,望于2013年1月10日光临蓝天招待所三楼8号房间领取投标文件,并请按规定日期参加工程投标。

招标单位:合肥市建筑工程局招标办公室
地址:合肥市巢湖路126号
联系人:金秀福
电话:135888××× 651
邮政编码:342000

合肥市建筑工程局招标办公室
二〇一二年十一月二十四日

教师评析

这是一份招标邀请书,由标题、主送单位、正文、落款四个部分构成。标题标明文种;主送单位写明被邀请单位的名称;正文写明招标的目的、依据及招标事项,并说明随函邮寄招标书;结尾写明招标单位名称、地址、联系人、电话、邮政编码。落款为招标单位名称和成文日期。

全文的结构模块为:标题(文种名)→主送单位→正文[引言(说明式)→主体(递进式)→结尾(并列式)]→落款(招标单位名称和成文日期)。全文主旨明确,结构完整,语言简明,格式规范。

(三)招标说明书

招标说明书是对招标公告或招标邀请书内容的扩展,用来对有关招标事项作出具体的说明。一般由标题、正文、落款和附件四个部分组成。

1. 标题。由招标单位名称、招标事项和文种三个要素构成,如《北山钢铁公司外购大型设备招标说明书》。

2. 正文。包括开头、主体和结尾三个部分。

(1) 开头。简要写明招标的目的和依据(一般写招标单位主管部门的审批文号)、项目名称及招标单位的基本情况等。

(2) 主体。详细说明招标的有关内容和要求事项。主体部分一般应写明以下事项:招标项目的性质、数量、技术规格或技术要求;投标价格的要求及其计算方式;评标的标准和方法;交货、竣工或提供服务的时间;投标人应当提供的有关资格和资信证明文件;投标保证金的数额或其他形式的担保;投标文件的编制要求;提供投标文件的方式、地点和截止日期;开标、评标、定标的日程安排;合同格式及主要合同条款等。

(3) 结尾。写明招标单位全称、地址、联系人、电话等。

3. 落款。包括招标单位名称和成文日期。

4. 附件。附件是为了使正文简洁而把繁复的专门内容作为附件列于文后或作为另发的文件,如项目的具体内容、数量、工程一览表、设计勘察资料及有关的说明书等。

阅读例文

智峰大厦建筑安装工程招标说明书

为了提高建筑安装工程的建设速度,提高经济效益,桓台软件集团公司对智峰大厦建筑安装工程的全部工程进行招标。

一、招标工程的准备条件

本工程已经具备以下招标条件:

1. 本工程已具有正式设计单位出具的施工图纸和概算。

2. 建设用地已经征用,障碍物已全部拆迁;现场施工的水、电、路和通讯条件已经具备。(以下略)

二、工程内容、范围、工程量、工期、地质勘察单位和工程设计单位

(见附表)

三、工程可供使用的场地、水、电、道路等情况

(略)

四、工程质量等级、技术要求、对工程材料和投标单位的特殊要求、工程验收标准

(略)

五、工程供料方式和主要材料价格、工程价款结算办法

(略)

六、组织投标单位进行工程现场勘察、说明和招标文件交底的时间、地点

(略)

七、报名、投标日期、招标文件发送方式

报名日期:2014年5月4日至5月10日。

投标期限:2014年5月26日至2014年6月10日。

招标文件发送方式:(略)

八、开标、评标时间及方式、中标依据和通知

开标时间:2014年6月20日。

评标结束时间:2014年6月30日。

开标、评标方式:建设单位邀请建设工程主管部门、建设银行和公证处参与。

中标依据及通知:本工程评定中标单位的依据是工程质量优良,工期适当,标价合理,社会信誉好。最低标价的投报单位不一定能中标。所有投标企业的标价都高于标底时,如属标底计算错误,应按实况予以调整;如标底无误,通过评标剔除不合理的部分,确定合理标价和中标企业。评定结束后五日内,招标单位通过邮寄(或专人送达)方式将中标通知书送往中标单位,并与中标单位在一个月内签订智峰大厦建筑安装工程承包合同。

九、其他

在招标过程中如发生争议,双方自行协商不成时,由负责招标管理工作的部门调解仲裁,对仲裁不服,可诉诸法律。

建设单位:桓台软件集团公司

地址:北京市海淀区光明路5号

联系人:高美凤

电话:(010)6231××××

桓台软件集团公司

二〇一四年三月二十日

附件:施工图纸、勘察设计资料和设计说明书

教师评析

  这是一份建筑安装工程招标说明书,由标题、正文、落款和附件四个部分构成。标题由招标项目名称和文种两个要素构成。正文开头简要写明招标的目的;主体部分从九个方面对招标的有关内容和要求事项作了详细说明。结尾写明招标单位名称、地址、联系人及电话。落款包括招标单位名称和成文日期。最后,将施工图纸、勘察设计资料和设计说明书作为附件列在正文之后。

  全文的结构模块为:标题(要素式)→正文[开头(目的式)→主体(并列式)→结尾(说明式)]→落款(招标单位名称和成文日期)→附件。全文格式规范,内容全面,主旨明确,语言简洁。

小·贴士

写作招标书要注意的问题

1. 周密严谨。招标书既是一种"广告",也是签订合同的依据,具有一定的法律效力,因此在内容和措辞方面要周密严谨。

2. 简洁清晰。招标书只要把所要讲的内容有重点地讲清楚即可,切忌没完没了地罗列一些似是而非的材料。

3. 注意礼貌。招标实际上也是一种商务交易活动,要遵守平等、诚恳的原则,既不要盛气凌人,也不要低声下气。

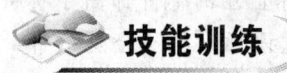 技能训练

一、分析招标书的结构,根据提供的材料写作招标书

 分析与写作1

南方职业技术学院对南校区学生公寓物业管理权进行公开招标,要选定物业管理企业对南校区学生公寓物业进行管理。管理范围包括:学生公寓(3 至 18 层)28 776.5 平方米;周边道路、运动场 6 704 平方米;绿化面积 1 171 平方米。招标内容按招标单位提供的招标公告。凡达到广州市物业管理三级以上资质的物业管理公司或高校后勤服务公司(集团)均可参加投标。请根据以上材料为该院撰写一份招标公告。缺少的内容可根据写作格式的需要进行虚构。

 教学互动

1. 应该选定什么文种写作?标题怎样写才能显现主旨?
2. 正文应包括哪几个部分?
3. 主体部分要写明哪几项内容?
4. 正文的结构模块是怎样的?
5. 结尾要写明哪些内容?

 写作示例

南方职业技术学院南校区学生公寓
物业管理招标公告

我院决定对南校区学生公寓物业管理权进行公开招标,选定物业管理企业对南校区学生公寓物业管理。现将具体事宜告知如下:

一、招标项目
南方职业技术学院南校区学生公寓物业管理。
二、项目规模
1. 学生公寓(3 至 18 层)28 776.5 平方米。
2. 周边道路、运动场 6 704 平方米。
3. 绿化面积 1 171 平方米。
三、招标内容
见我院提供的招标公告。
四、投标条件
广州市物业管理三级以上资质的物业管理公司或高校后勤服务公司(集团)。
五、报名时间、地点
1. 报名时间:2013 年 6 月 18 日,上午 8 时 30 分至 11 时 30 分;下午 3 时至 5 时。
2. 报名地点:南方职业技术学院办公楼 2 楼基建处(东 201 室)。
六、报名时需提交的资料和交纳的费用
1. 营业执照、资质证书、法人代表证明书、法人代表委托书原件及复印件。
2. 公司简介。
3. 拟担任本项目的项目经理资质。
4. 企业资信证明(包括 ISO 认证等)。
5. 投标保证金 10 万元(以支票形式缴纳)。
6. 报名费 300 元。

招标单位:南方职业技术学院
地址:广州市天目路 341 号
联系人:王明达
电话:1525679××××

南方职业技术学院
二〇一三年五月二十日

教师评析

　　这是一份招标公告,标题由招标单位名称、招标项目名称和文种三个要素构成。正文将项目名称、项目规模、招标内容、招标条件、报名时间和地点、需要提交的资料和交纳的费用等事项和要求逐条列出。层次清楚,语言简洁。结尾写明了招标单位名称、地址、联系人及联系电话。落款为招标单位署名和成文日期。

　　全文的结构模块为:标题(要素式)→正文[引言(原由式)→承启语(承上启下)→主体(并列式)→结尾(并列式)]→落款(招标单位名称和成文日期)。全文内容简要,重点突出,符合招标公告的写作要求。

分析与写作 2

华润雪花啤酒(中国)有限公司泰州销售分公司就 2014 年电视、报纸、广播、网络媒体代理面向社会公开招标。招标项目：1. 2014 年度电视媒体广告代理招标：招电视媒体采购及相关广告投放的省级代理商 1 名及各地市频道代理商 1 名。2. 2014 年度报纸媒体广告代理招标：招《扬子晚报》与《现代快报》共同代理商 1 名。3. 2014 年度广播媒体广告代理招标：招广播媒体采购及相关广告投放的省级代理商 1 名。4. 2014 年度网络媒体广告代理招标：招网络媒体采购及相关广告投放的省级代理商 1 名；招专项网络媒体深度合作代理运营商 1 名；招网络(官网、官微、手机运营)等媒体全年运营服务代理商 1 名。报名须知：1. 报名截止时间：2014 年 3 月 12 日。2. 报名方式：向我公司提交应标登记资料(范本向我公司索取)。3. 邮寄地址：南京市建邺区云龙山路 88 号某大厦 A 座 16 楼华润雪花啤酒江苏公司营销中心市场部。4. 垂询电话：(025)82137××××，联系人：邱经理。提交材料：1. 公司主营业务及服务内容，公司综合实力(材料格式向我公司索取)。2. 投标公司资质证照：提交加盖公章的营业执照、税务登记证、组织机构代码证、法定代表人身份证复印件。3. 如是受委托人全权代理处理投标事务的，则需出具法定代表人授权书原件和授权人身份证复印件(授权书、投标函范本向我公司索取)。特别说明：1. 本公告最终解释权归华润雪花啤酒(中国)有限公司泰州销售分公司所有。2. 本次招标监督电话：(025)8213××××。

请根据以上材料代该公司拟写一份招标公告。如有所缺的相关项目，可根据写作格式的需要虚构和补充。

教学互动

1. 这份招标公告适合采用几个要素构成的标题？
2. 引言应该怎样写？
3. 招标项目是什么？有多少个招标项目？
4. 主体部分必须写明哪些内容？
5. 根据格式完整的要求，还要补充哪些内容？
6. 正文的结构模块是怎样的？

二、综合测试

(一) 填空

1. 招标书具有_____性、_____性和_____性三个特点。
2. 招标书的作用是利用投标者之间的竞争达到优选_____的目的。
3. 招标书按性质和内容分类，有工程建设招标书、_____招标书、选聘企业经营者招标书、_____招标书、企业租赁招标书、劳务招标书、_____招标书、技术引进或转让招标书等类型。

(二) 解释名词

1. 招标书

2. 招标公告

（三）简答

1. 招标公告的主体部分要写哪些内容？
2. 写作招标书要注意哪些问题？

（四）阅读分析

模仿"教师评析"的方法，对下面的招标书作全面评析：

丽泽大厦建筑安装工程招标书

为了提高建筑安装工程的建设速度和经济效益，经市建工局批准，丽泽公司对丽泽大厦建筑安装工程的全部工程进行招标。

一、招标工程的准备条件

本工程的以下招标条件已经具备：

1. 本工程已列入丽水市年度计划。
2. 建设用地已经征用，障碍物全部拆迁；施工现场的水、电、路和通信条件已经落实。
3. 已完成安装工程的施工图纸和工程预算。
4. 资金、材料、设备等均已分别落实，能够保证拟建工程在预定的建设工期内连续施工。
5. 已办理当地建设主管部门颁发的建筑许可证。
6. 本工程的标的已报建设主管部门和建设银行复核。

二、工程要求、工程量、工期、地质勘察单位和工程设计单位

（略）

三、工程可供使用的场地、水、电、道路等情况

（略）

四、工程质量等级、技术要求、对工程材料和投标单位的特殊要求、工程验收标准

（略）

五、工程供料方式和主要材料价格，工程价款结算方法

（略）

六、组织投标单位进行工程现场勘察，说明招标档交底时间、地点

（略）

七、报名、投标时间、投标档发送方式

报名、投标时间：2014年6月11日至2014年6月20日止。

投标档送达方式：（略）

八、开标、评标时间与方式，中标依据与通知

开标、评标时间：（略）

开标、评标方式：（略）

中标依据与通知:(略)

建设单位:丽泽公司
地址:丽水市华宝区健康路5号
联系人:马晓伟
电话:24231341
附件:施工图纸、勘察设计数据和设计说明书

丽泽公司
二〇一四年四月二十九日

第四节 投标书

一、技能目标
1. 能够分辨不同类型的投标书
2. 能够根据提供的材料写作投标书

二、知识点
1. 投标书的含义和用途
2. 投标书的特点
3. 投标书的分类
4. 投标书的结构和写法
5. 写作投标书要注意的问题

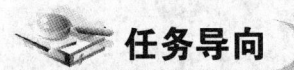

一、投标书的含义和用途

(一)投标书的含义

投标书是投标者为了中标而按照招标书提出的项目、条件和要求,以求实现与招标者订立合同,而提供给招标者的承诺文书。

(二)投标书的用途

投标书是对招标者的承诺,写得成功与否直接影响到能否中标。

二、投标书的特点

(一)针对性
即主要针对招标书提出的项目、条件和要求进行写作。

(二)求实性
即实事求是地对投标项目进行分析,介绍己方,提出措施和承诺等。

(三)合约性
投标书以追求合作、签署合同为目的。投标单位对投标书提出的条件和要求作出承诺后,就要接受招标书的约束,投标书寄出后不能反悔或更改,如违背承诺将要承担法律责任。

三、投标书的分类

可以从不同的角度,按照不同的标准对投标书进行分类。

(一)按投标方人员组成情况分
可以分为个人投标书、合伙投标书、集体投标书、全员投标书和企业投标书等类型。

(二)按性质和内容分
可以分为工程建设项目投标书、大宗商品交易投标书、选聘企业经营者投标书、企业租赁投标书、劳务投标书等类型。

四、投标书的结构和写法

投标书由标题、主送单位、正文、落款和附件几个部分组成。

(一)标题
标题一般由投标单位名称、投标项目名称和文种三个要素构成。如《先锋建筑工程公司南方大学教学楼工程投标书》。也有由投标单位名称和文种两个要素构成的。如《三星电器公司厂房建筑投标书》。

(二)主送单位
主送单位是对招标单位的称呼,在标题下空一行顶格写。

(三)正文
正文包括引言、主体、结尾三个部分。

1. 引言。说明投标的依据、指导思想和投标意愿。
2. 主体。是投标书的核心部分,也是决定投标者能否中标的关键部分。主要写明三个方面的内容:一是具体写明投标项目的指标;二是实现各项指标、完成任务的具体措施;三是对招标单位提出希望配合与支持的要求。
3. 结尾。写明投标单位的名称、法人代表、联系人地址、电话号码和传真。

(四)落款
落款由投标单位名称和成文日期两个要素构成。

(五)附件
指不便写在投标书中写明而独立成文附在投标书后面的材料。

平砺山铁矿有限公司培训楼工程施工投标书

平砺山铁矿有限公司：

根据贵公司兴建培训楼工程施工招标书和设计图的要求，作为建筑行业的二级企业，我公司完全具备承包施工的能力与条件，决定对此项工程投标。具体说明如下：

一、综合说明

工程简况（工程名称、面积、结构类型、跨度、高度、层数、设备）：培训楼一幢，建筑面积10 700平方米，主体6层，局部2层。框架结构：楼全长80米，宽40米，主楼高28米，二层部分高9米。基础系打桩水泥浇注，现浇梁柱板。外粉全部，玻璃马赛克贴面，内粉混合沙浆彩面涂料，个别房间贴壁纸。全部水磨石地面，教室呈阶梯形，个别房间设空调。

二、标价

（略）

三、主要材料耗用指标

（略）

四、总标价

总标价3 961 461元，每平方米造价370.23元。

五、工期

开工日期：2013年2月15日

竣工日期：2014年8月20日

施工日历天数：553天

六、工程计划进度

（略）

七、质量保证

全面加强质量管理，严格操作规程；加强各分项工程的检查验收，上道工序不验收，下道工序决不上马；加强现场领导，认真保管各种设计、施工、试验资料，确保工程质量达到全优。

八、主要施工方法和安全措施

安装塔吊一台、机吊一台，解决垂直和水平运输；采取平面流水和立体交叉施工；关键工序采取连班作业，坚持文明施工，保障施工安全。

九、对招标单位的要求

招标单位提供临时设施占地及临时工房40间，我们将合理使用。

十、坚持勤俭节约原则，尽最大努力杜绝浪费现象

（略）

投标单位：腾飞建筑工程公司

地址：湖南省长沙市岳麓山路154号

法人代表：李如新

电话：83598753　传真：98788746

腾飞建筑工程公司
二〇一三年一月四日

附件：腾飞建筑工程公司基本情况介绍

 教师评析

　　这是一篇工程建设项目投标书。由标题、主送单位、正文、落款和附件五个部分构成。标题由招标项目名称和文种两个要素构成。主送单位明确。正文开头采用根据式，说明投标依据，结句以承启语承上启下，转入主体写作。主体部分采用并列式结构，分十个方面介绍了工程简况、标价、耗材指标、工期、计划进度、质量保证等情况，对招标书中的问题作出了明确的回答。这可以说是投标单位的正式报价单，是评标决标的依据。另外，还有保证工程质量的措施和达到的等级、主要施工方法、安全措施和对招标单位的要求等。结尾写明了投标单位的名称、地址、法人代表姓名、联系电话和传真。文末附件为投标公司基本情况介绍，让招标单位对己方建立信心。

　　全文的结构模块为：标题（要素式）→主送单位→正文［开头（根据式）→承启语（承上启下）→主体（并列式）→结尾（说明式）］→落款（投标单位名称和成文日期）→附件。这是一份写得较完整、较规范的投标书。

 小贴士

写作投标书要注意的问题

1. 内容要紧扣招标书提出的要求。
2. 实事求是地说明己方的优势、特点。
3. 内容合理合法，承诺的内容须明确、具体、全面、周密，以免中标后发生纠纷。

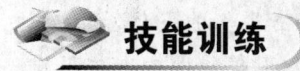

一、分析投标书的结构，根据提供的材料写作投标书

 分析与写作

　　山东铭固建筑工程公司看到泰兴集团公司的国和医药厂房建设项目招标公告后，经认真研究，决定参与竞标。包干形式：包工包料；总造价：4 000万元；工期：310天；施工方法及选用施工机械：柱下钢筋混凝土地面施工方法、专业施工机械。该公司系山东省一级房屋建筑工程施工总承包企业，并具有房地产开发、商品房销售的资质。公司始建于1998

年,现注册资本 7 000 万元,可承担总额不超过注册资金 4 倍的房屋建筑工程的施工。公司成立以来,先后在武汉各地区承建了近百项工业与民用建筑工程。请代铭固建筑工程公司拟写一份投标书。所缺的项目可根据需要虚构。

教学互动

1. 这份投标书的结构由哪几个部分组成？主体部分要写哪几项内容？
2. 项目名称、进度、工程人工费以及材料的种类、数量和价格等怎样表述？
3. 工程质量达到的等级、主要工程施工方法以及要求建设单位提供的配合条件等怎样表述？
4. 根据格式需要,结尾要虚构和补充哪些内容？
5. 应该采用第几人称写作？

二、综合测试

（一）填空

1. 投标书具有_____性、_____性和_____性三个特点。
2. 投标书的正文包括_____、_____和结尾三个部分。

（二）解释名词

投标书

（三）简答

1. 投标书的主体部分要写明哪些内容？
2. 写作投标书要注意哪些问题？

（四）阅读分析

模仿"教师评析"的方法,对下面的投标书作全面评析：

投标书

长沙丰顺国际工程有限责任公司：

根据贵公司氧化球团工程项目招标采购及服务的招标邀请书提出的条件,经过踏勘项目现场和研究上述招标文件中的投标须知、合同条款、图纸、工程建设标准和工程量清单等有关文件后,我公司胡阳经理代表投标人云阳大学科技开发总公司,愿意承包智能润滑装置货物工程。

一、根据投标须知的要求提交的投标文件

（一）资格证明文件两份：正本壹份,副本壹份。

（二）技术文件伍份：正本壹份,副本肆份（包括开标一览表、投标货物数量及价格表、货物简要说明一览表、主要零部件价格表、随机备品备件清单及价目表）。

（三）商务文件两份：正本壹份,副本壹份。

（四）投标保证金,金额为人民币 20 万（贰拾万）元。

二、我公司的承诺

（一）所附投标报价表中规定的应提供和交付的货物投标总价为人民币118.07万元（壹佰壹拾捌万零柒佰元）。

（二）一旦我公司中标，我公司将按招标文件的规定完全接受招标文件中的合同条件，保证忠实地执行双方所签订的经济合同，并承担合同规定的责任义务。

（三）投标人已详细审查全部招标文件，包括修改文件（如需要修改）以及全部参考资料和有关附件。我公司完全理解并同意放弃对这方面有不明及误解的权利。

（四）投标有效期为自开标日期后30日内。

（五）保证遵守招标文件中的有关规定和收费标准。如果在规定开标日期后，投标人在投标有效期内撤回投标，其投标保证金将被贵公司没收。

（六）投标人同意提供按照贵公司要求的与其投标有关的一切数据或技术资料。

三、我公司的相关信息

地址：云阳市金源区五里铺路云阳大学科技开发总公司

邮编：320087　　　　　　　　电话：1390822××××

传真：88766655　　　　　　　开户银行：工行中环路支行

开户银行账号：6390822918711　开户银行电话：2145××××

投标人名称：云阳大学科技开发总公司

投标人代表姓名、职务：胡明阳经理

云阳大学科技开发总公司
二〇一三年十二月十日

附件：（略）

第五节　意向书

学习目标

一、技能目标

1. 能够分析意向书的结构模块
2. 能够根据提供的材料写作意向书

二、知识点

1. 意向书的含义和用途
2. 意向书的特点
3. 意向书的分类
4. 意向书的结构和写法
5. 写作意向书要注意的问题

任务导向

一、意向书的含义和用途

(一) 意向书的含义

意向书是当事人各方就某一项目在进入实质性谈判前所形成的表达合作意愿的应用文书。

(二) 意向书的用途

意向书能为合作对象进行实质性谈判奠定基础,是签订合同或协议书的前奏。

二、意向书的特点

(一) 协商性

意向书是当事双方或多方在办理某些重要事务之前,由一方表明基本意图和目的而经双方或多方认定、签署的一种用于协商的应用文书。其主要目的是征得对方同意,因而具有协商性。

(二) 灵活性

意向书的文字比较灵活,条款也比较原则,对实质性的关键问题不像合同那样需要作出具体、准确的表述,而只表达原则性的意向。在正式签订协议书、合同前,各方可随时变更或补充其他内容,最终达成协议。

(三) 临时性

意向书是合作的各方初步协商达成共同意向的记录,对促使合作的各方进一步协商而签订协议、合同具有导向作用。一旦正式签订协议、合同后,意向书的使命便告终结。

三、意向书的分类

(一) 条款式意向书

条款式意向书的格式类似合同,采用分条列项式写法。

(二) 书信式意向书

书信式意向书的格式采用书信文体的写作方式,对一系列具体问题只作轮廓式的表述。

四、意向书的结构和写法

意向书一般由标题、正文、尾部三个部分组成。

(一) 标题

常见的标题有两种形式。一种直接写文种,即"意向书";另一种由合作项目名称、文种两个要素构成。

(二) 正文

正文由导言、主体和结尾三个部分构成。

1. 导言。一般先写各方当事人的单位名称,因何事项进行了协商,以及合作的指导思想。接下来写"经协商,达成如下意向"一类承上启下的惯用语,导出主体部分。

2. 主体。这一部分是意向书的核心内容。一般写合作各方的意图及初步商谈后达成的倾向性认识和比较认同的事项,多采用分条列项的形式写作。各条项的内容要求相对独立和完整。

3. 结尾。一般写"未尽事宜,在签订正式合同时予以补充完善",以便留有余地。

(三) 尾部

写意向书签订各方单位的名称、签订时间、联系地址、联系人、电话号码、电子信箱等。

阅读例文

合资兴建轻工仪表机械公司意向书

上海浦东新区仪表公司(以下简称甲方),香港天意机械公司(以下简称乙方),本着"友好、平等、互利"的原则,拟以合资经营模式,在上海兴建轻工仪表机械公司,经协商,双方达成如下意向:

一、合资企业名称:上海轻工仪表机械公司;地址:甲方公司内,即上海市浦东新区湛江路71号。同时在浦西、香港两地分别设立销售部、技术服务部。

二、双方约定投资总额为3 000万元人民币,甲方出资1 200万元人民币,占总额40%,乙方出资1 800万元人民币,占总额60%。利润按双方投资比例分成。

三、合资企业的主导产品由甲方生产乙方所需的各类轻工仪表机械,产品95%以上由乙方出口销售。

四、甲方负责立项、组织生产及解决生产场地等;乙方负责提供先进设备、市场信息、产品样机图纸等。

五、双方合资期限为10年。期满后,经双方协商可继续合资经营。

六、有关产品价格由甲、乙双方协商议定。

七、合资兴建公司的未尽事宜,在正式签订合同或协议书时予以补充。

甲方:上海浦东新区仪表公司　　　　乙方:香港天意机械公司
代表:谢恩义　　　　　　　　　　　代表:马明华
二〇一三年十月十八日　　　　　　　二〇一三年十月十八日

教师评析

这份意向书的标题由合作项目名称和文种两个要素构成。正文开头一段是导言,说明合作双方当事人的单位名称,以及因何事项进行了协商。最后一个分句"经协商,双方达成如下意向",承上启下,导出主体部分。主体部分采用并列结构,写明商谈后达成的六个意向性认识和比较认同的事项。第七项属于结尾,说明"未尽事宜",以便留有余地。落

款写双方单位的名称、代表签字以及签订日期。

全文的结构模块为：标题（要素式）→正文[开头（原由式）→承启语（承上启下）→主体（并列式）→结尾（说明式）]→落款（单位名称、代表签字、签订日期）。全文主题鲜明，结构完整，条款原则性强，语言简明。

 小贴士

写作意向书要注意的问题

1. 要忠实地表达各方协商的事项。
2. 语言要体现意向书的特点。意向书所表达的内容都比较原则、笼统，这是为了给今后谈判和正式签订合同留有余地，因此，所使用的语言要富有弹性，不要把关键的条款写得太具体，以免今后处于被动地位。
3. 各条款的内容要合理合法。

 **技能训练**

一、分析意向书的结构，根据提供的材料写作意向书

 分析与写作

合资生产高档化妆品意向书

鲲鹏化学制剂公司（甲方）与金峰公司（乙方）本着平等互利的原则，于2012年12月8日在上海慧长宾馆，就合资生产高档化妆品事宜进行了初步协商，达成了如下合作意向。

一、约定内容

1. 甲乙双方愿以合资或合作形式建立合资企业，暂定名金鹏有限公司。建设期为2年，到2014年12月建成。双方意向书签订后，即向各方有关上级申请批准，批准的期限为3个月，即从2013年1月1日至3月31日完成。然后由甲方办理合资企业开业申请。

2. 总投资3 000万元人民币。本意向书签订后，甲方投资1 200万元；乙方投资1 000万元。项目批准后，甲方再投资400万元（以原厂房、水电设备、现有设施等折款投入）；乙方再投资400万（折算为美元投入，购买设备）。

3. 利润分配：各方按投资比例或协商比例分配。

4. 合资企业生产能力：（略）

5. 合资企业自营出口或委托有关进出口公司代理出口，价格由合资企业定。

6. 合资年限暂定20年，即自2013年1月到2032年12月。

7. 合资企业其他事宜按《中华人民共和国中外合资经营企业法》有关规定执行。

8. 双方将在各方上级批准后,于适当的时候再行具体协商有关合资事宜。

二、几点说明

1. 合资兴建公司的未尽事宜,在正式签订合同时予以补充。
2. 本意向书从即日起生效。
3. 本意向书一式两份,双方各执一份。

鲲鹏化学制剂公司(甲方)　　　　　金峰公司(乙方)
代表:焦大鹏(签字)　　　　　　　代表:韦素芬(签字)
二〇一二年十二月八日　　　　　　二〇一二年十二月月八日

 教学互动

1. 标题采用了哪一种写法?有什么特点?
2. 正文由哪几个部分构成?
3. 承启语在文中起什么作用?
4. 正文的结构模块是怎样的?
5. 落款通常要写哪些内容?不可缺少的内容是什么?

 教师评析

这份意向书的标题由合作项目名称和文种两个要素构成。项目名称标明了合作的核心内容。正文开头一段是导言,说明合作双方当事人的单位名称,以及因什么事项进行了协商。"双方约定"的煞尾分句,承上启下,引出主体部分。主体部分采用并列结构,写明商谈后达成的8个意向性认识和比较认同的事项。"几点说明"是结尾,说明有关事项及"未尽事宜"的处理方式。落款写双方单位的名称、代表签字以及签订日期。

全文的结构模块为:标题(要素式)→正文:开头(原由式)→承启语(承上启下)→主体(并列式)→结尾(并列式)→落款(单位名称、代表签字和签订日期)。

二、综合测试

(一) 填空

1. 意向书具有＿＿＿＿性、＿＿＿＿性和＿＿＿＿性三个特点。
2. 意向书能为合作对象进行实质性谈判奠定基础,是签订＿＿＿＿或协议书的前奏。
3. 意向书的格式有＿＿＿＿式意向书和＿＿＿＿式意向书两种形式。

(二) 解释名词

意向书

(三) 简答

1. 意向书的主体部分要写哪些内容?
2. 写作意向书要注意哪些问题?

第五章 经济文书

(四) 写作

根据下面的材料,替美姿印染有限公司和苏鑫化工有限公司撰写一份"购销意向书":

美姿印染有限公司是印染行业的骨干企业,在生产过程中,每年需要 800 多吨双氧水做漂白剂。目前,使用的双氧水都是在省外购进的。由于路途较远,运输成本较大。省内苏鑫化工有限公司筹建的年生产能力 2 000 吨的双氧水装置,计划于 2014 年年底试车投产。该项目采用国内外先进的双氧水生产技术,工艺设备先进,建成后将会以较低的价格投放市场。美姿印染有限公司若能使用苏鑫化工有限公司生产的双氧水,将会大大降低生产成本,获得良好的经济效益。为此,双方拟签订一份双氧水购销意向书。购销数量、年限、每吨的价格等问题,由双方代表根据各自的生产情况和市场行情协商决定。

写作提示:认真阅读并充分利用所提供的材料;注意内容完整,格式规范;缺少的项目,可以虚构补上。

第六章　诉讼文书

第一节　起诉状

一、技能目标
1. 能够分析起诉状的写作结构
2. 能够根据提供的材料写作起诉状

二、知识点
1. 起诉状的含义和用途
2. 起诉状的特点
3. 起诉状的结构和写法
4. 写作起诉状要注意的问题

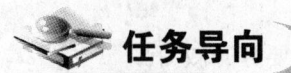

一、起诉状的含义和用途

（一）起诉状的含义
起诉状是案件的原告认为自己的权益受到侵犯而向法院陈述纠纷事实、阐明起诉理由、提出诉讼请求的诉讼文书。

起诉状分为民事起诉状和刑事起诉状。经济纠纷起诉状属于民事起诉状。

（二）起诉状的用途
当事人认为自己的权益受到侵犯而向法院陈述纠纷事实、阐明起诉理由、提出诉讼请求时使用起诉状。

二、起诉状的特点

（一）请求诉讼性
任何国家机关、社会团体、企事业单位和公民个人或其法定代理人向人民法院递交起诉状，便是提出了诉讼请求。

（二）适用范围的特定性
起诉状针对的是归人民法院管辖而未被审理过的案件。
（三）处理案件的参证性
起诉状本身就是一种处理案件时的证据。

三、起诉状的结构和写法

起诉状由首部、正文、尾部三个部分组成。

（一）首部

首部包括标题、当事人基本情况。

1. 标题。标明"起诉状"，如果起诉的是经济问题，还可写作"经济纠纷起诉状"。

2. 当事人基本情况。按先原告后被告的顺序分别列写。当事人是公民的，应依次写明姓名、性别、出生年月、民族、职业、工作单位和住址、邮政编码。当事人如果是法人，应写明法人全称、住所及其法定代表人姓名、职务。如系其他组织，应写明全称，住所，主要负责人姓名、职务。如果原告不止一人，按享受权利的大小分别列写；被告不止一人，则依其应尽义务大小列写。

当事人如果有委托代理人，另起一行写明代理人的姓名和基本情况。如果有第三人，则列写第三人姓名（或单位名称）和基本情况，并说明与原告、被告的关系。

（二）正文

正文包括请求事项、事实和理由、证据三个部分。

1. 请求事项。写明原告人在有关民事权益争议中的要求，如赔偿损失、清偿债务、履行合同、归还产权等。诉讼请求事项应当写得明确、具体，切忌笼统、含糊；提出要求要合法、合情、合理。

2. 事实和理由。事实和理由是民事起诉状的核心内容，一般要分开叙写。

（1）事实部分。事实是提起诉讼、实现诉讼请求的基础和依据，也是人民法院进行裁判的基础和依据。应写明原告、被告民事法律关系存在的具体事实，以及当事人双方权益争执的具体内容，包括时间、地点、涉及的人物、起因、发展过程、造成的结局以及双方争执的焦点等。原告如在争执中也有一定过错和责任，也应实事求是地写清楚。叙述事实一般以时间为顺序，突出主要情节和关键部分。在叙述事实的同时或在叙述事实以后，要提供相应的证据如物证、书证等，以及证据的来源和证人的姓名、职业、住址等。

（2）理由部分。根据民事权益争执的事实和证据，写明提出请求事项的理由和法律依据。要论证严密，说理中肯，恰当地引用法律条文。理由是对事实的概括与评说，应当依事论理，写明被告实施的侵权行为或者双方发生争议的权益的性质、已经造成的后果以及应当承担的民事责任等，然后依法论理，写明原告提起诉讼所援引的法律条款。

3. 证据和证据来源。证据是证明案件事实的真实性、可靠性的依据。证据对于能否胜诉具有决定性作用。

（三）尾部

尾部包括诉状递交的人民法院名称、落款和附件。

1. 写明本诉状所递交的人民法院名称，要顶格写。

2. 落款。包括起诉人签名盖章,具状的时间。
3. 附件。写明起诉状副本的份数,提交证据的名称和数量等。

阅读例文

起诉状

原告:牡丹江市联想鱼粉厂,地址:牡丹江市长椿街312号,邮政编码:157000,电话0453-6951××××

法定代表人:杜雪枫,男,1960年出生,职务:厂长

委托代理人:冯国强,男,1965年出生,职务:副厂长

驻沈阳联系人:胡长云,沈阳和平旅社302房间,电话:8767××××(下达传票等文书,由胡传递)

被告:沈阳市丰农养鸡场,场址:沈阳市朝阳区江海路,电话:4576××××

请求事项

索要货款4万元,并由被告偿付利息。利息按银行贷款利率计算,每月为312元。

事实和理由

2009年7月,被告与原告签订了购销鱼粉合同。合同规定,被告向原告购买国产鱼粉20吨,总货款为40万元,货到付款。7月20日,鱼粉送到后,被告不履行合同规定,以"现有钱款急于买饲料,暂欠几日,卖完鸡蛋即还"为理由,不付货款。原告因生产急需资金,故派人常驻沈阳索要,但被告均以同样理由一再拖欠,原告为了维持正常生产,不得不支付利息到银行贷款。至2010年7月13日,被告以效益不好,连年亏损,现已转为个人承包为理由写下一纸欠条,企图继续赖账。被告既然无钱,为什么能去购买饲料?为什么能扩建场舍,修筑院墙?既然连年亏损,付不起鱼粉钱,为什么还要和鱼粉厂签订购销鱼粉的合同,转嫁亏损于他人?被告无理抵赖货款,同时,不顾他人利益,利用他人资金,扩大生产,为己赚钱,缺乏经营道德。原告系集体企业,靠贷款和职工集资生存,被告占用原告大量生产资金,使原告生产陷入危机。原告已无法忍受,故诉至法院,请求人民法院依照《中华人民共和国合同法》第35条和《中华人民共和国民法通则》第84条第2款规定,判令被告一次性偿付货款40万元。

此致
沈阳市朝阳区人民法院

起诉人:牡丹江市联想鱼粉厂(印章)
法定代表人:杜雪枫(印章)
委托代理人:冯国强(印章)
二〇一〇年七月十七日

附件:1. 起诉状副本1份
   2. 购销合同复印件1份
   3. 被告人欠条复印件1份

教师评析

这是一份经济纠纷起诉状,由首部、正文、尾部三个部分组成。首部包括标题和当事人的基本情况两项。正文写明请求事项、事实和理由。请求事项具体、明确;发生纠纷的来龙去脉交代得非常清楚,重要事实以及争执的焦点写得明明白白;指明被告抵赖货款违反了国家的有关法律和法规,为实现诉讼请求奠定了基础,提供了依据。尾部写明本诉状所递交的人民法院名称,以及起诉人签名盖章、具状的时间,附件写明了起诉状副本的份数以及提交证据的名称和数量。

正文呈现的结构模块为:请求事项(叙述式)→诉讼事实和理由(叙述与议论结合)→证据及证据来源(说明式)。

 小贴士

写作起诉状要注意的问题

1. 请求事项的事实要具体、全面,数字必须准确无误。
2. 诉讼理由以充分的证据和明确清楚的事实为基础,案件事实和理由的因果关系十分清楚。
3. 引用的法律条文要准确、完备。
4. 叙述的人称要前后一致,如用第三人称时要称原告与被告。
5. 语言要准确、严谨,表述富有逻辑性。

 技能训练

一、分析起诉状的结构,根据提供的材料写作起诉状

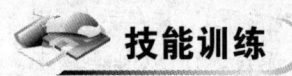

分析与写作 1

原告伍玉霞与被告伍玉贵是兄妹关系,二人的母亲早年去世。2010年3月15日,二人的父亲伍祥明去世,留下位于沧州市城关区邮政路15号的两居室住房一套、存款十万元,未留下遗嘱。被告伍玉贵擅自将父亲的存款十万元据为己有,并把父亲遗留的住房过户至自己名下,租给水果摊贩秦发明居住。当原告向被告要求共同分配父亲遗产时,被告拒绝返还原告应得的遗产份额。原告索要多次,被告均置之不理。原告认为,自己对父亲伍祥明尽到了赡养义务,请求人民法院根据事实和法律,保护妇女合法地位和正当权益,依法判令被告返还原告应继承的合法遗产。请根据以上材料,为原告伍玉霞撰写一份起诉状。

 教学互动

1. 首部要写明哪些内容?
2. 当事人基本情况要写明哪些内容?

3. 案由怎样写？要写明哪些法律依据？
4. 正文的结构模块是怎样的？
5. 尾部通常怎样写？

写作示例

起诉状

原告：伍玉霞，女，38岁，河北省沧州市化工产品经销处职工，住址：沧州市陵园区兴林街14号。

原告委托代理人：余辉，天平律师事务所律师。

被告：伍玉贵，男，42岁，河北省沧州市轮机厂职工，住址：沧州市陵园区兴安路52号。

诉讼请求

1. 判决被告返还原告应继承的存款遗产5万元。
2. 判决被告返还原告应继承的沧州市城关区邮政路15号两居室住房的一半产权（或判决被告返还原告应继承的沧州市城关区邮政路15号两居室住房一半产权的市场折合价30万元）。
3. 判决被告支付本案诉讼费。

事实和理由

原告伍玉霞与被告伍玉贵是兄妹关系，二人的母亲早年去世。2010年3月15日，二人的父亲伍祥明又因病去世，去世后留有位于本市城关区邮政路15号的两居室住房一套、存款10万元，未留下遗嘱。被告伍玉贵擅自将父亲的存款10万元据为己有，并把父亲遗留的住房过户至自己名下，租给水果摊贩秦发明居住。当原告向被告要求共同分配父亲遗产时，被告以原告已出嫁，结婚时父亲已陪付嫁妆8 000元为由，拒绝返还原告应得的遗产份额。原告索要多次，被告均置之不理。

原告认为，自己对父亲伍祥明尽到了赡养义务。原告结婚以后，每月都给予父亲400元生活费，并经常回家看望父亲；在父亲病重期间，原告整日守在医院看护父亲。上述事实原告和被告的叔父伍仁明已经作出了书面证明。

根据《中华人民共和国继承法》第9条和第10条规定，男女享有平等的继承权，且子女同属一个继承顺序，有平等的继承权。被告无视法律，侵犯原告的合法继承权。故请求人民法院根据事实和法律，保护妇女合法地位和正当权益，依法判令被告返还原告应继承的合法遗产，以实现原告之诉讼请求。

此致
沧州市城关区人民法院

起诉人：伍玉霞
二〇一一年一月二十日

附件：1. 本诉状副本1份
　　　2. 书证4份

教师评析

　　这是一份有关遗产纠纷的起诉状,由首部、正文、尾部三个部分组成。首部包括标题、当事人基本情况。当事人基本情况按先原告后被告的顺序分别列写,依次写明了姓名、性别、年龄、工作单位、职业和住址。正文包括诉讼请求、事实和理由两个部分。诉讼请求明确、具体;事实和理由部分对纠纷发生的来龙去脉、重要的事实情节如遗产、赡养等情况以及争执焦点,都交代得清楚明白,而且证据确实,理由充分。接着明确指出被告不让原告继承父母遗产的做法已违反有关法律规定,为实现诉讼请求奠定了基础。

　　正文呈现的结构模块为:请求事项(说明式)→诉讼事实和理由(叙述与议论结合)→证据及证据来源(说明式)。尾部写明递送起诉书的人民法院名称、落款、成文日期和附件。全文项目齐全,格式规范。

 分析与写作 2

　　根据以下材料,为原告北流市大丰乡 505 户村民撰写一份完整的起诉状。缺少的项目根据需要可以虚构补出来。

　　原告人:北流市大丰乡 505 户村民;被告人:北流市种子供应站;被告人:北流市水稻研究所原种场。

　　2010 年 12 月 2 日,北流市种子供应站将从原种场购买的 10 080 公斤湘花一号早稻种子,分别销售给了北流市大丰乡 505 户农民播种。用种户按照原种场随种子提供的技术资料,对种植在 1 344 亩责任田里的早稻实施田间管理,结果出现了抽穗不齐和早熟现象。经北流市农业局高级农艺师核实:用种户的早稻亩产量只能达到 240 公斤,比原种场的技术资料中提供的最低亩产量数据少 209 公斤,减产损失达 18 万余元。经调查,原种场提供给种子供应站的 10 080 公斤湘花一号稻种,是区域小面积试种品系,未经省农作物品种审定委员会审定。种子供应站称,稻谷出现抽穗不齐和早熟的现象后,种子供应站曾 7 次电告原种场派人来处理,但原种场均以种种借口未到现场处理。原种场称,大丰乡 505 户村民使用的湘花一号稻种,是原种场培育的新品种,因为今年气候反常,大丰乡 505 户村民未能采取相应的栽培措施,以致水稻减产。《种子管理条例农作物种子实施细则》第 30 条规定:"未经审定或未审定通过的品种不得经营、生产推广、报奖和广告。"第 40 条规定:"生产商品种子实行《种子生产许可证》制度。"

 教学互动

1. 首部要写明哪些内容?
2. 写作事实和理由部分要注意哪些问题?
3. 起诉状的结构模块是怎样的?
4. 正文的结构模块是怎样的?
5. 起诉状的尾部要写明哪些内容?

二、综合测试

（一）填空

1. 起诉状具有_____的诉讼性、_____的特定性和_____的参证性三个特点。
2. 起诉状由_____、_____和证据与证据来源三个部分组成。
3. _____和_____是民事起诉状的核心内容,一般要分开叙写。

（二）名词解释

起诉状

（三）简答

1. 起诉状的理由部分怎样写？为什么？
2. 写作起诉状要注意哪些问题？

（四）阅读分析

模仿"教师评析"的方法,对下面的起诉状作全面评析：

起诉状

原告：无锡市先达路桥公司

地址：无锡市锡山区马山路124号,电话：18214178

法定代表人：张中志；职务：科长

被告：登州市机械设备制造有限公司

地址：登州市道南路57号,电话：60850161

法定代表人：王梅,职务：销售经理

诉讼请求

一、要求被告立即退货,退还货款人民币59万元,并支付违约金人民币5.9万元。

二、诉讼费由被告承担。

事实和理由

2010年11月20日,我公司与被告签订了一份《挖掘机买卖协议》（见附件1）。2010年12月4日,挖掘机运抵施工现场开始使用。前两周运营正常,但从12月底开始,频频出现故障,影响了施工进程。被告尽管派人前来维修,但屡修屡坏,工作不能持续一整天。经无锡市标准质量检验所检验,产品存在质量问题,严重影响使用。其中有两项指标未达到国家标准（见附件2）,为不合格产品。《挖掘机买卖协议》第21条规定："产品质量不合格,应向对方退款并支付货款总额10%的违约金。"为此,我公司要求被告予以退货,退还我公司货款并支付违约金,但被告不同意。

根据《中华人民共和国合同法》第一百五十三条："出卖人应当按照约定的质量要求交付标的物。"被告向我公司交付的质量不合格产品,其行为已构成违约,应按照《控制机买卖协议》将59万元货款退还我公司,并支付5.9万元违约金,特提起诉讼,请贵院支持我公司的诉讼请求。

此致

无锡市崇安区人民法院

具状人:无锡市先达路桥公司
二〇一一年三月五日

附件:1.《挖掘机买卖协议》
　　　2.《检验证明》

第二节　答辩状

 学习目标

一、技能目标
1. 能够分析答辩状的写作结构
2. 能够根据提供的材料写作答辩状

二、知识点
1. 答辩状的含义和用途
2. 答辩状的特点
3. 答辩状的结构和写法
4. 写作答辩状要注意的问题

 **任务导向**

一、答辩状的含义和用途

（一）答辩状的含义

答辩状,指被告针对原告的起诉状,或被上诉人针对上诉人的上诉状向人民法院递交的进行辩护、反驳或答复的诉讼文书。

（二）答辩状的用途

被告人或被上诉人可以通过答辩状针对原告或上诉人提出的事实、理由以及请求事项,提出有针对性的答辩,阐明自己的理由和请求,维护自身的合法权益。

二、答辩状的特点

（一）使用对象的特定性

答辩状只能由被告或被上诉人提出。

（二）答辩内容的针对性

答辩状只围绕起诉状或上诉状的内容进行答辩。

（三）行文方式的论辩性

答辩状通过摆事实、讲道理,运用有利的证据、有关的法律条文进行论辩和反驳。

三、答辩状的结构和写法

答辩状由首部、正文和尾部三个部分组成。

(一) 首部

首部包括标题、答辩人基本情况和案由。

1. 标题。写"答辩状",如果答辩的是经济问题,还可以写作"经济纠纷答辩状"。如属二审程序的答辩,要写明"上诉答辩状"或"经济纠纷上诉答辩状"字样。

2. 答辩人基本情况。这部分具体写法与起诉状中的当事人基本情况的要求相同。需要注意的是,不同审级的答辩状,此栏目所写的要求不同,一审答辩状只写答辩人个人基本情况,不写被答辩人。二审答辩状,除了写明答辩人个人基本情况外,还应写明被答辩人的个人基本情况,并注明他们在原审中的诉讼地位。

3. 案由。概括地写明对何单位或对上诉的何案进行答辩。一般写"答辩人于×××年×月×日收到××法院转交来原告人(或上诉人)因××一案的起诉状(或上诉状),现答辩如下"。

(二) 正文

正文是答辩状的核心内容,主要写明答辩理由和答辩意见。

1. 答辩理由。明确回答原告人或上诉人所提出的诉讼请求,阐明本方对争议事实的主张和理由。一般来说,答辩理由可从以下几个方面提出:

(1) 针对所写事实不实进行反驳。事实是判断是非的基础,人民法院审理案件必须以事实为依据。起诉状、上诉状叙述的事实可能有三种情况:其一,全部事实都是真实的;其二,全部事实都是虚假的;其三,部分事实真实、部分事实虚假。撰写答辩状应当针对上述三种情况,有所侧重地摘引对方的原话,据实答复,用事实进行反驳。

(2) 针对适用法律不当进行反驳。无理的诉讼请求难免在说理过程中出现语言逻辑混乱、观点与材料相矛盾、违背人情常理等问题。答辩状只要能够准确地指出这些问题,就可以反驳对方的主张,使对方陷入被动。

(3) 针对原告人(或上诉人)违反法定程序进行反驳。如已超过诉讼时效或不具备起诉条件等。

2. 答辩意见。在充分阐明答辩理由的基础上,提出对本案的处理意见,请求人民法院予以合理裁决。

(三) 尾部

尾部包括递交的人民法院名称、落款和附件,写法与起诉状相同。

阅读例文

答辩状

答辩人:香港恒冠置业有限公司;地址:香港沙田区弥敦街89号

法定代表人:顾秀恒,男,52岁,董事长

委托代理人:周小勇,顺通律师事务所律师
被答辩人:广东省汕头市海晨房地产开发有限公司;地址:汕头市南昌路191号
法定代表人:赵树良,男,48岁,总经理

答辩人就被答辩人诉请返还双方在合作开发西河花园项目所产生的欠款人民币5.4亿元一事,提出如下答辩意见:

一、答辩人对起诉状中有关双方合作开发西河花园的事实没有异议;对起诉状中有关双方于2008年9月6日签订的《合作开发西河花园合同书》约定的双方的权利和义务的内容没有异议。

二、答辩人对起诉状中的下列内容有异议

(一)关于案情部分

答辩人对起诉状中有关答辩人擅自处分西河花园房产的事实有异议。由于双方的合作开发行为未经政府有关主管部门批准,只有被答辩人才是名义上的开发商,答辩人根本无法自行处分西河花园的房产。根据双方于2008年9月签署的《会谈纪要》,被答辩人同意将西河花园交由答辩人包销,包销价为每平方米15 000元,包销价低于实际销售价的差额,属于答辩人所有,由答辩人负责纳税,包销价高于实际销售价,双方以包销价进行结算。随后,被答辩人向答辩人提供了盖有被答辩人公司公章的空白售房合同供答辩人售房使用,因此,被答辩人称答辩人擅自处分西河花园房产不符合事实。

(二)关于诉讼请求部分

1. 关于请求理由。被答辩人诉请答辩人返还欠款人民币5.4亿元,理由是该款是西河花园的售房款,不能由答辩人独占。答辩人认为,该款实际上是西河花园包销价与实际销售价的差额,并非答辩人对被答辩人的欠款。根据答辩人与被答辩人签署的《会谈纪要》约定,该款属于答辩人所有,是答辩人的合法所得,故答辩人不同意被答辩人的诉讼请求。

2. 关于证据。被答辩人只向法院提供了双方签订的《合作开发西河花园合同书》,以及答辩人与购房者签订的《房屋买卖合同》,而没有向法院提供双方签订的《会谈纪要》,答辩人对此有异议,答辩人认为,《会谈纪要》是本案的重要书证,特向法院提供双方签订的《会谈纪要》复印件,请法院予以认定。

3. 关于请求依据。被答辩人请求的依据是《中华人民共和国民法通则》第92条的规定,该条是有关不当得利的规定。答辩人认为,答辩人取得的5.4亿元包销差价款,有双方签署的《会谈纪要》为据,答辩人的行为不属不当得利,而是有合法的依据,根据《中华人民共和国民法通则》第72条的规定,以及《汕头市关于房地产包销的若干规定》第248条的规定,该5.4亿元包销差价款应属答辩人所有。

答辩人还认为,本案答辩人与被答辩人之间除了签订《合作开发西河花园合同书》,双方还签订了《会谈纪要》,因此,双方除了有合作开发的法律关系外,还有包销的法律关系,现被答辩人故意隐瞒双方的包销关系,目的是为自己谋取不当利益,答辩人在此请求法院全面查清本案的事实。

综上所述,答辩人认为,被答辩人的起诉缺乏事实和法律依据,请法院驳回其诉讼请求。

第二节　答辩状

　　此致
汕头市中级人民法院

答辩人：香港恒冠置业有限公司
二〇一〇年一月九日

　　附件：1. 本答辩状副本1份
　　　　　2. 书证4份

 教师评析

　　这是一份经济纠纷答辩状，由首部、正文、尾部三个部分组成，格式和语言都符合规范。首部包括标题、当事人基本情况和案由。标题标明了文种名称；答辩人、被答辩人的基本情况，包括单位的全称、地址，法定代表人的姓名、性别、年龄、职务等；案由写明对何案进行答辩。正文紧扣案由，答辩部分有理有据，重点突出，语言简明，条理清楚，而且运用法律准确，反驳有力，论辩性很强。在充分阐明答辩理由的基础上，提出对本案的处理意见，请求人民法院予以合理裁决。正文的结构模块为：答辩理由（说明式）→答辩意见（叙述与议论结合，并列式结构）。尾部写明答辩状致送的人民法院名称、落款、日期和附件。

 小贴士

写作答辩状要注意的问题

　　1. 据理反驳。抓三个环节：一是抓住对方陈述的错误事实或引用法律条文的错误予以反驳；二是列举事实反驳论据；三是经过分析论证，推出合乎逻辑的结论。
　　2. 抓准关键。即找准争执的焦点、问题的要害。
　　3. 注意答辩时限。我国民事诉讼法规定，被告在收到起诉状副本10天内提交答辩状；被上诉人在收到上诉状副本15日内提交答辩状。

 技能训练

一、分析答辩状的结构，根据提供的材料写作答辩状

 分析与写作

　　根据本章第一节"分析与写作2"的材料，有针对性地写一篇完整的答辩状。缺少的项目根据需要可以虚构补出来。

 教学互动

　　1. 答辩状的结构模块是怎样的？
　　2. 写作答辩意见要关注哪些问题？

3. 起诉状和答辩状的各个组成部分在哪些方面有所不同？
4. 这份答辩状的正文呈现的结构模块是怎样的？
5. 答辩状的尾部要写哪些内容？

二、综合测试

（一）填空

1. 答辩状具有使用对象的_____性、答辩内容的_____性和行文方式的_____性三个特点。
2. 答辩状只围绕_____状或_____状的内容进行答辩。
3. 正文是答辩状的核心内容，主要写明答辩_____和答辩_____。

（二）解释名词

答辩状

（三）简答

1. 答辩状的答辩理由可以从哪几个方面提出？
2. 写作答辩状要注意哪些问题？

（四）阅读分析

模仿"教师评析"的方法，对下面的答辩状作全面评析：

民事答辩状

答辩人：登州市机械设备制造有限公司
地　址：登州市道南路57号；电话：60850161
法定代表人：王梅；职务：销售经理

　　答辩人因无锡市先达路桥公司诉登州机械设备制造有限公司买卖合同纠纷一案，特答辩如下：
　　一、此台挖掘机是我公司从韩国原装进口的，有经韩国现代公司检测的质量合格证书（见附件）。
　　二、原告依据无锡市标准质量检验所检验的报告，没有任何说服力。他们属于同一地区，不能保证标准检测的公正性。我公司要求贵院安排重新检测。
　　综上所述，我公司一直严格履行《挖掘机买卖协议》的约定，交付的挖掘机质量合格。原告自己使用不当造成挖掘机故障，一切后果应由其自行承担，与我公司无关。请贵院依法公正裁决，驳回原告无理请求。
　　此致
无锡市崇安区人民法院

答辩人：登州市机械设备制造有限公司
二〇一一年三月十五日

附件：质量检验合格证书

第三节 上诉状

一、技能目标
1. 能够分析上诉状的写作结构
2. 能够根据提供的材料写作上诉状

二、知识点
1. 上诉状的含义和用途
2. 上诉状的特点
3. 上诉状的结构和写法
4. 写作上诉状要注意的问题

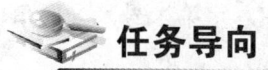

一、上诉状的含义和用途

(一) 上诉状的含义

上诉状指诉讼当事人或其法定代理人不服第一审人民法院的判决或裁定,向上一级人民法院提起上诉,请求撤销、变更原审裁判,或重新审判而提出的诉讼文书。

(二) 上诉状的用途

上诉状是第二审人民法院受理案件,并进行审理的依据。第二审法院通过上诉状了解上诉人不服第一审裁判的理由。

二、上诉状的特点

(一) 提起上诉的直接性

诉讼当事人或其诉讼权利承担人、法定代表人、特别授权委托代理人都可以直接提出上诉状。

(二) 针对性

上诉状要直接指出第一审法院判决认定事实的错误、原判理由的不充足或适用法律的错误。

(三) 时限性

上诉状必须在法院规定的有效时间内上诉,超过规定的时间则会被视作服从一审判决。

三、上诉状的结构和写法

上诉状由首部、正文、尾部三个部分组成。

(一) 首部

首部包括标题、当事人基本情况、案由。

1. 标题。写明"上诉状",如果上诉的是经济问题,还可以写作"经济纠纷上诉状"。

2. 当事人基本情况。写明上诉人和被上诉人的身份等内容,其写法与起诉状中当事人基本情况的要求相同。但在上诉人和被上诉人后面要分别用括号注明他们在原审中的地位。如上诉人(原审原告)×××、被上诉人(原审被告)×××。

3. 案由。即不服第一审判决或裁定的原由。

这是由一段叙述上诉原因的固定格式文字组成的,内容包括罪名、原审人民法院名称、判决或裁定的时间、文书名称、编号以及上诉表述等。具体表述为:"上诉人因×××一案,不服×××人民法院于××××年×月×日×法民初字第×号的判决(或裁定),现提出上诉。"

(二) 正文

正文包括上诉请求和上诉理由。

1. 上诉请求。概括写明请求第二审法院撤销或变更原审判决或裁定,或请求重新审理。如:"请求撤销×××人民法院于××××年×月×日〔201×〕×字第×号××民事判决,宣告上诉人未违反法律规定。"

2. 上诉理由。这是上诉状的关键所在。可从四个方面写明理由:

(1) 针对原审判决和裁定对事实的认定有错误、出入和遗漏而提出纠正。

(2) 针对原审判决或裁定对事实的定性不当,而提出恰当的定性判断。

(3) 针对原审判决或裁定引用的法律条文不准、不正确,而提出正确适用的法律根据。

(4) 针对原审判决或裁定不合法定程序,而提出纠正的法律依据。

(三) 尾部

尾部包括上诉状递交的人民法院名称、落款和附件,写法与起诉状相同。

阅读例文

上诉状

上诉人:海城市金利发超市有限公司

公司地址:海城市刘洋路 127 号

被上诉人:邱××,女,34 岁,原海城市金利发超市有限公司员工

家庭住址:海城市徐怀巷 49 号

联系电话:43123421

上诉人与被上诉人因劳动合同纠纷一案,不服××区人民法院〔2010〕×民初字第 9 号民事判决,现提起上诉。

上诉请求

1. 撤销原判,改判上诉人不需支付被上诉人未签订劳动合同的双倍工资差额3 210元。

2. 诉讼费用由被上诉人承担。

上诉理由

1. 上诉人与被上诉人存在实质的劳动合同,被上诉人故意不与上诉人改签规范的劳动合同,无权要求双倍工资。上诉人与被上诉人签订了《2008年财务文员考核协议》,该协议署明了用人单位名称、劳动者的姓名、劳动合同期限、工作内容和工作地点、工作时间和休息休假、劳动报酬等事项,符合《中华人民共和国劳动合同法》第十七条的规定,名为"考核协议",实为双方签订的实质性的劳动合同。

双方签订的《2008年财务文员考核协议》第三条第9款,约定被上诉人的工作职责为:严格按员工聘任管理制度和程序办理员工入职、在职和离职手续。负责具体考勤统计,每月按时统计和打印考勤表,提供财务核算及发放工资的依据,保管员工入职手续等一切资料。而依照《员工聘任管理协议》第三条规定被上诉人本应在入职后一个月内为自己改签劳动局规范的劳动合同,但被上诉人为达到谋取双倍工资的目的,给其他员工改签了规范的劳动合同,却未为被上诉人自己改签。因为保管人事档案是被上诉人的职责,所以员工的劳动合同都保存在被上诉人手中,上诉人一直以为被上诉人为其签订了规范劳动合同。

被上诉人为了谋取私利,利用工作便利,在与上诉人签订《2008年财务文员考核协议》后,故意不与上诉人改签规范的劳动合同,属于××省高级人民法院、××省劳动争议仲裁委员会《关于适用〈劳动争议调解仲裁法〉、〈劳动合同法〉若干问题的指导意见》第二十一条第二款之情形,依法不须支付双倍工资。

2. 原审法院判决书认定双倍工资差额为3 210元存在明显的错误。

依照原审法院在事实查明部分的数据,可以计算得出被上诉人20××年×月××日至20××年×月××日的工资总额为3 210元,但一审法院认定上诉人应支付被上诉人二倍差额为6 420元,重复计算了3 210元,属于明显计算错误。

综上所述,一审判决认定事实错误,适用法律不当,请求贵院依法查清事实,支持上诉人的诉讼请求。

此致

××市中级人民法院

上诉人:海城市金利发超市有限公司

二○××年×月×日

附件:1. 上诉状一式两份

2. 一审法院判决书复印件

 教师评析

这份上诉状。由首部、正文、尾部三部分组成。首部包括标题、当事人基本情况、案由。标题标明了文种;当事人基本情况写明了上诉人和被上诉人的身份等内容;案由包括了原罪名、一审人民法院名称、判决时间、文书编号以及上诉表述。正文包括上诉请求、上诉理由两个部分。上诉请求明确请求第二审法院撤销一审判决;上诉理由部分陈述了案件的基本情况和要求撤销一审判决的理由,并列举了证据,证明一审人民法院的判决不当。正文的结构模块为:→上诉请求(说明式)→上诉理由(叙述与议论结合,并列式结构)。尾部符合上诉状的常规写法。

写作上诉状要注意的问题

1. 要有针对性,要有的放矢。
2. 语言要明晰、简洁,条理要清楚,逻辑性要强。
3. 要在法定限期内将上诉状递交上一级人民法院。判决的上诉期限为15天,逾期上诉无效。

一、分析讨论下列材料,并根据提供的材料写作上诉状

通化市铁山经贸公司委托非本公司人员江太平去黑龙江省采购木材。江太平与黑龙江省北山林场订立了一份木材购销合同,并于2009年7月将3 400立方米板材发给铁山经贸公司,但货款没付清,尚欠9万元。2010年9月,黑龙江省北山林场以江太平为被告,向法院起诉,请求偿还木材款。法院受理后,在审理时,将江太平个人经营的登宝木器制作公司作为被告,并作出如下判决:(1)由被告偿还原告木材欠款9万元;(2)被告于2010年11月底前将欠款全部还清;(3)诉讼费由被告江太平承担。江太平不服上述判决,提起上诉。请为江太平写作一份诉讼文书。

1. 原审将登宝木器制作公司列为被告有无道理?江太平有无还款义务?
2. 应当使用哪一种诉讼文书?
3. 首部需要写明哪些内容?
4. 正文需要写哪几部分内容?各部分如何写?
5. 尾部的常规写法包括哪些内容?

写作示例

上诉状

上诉人(原审被告):登宝木器制作公司;地址:通化市湖北路121号
法定代表人:江太平;职务:经理
被上诉人(原审原告):黑龙江省北山林场
法定代表人:王国胜;职务:场长

上诉人因木材欠款一案,不服××人民法院于2010年11月9日〔2010〕法经字第36号判决,现提出上诉。

上诉请求

请求撤销××人民法院〔2010〕法经字第36号判决,判决上诉人无罪。

上诉理由

一、上诉人根本不欠被上诉人货款。原审在判决书中,将登宝木器制作公司列为被告,这是毫无道理的。被上诉人在原审中所追索的货款,是被上诉人在2009年7月间同通化市铁山经贸公司(以下简称铁山经贸公司)之间发生的业务,而登宝木器制作公司当时还没有成立(2010年5月才成立),从未与黑龙江省北山林场发生过业务。

二、江太平没有还款义务。因为江太平是受铁山经贸公司的委托作为代理人为其购买木材,货物是直接发给铁山经贸公司并经其验收和使用的,理所当然要付货款。《中华人民共和国民法通则》第63条第二款规定:"代理人在代理权限内,以被代理人的名义实施民事法律行为。被代理人对代理人的代理行为,承担民事责任。"所以,以江太平为被告也是错误的。

根据以上两点,上诉人认为,本案被告应是铁山经贸公司,请人民法院秉公断案,以维护上诉人的合法利益。

此致
××市中级人民法院

上诉人:登宝木器制作公司
二〇一〇年十一月十五日

附件:1. 上诉状一式两份
   2. 一审法院判决书复印件

教师评析

这份上诉状由首部、正文、尾部三部分组成。首部包括标题、当事人基本情况、案由。标题标明了文种;当事人基本情况写明了上诉人和被上诉人的身份等内容;案由包括了原承担债务责任、一审人民法院名称、判决时间、文书编号以及上诉的表述。正文包括上诉请求、上诉理由两个部分。上诉明确请求第二审人民法院撤销一审判决;上诉理由部分简要叙述案件的基本情况,陈述了充分的理由,列举了证据,证明一审人民法院的判决是不正确的。正文的结构模块为：上诉请求（说明式）→上诉理由（叙述与议论结合，并列式结构）。尾部符合上诉状的常规写法。

二、综合测试

（一）填空

1. 上诉状是第_____审人民法院受理案件，并进行审理的依据。
2. 上诉状的正文包括上诉_____和上诉_____两项内容。

（二）解释名词

上诉状

（三）简答

1. 写上诉状理由时，通常要考虑哪些方面的问题？
2. 写作上诉状要注意哪些问题？

第四节　申诉状

一、技能目标

能够分析申诉状的写作结构

二、知识点

1. 申诉状的含义和用途
2. 申诉状的特点
3. 申诉状的结构和写法
4. 写作申诉状要注意的问题

一、申诉状的含义和用途

（一）申诉状的含义

申诉状指案件的当事人或法定代理人，认为已经产生法律效力的判决或裁定有错误而向原审人民法院提出申诉，请求复查纠正或重新审理的诉讼文书。

（二）申诉状的用途

申诉状是保护当事人合法权益的诉讼文书，但是当事人向人民法院递交申诉状后，并不能停止已生效的判决或裁定的执行。

二、申诉状的特点

（一）不受限制性

不论是否经过上诉,裁判是否执行完毕,都可以提交申诉状。提交申诉状不影响判决或裁定的执行。

（二）效应难测性

申诉状只是能否引起重新审判的参考材料,不一定就能引发重新审理程序的启动。

三、申诉状的结构和写法

申诉状的结构和写法与上诉状基本相同,不同之处主要有以下五点:

（一）标题

标题应写明"申诉状",如果申诉的是经济问题,还可以写作"经济纠纷申诉状"。

（二）当事人基本情况

当事人基本情况可不写"被申诉人"一项。

（三）尾部

尾部致送的人民法院为原审人民法院名称,要顶格写。

（四）落款

落款要用"申诉人"的身份。

（五）附件

指附上原审判决书或裁定书的原件复印件。

阅读例文

申诉状

申诉人:刘×明(被害人死者刘×平之兄),男,31岁,汉族,××市人。

案由:××省高级人民法院高刑终字〔2010〕第44号判决书对于杀人犯彭××在定罪和量刑上均有失公正,认定的事实亦有出入。

申诉请求

请求终审法院按照审判监督程序,重新审理此案。

申诉理由

1. 判决书定彭××为伤害致死人命罪是不恰当的。我认为彭应定为故意杀人罪。因为刘×平并未对彭或其他人造成任何人身威胁,彭××没有必要用三棱刮刀来主持"正义"。他如果真是出于"正义",不是出于故意杀人的动机和目的,在刘×平赤手空拳的情况下,完全可以采取劝阻和以理服人的方法。为什么要选择最要害的部位——心脏,一刀刺死刘×平呢?

2. 判决书认定事实有出入。判决书说修建队书记要去医院看病,刘×平进行拦截和挑衅,这与事实不符。事实是:我母亲多次去找修建队要求解决工作问题,遭修建队队长袁××毒打。为此,我母亲找到××区委和××法院,但都未作处理,仍叫我母亲找修建队书记。7月4日我母亲找到书记杨××后,又遭到书记的打骂。然后书记要坐卡车上医院。我母亲因受了打骂,故拦住其车,要求解决问题。可是他们强行把我母亲拉开,把车开走了。我和我母亲也走路去了医院。在这个过程中,我弟弟刘×平根本不在场,何来的"拦截"和"挑衅"呢?到了中午12点,刘×平找我母亲回家吃饭。彭××从仓库里拿出三棱刮刀,一刀刺中刘×平的心脏然后穿过马路逃跑了。我弟弟刘×平怎么会跟他们"挑衅"?彭××刺死我弟弟并逃跑,为什么判决书对此只字不提?

3. 省高级法院终审判决书以刑法第134条第2款之规定,判处彭××有期徒刑7年,实属定性不当,适用法律错误,判刑太轻。本案被告人犯的是故意杀人罪,应按《中华人民共和国刑法》第×××条惩处。为此,申诉人请求法院对此案重新复查审理,依法对杀人犯彭××从严惩处,替我弟弟刘×平申冤,以维护法律的尊严,保护公民的合法权益。

此致
××省高级人民法院

申诉人:刘×明
二〇一〇年十二月六日

附件:原审判决书复印件

 教师评析

　　这份申诉状由首部、正文、尾部三部分组成。首部包括标题、申诉人基本情况、案由。标题标明了文种;当事人只需写明申诉人基本情况;案由包括了原罪名、原审人民法院名称、判决时间、文书编号以及申诉内容。正文包括申诉请求与申诉理由两项。申诉请求明确请求原审法院撤销原审判决;申诉理由部分简要叙述事情发生的过程,陈述理由,分析道理,说明原审人民法院判决不公,认定事实有出入。同时要求原审法院重新复查审理,依法严惩杀人犯。正文的结构模块为:申诉请求(说明式)→申诉理由(叙述与议论结合,并列式)。尾部符合申诉状的常规写法。最后是附件。

 小贴士

写作申诉状要注意的问题

1. 对申诉的事实务必求全、求真。
2. 要实事求是。对原审裁定中正确的、属实的处理,应承认其恰当性而不应反驳。
3. 最好能提供新的证据。

一、从写作的角度,对下面的申诉状作全面评析

 分析与写作

申诉状

申诉人(原审被告):××市红叶百货公司
法定代表人:马瑞发(总经理)

申诉人因货款纠纷一案不服××人民法院〔2010〕民字34号裁定书,认为该裁定书认定事实不准,裁定不公正,特提起申诉,请求改判。

申诉理由如下:

申诉人和被申诉人于2009年11月1日签订购销合同两份:一份是申诉人向被申诉人订购HD型男女皮棉鞋1 200双,另一份是订购各式男女皮夹克1 000件。因这些商品具有很强的季节性,双方协议确定:必须于2009年11月20日前,将上述商品送达××市红叶百货公司,以应市场需求。

可是,上诉人未按协议约定将上述商品按时送达我公司。其中,皮夹克于2010年2月21日才送达,延期达三个多月,大大错过了冬季市场的销售旺季,致使这些商品积压于仓库,严重影响了申诉人的资金周转,至今尚有男女皮棉鞋970双、各式男女皮夹克890件没有卖出去,共折合人民币109万余元。

尽管如此,为照顾彼此之间的商业信誉,申诉人曾于2010年4月17日出具《经济纠纷答辩状》,说明了拖欠货款的原因,主动提出偿还货款的计划。

不料,贵院在未进行调查研究的情况下,却判决"……依法采取诉讼保全措施……冻结红叶百货公司在××市公园路信用社的银行存款100万元"。这是不公允的。申诉人重申:仍然按照2010年3月31日提出的还款计划执行。对于目前库存积压的商品,积极采取削价处理措施,将实收货款付给被上诉人;或将积压的商品退回给被上诉人,退回中发生的运杂费,可由申诉人负担。

此致
××市人民法院

申诉人:××市红叶百货公司
法定代表人:马瑞发总经理
二○一○年六月九日

教学互动

1. 首部需要写明哪些内容?
2. 正文需要写哪几部分内容?
3. 写作申诉状的事实和理由有哪些要求?
4. 这份申诉状的结构模块是怎样的?
5. 尾部的常规写法包括哪些内容?

二、综合测试

(一) 填空

1. 申诉状具有不受_____性和效应_____性两个特点。
2. 提交_____状不影响判决或裁定的执行。

(二) 解释名词

申诉状

(三) 简答

写申诉理由时,通常要考虑哪些方面的问题?

第七章 科技文书

第一节 概 述

学习目标

一、技能目标
能够分辨不同类型的科技文书

二、知识点
1. 科技文书的含义
2. 科技文书的特点
3. 科技文书的分类

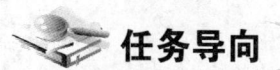
任务导向

一、科技文书的含义

科技文书是人们用于科学技术、学术研究和科技管理等方面的应用文书。科技文书将人们从事科学技术活动的成果以书面形式记录在各种文稿、手稿、资料和出版物中,以实现科学技术信息的生产、交流、传播和普及,实现把科学技术转化为生产力的目的。科技文书的含义有狭义和广义两种解释,狭义的科技文书主要指自然科学和工程技术方面的文书;广义的科技文书不仅包括自然科学和工程技术方面的文书,而且还包括经济科学、人文科学等方面的文书。本章所讲的科技文书,是指广义的解释,而且只讲人文科学方面的科技文书。

二、科技文书的特点

(一)科学性

科技文书的写作与其他文体写作最根本的区别在于它是记录科技领域的活动成果。它的生命在于科学性。要做到科技文书的科学性,必须有实事求是的工作态度,要深入调查,从客观实际出发,做到观点客观、正确,材料真实,数据可靠确凿,论证周密、严谨,语言准确。

第七章　科技文书

（二）创造性

科技文书的价值体现于创造性。中华人民共和国国家标准《科学技术报告、学位论文和学术论文的编写格式》规定：科技论文"是某一学术课题在实验性、理论性或观测性上具有新的科学研究成果或创新见解和知识的科学记录；或是某种已知原理应用于实际中取得新进展的科学总结，用以提供学术会议上宣读、交流或讨论；或在学术刊物上发表；或作其他用途的书面文件"。科技文书"应提供新的科技信息，其内容应有所发现、有所发明、有所创造、有所前进，而不是重复、模仿、抄袭前人的工作"。这一规定突出了"新"字，也就是科技文书的创造性。

（三）理论性

科技文书论述严整，一篇文书理当自成一个理论认识系统。在结构上，要求有严密的逻辑性、系统性。从提出问题到解决问题，要围绕一个中心，一环紧扣一环，把所有内容都纳入一个缜密的推理过程之中。科技文书记录的不是一般的科技活动的现象和过程，也不是浅显的经验法则，而是对事物的本质和规律的深刻认识，因此其理论性还体现在内容的深度上。上升到一定高度的观点和认识，才能成为科技文书的内容核心。

（四）实用性

科技文书与科技发展紧密结合，记载和描述科学技术发展、产品更新换代，交流科技信息，解决科技领域问题，具有较强的实用性。例如将一项发明专利转化为产品，其发明的专业论文和专利申请书就具有鲜明的实用性。一篇研究探讨企业发展的经济论文，可能会对企业发展产生或多或少的影响，因而也具有现实性。

三、科技文书的分类

（一）科技实验报告

科技实验报告，指报告科技工作的实验报告、科技调研报告、课题开题报告、产品设计报告等报告类科技文书。科技实验报告是科学研究和产品开发过程中经常使用的科技文书。这类科技文书反映科技动态，交流信息，可为科技管理部门或工程立项部门提供决策依据。

（二）科技论文

科技论文，指反映作者在科学技术方面的见解为主的科技文书，包括学术论文、科技论文两类。学术界通常把表述学术观点的自然科学论文或人文科学论文称为学术论文，将表述应用技术的论文称为科技论文。

（三）科普文章

科普文章，指普及科学技术知识的文章。它的主要作用是普及科技知识，培养人们爱科学、用科学、抵御迷信和伪科学的科学素养。

第二节　学术论文

一、技能目标
1. 能够结合专业特点选择论题和收集材料
2. 能够运用常见的论证方法写作浅易的学术论文

二、知识点
1. 学术论文的含义
2. 学术论文的写作过程
3. 学术论文的选题原则
4. 学术论文的结构和写法
5. 学术论文常用的论证方法

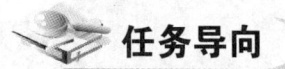

一、学术论文的含义

学术论文是科学技术成果的书面表达形式,是在科学研究和科学实验的基础上,对社会科学、自然科学和专业技术领域里某些现象和问题进行科学的分析与阐述,以揭示其本质和规律的议论形式。按研究对象划分,学术论文可分为人文科学学术论文和自然科学学术论文两种。

前中国科学院院长卢嘉锡曾说过:"一个只会创造不会表达的人,不能算一个真正合格的科学工作者。"一般来说,本、专科的毕业论文大致可以算作学术论文的初级阶段。写作毕业论文既是高等院校一个重要的教学实践环节,也为学生毕业后走向社会或将来从事科学研究工作打下基础。人文学科的毕业论文属于人文学科的学术论文。本节只以人文科学的毕业论文为例,讲述人文科学学术论文的写作。

二、学术论文的写作过程

完成一篇毕业论文(学术论文)一般都要经过以下几个步骤:确定选题,确定论点;搜集资料,阅读参考文献;研究、评价、整理材料;撰写提纲;起草;加注;反复修改;定稿。

(一) 确定论文的选题

选题是撰写毕业论文的第一步,也是影响毕业论文成败的具有决定性意义的关键一步,需在导师的指导下确定。所谓选题,就是选择毕业论文的论题,即在写作毕业论文之前,选择确定所要研究、论证的问题。选题并非仅仅给文章定个题目和简单地规定个范围,选择毕业论文题目的过程,就是初步进行科学研究的过程。通过选题,可以大体看出作者的研究方向和学术水平。爱因斯坦曾经说过,在科学面前"提出问题往往比解决问题更重要"。提出问题是解决问题的第一步,选准了论题,就等于完成了论文写作的一半。毕业论文可以从以下几个方面进行选题:

1. 从学习强项或兴趣出发选择论题。
2. 从实习、社会调查或社会实践中所发现的问题中选择论题。
3. 从有必要进行补充或纠正的课题中选择论题。
4. 从生产、生活中发现问题,以及从所学学科的现状、发展前沿性问题中选择论题。

(二)收集与论文选题有关的材料

选题离不开材料的收集和整理。收集材料通常可以通过图书馆、资料室查阅,还可以到网上搜寻。人文科学论文可以通过问卷调查、访问调查、座谈会调查等方法,获得第一手事实材料。有了充分的材料以后,要按真实、新颖、典型的原则,做好阅读、整理、分类和筛选工作。

(三)编制论文写作提纲

编制写作提纲是论文起草前不可缺少的一项重要工作。通过拟写提纲,实现以下目的:

1. 初步确定论文的标题。
2. 确定论文的中心思想,写出主题句子。
3. 确定论文的总体框架,安排各分论点的次序。
4. 确定大的层次段落,确定每个段落的段旨句。
5. 确定每段选用的材料,标出材料名称、页码、顺序。

编制论文写作提纲一般可以采取标题法或句子法。

标题法,即以标题形式把论文所要阐述的内容概括出来。

句子法,即以句子形式概括各部分内容。一个句子概括一个部分的内容。

三、学术论文的选题原则

(一)重视选题的实用价值和理论价值

1. 注意选题的实用价值。选择的论题,应是与社会生活密切相关、为千百万人所关心的问题,特别是社会主义现代化建设事业中亟待解决的问题。这类问题反映着一定历史时期和阶段社会生活的重点和热点,是与广大人民群众的利益息息相关的。运用自己所学的理论知识对其进行研究,提出自己的见解,探讨解决问题的方法,意义深远。这不仅能使自己所学的书本知识得到一次实际的运用,而且能提高自己分析问题和解决问题的能力。有现实意义的选题大致有三个来源:一是社会主义现代化建设事业中亟待回答的重大理论和实践问题。如建立现代企业制度,抑制通货膨胀,精神文明建设,和谐社会构建,民主法制建设,加强廉政建设等等。二是本地区、本部门、本行业在工作实践中遇到的理论和现实问题。三是作者本人在工作实践中提出来的理论和现实问题。如职工的思想政治工作问题,领导方法和领导艺术问题,职业道德教育问题等。

2. 注意选题的理论价值。我们强调选题的实用价值,并不等于急功近利的实用主义,也绝非提倡选题必须有直接的效益作用。作为毕业论文,无论是形式还是内容都和工作总结、调查报告有较大的区别。毕业论文由论点、论据、论证三大要素构成,文章要以逻辑思维的方式为展开依据,在事实的基础上展开严谨的推理过程,得出令人信服的结论。它着重探讨和研究事物发展的客观规律,阐述自己对这些规律的了解与认识,给人以认识上的启迪。因此,选择现实性较强的选题,还要考虑其有无理论和认识上的价值,即有无普遍性的意义,能否进行理论的分析和综合,从个别上升到一般,从具体上升为抽象。

（二）重视收集、分析材料,力求有新的创意

所谓新的创意,即论文中表现自己的新看法、新见解、新观点。有了较新颖的观点（即在某一方面或某一点上能给人以启迪）,文章就有了灵魂,有了存在的价值。对文章的新意,可以从以下几个方面着眼：

1. 从观点、题目到材料直至论证方法全是新的。这类论文写好了,价值较高,社会影响也大,但写作难度大。选择这一类题目,作者须对某些问题有相当深入的研究,且有扎实的理论功底和写作经验。对于毕业论文来讲,限于条件,选择这类题目要十分慎重。

2. 以新的材料论证旧的选题,从而提出新的或部分新的观点、新的看法。如职工思想政治工作这个题材,是前些年研究的热点问题之一,已出了大量的研究成果,可以说是老题材了。可有的人敏锐地抓住了企业实行股份制后,职工思想出现的波动和变化,收集了大量新的第一手材料,写出了《股份制企业职工思想政治工作的特点及方法》一文,读后使人有耳目一新之感。

3. 对已有的观点、材料、研究方法提出质疑,虽然没有提出自己新的看法,但能够启发人们重新思考问题。

以上三个方面并不是对"新意"的全部概括,但只要能做到其中一点,就可以认为文章的选题有了新意。要发现有新意的选题,首先,要善于观察。社会生活就像一个变化无穷的"万花筒",各个领域、各个方面的事物及其矛盾都在不断地运动、变化、发展着,旧的矛盾解决了,新的矛盾又产生。在当前社会主义现代化建设事业中,我们面临新旧体制转换、市场经济的发展、党风和社会风气等许多新情况、新问题,不仅原有的理论要再认识、再发展,而且需要创立许多新的理论。我们要善于观察,勤于思索,从大处着眼,小处入手,在事物的运动、发展中寻找适合自己撰写的具有新意的毕业论题。其次,要善于积累和分析材料。过去已经形成的理论,包括教科书上的一些观点,随着实践的发展,研究的深入,还可以进行再认识。这就要求我们平时注意收集材料、积累材料、分析材料。对有关方面的问题要弄清楚别人写过什么东西,有些什么论点,有何争论及分歧的焦点是什么,等等。在深入研究已有成果的基础上,将收集到的材料作一番加工、整理工作,把别人认识的成果作为自己的起点,在前人和他人认识的基础上写出自己见解的毕业论文。

（三）量力而行,选择有能力完成的论题

选题的方向、大小、难易都应与自己的知识积累、分析问题和解决问题的能力及写作经验等相适应。

知识和能力的积累是一个较长的过程,不可能靠一次毕业论文写作就突飞猛进。因此,选题时要量力而行,客观地分析和估计自己的能力。如果理论基础比较好,又有较强的分析概括能力,那就可以选择难度大一些、内容复杂一些的选题,对自己定下的标准高一些,这样有利于锻炼自己,增长才干。如果自己觉得综合分析一个大问题比较吃力,那

么题目就应定得小一些，便于集中力量抓住重点，把某一问题说深说透。其次，要充分考虑自己的特长和兴趣。应当看到，大学生的学识水平是有差距的。在选题时，要尽可能选择那些能发挥自己的专长，学有所得、学有所感的选题。同时还要考虑到自己的兴趣和爱好。兴趣浓厚，研究的欲望就强烈，内在的动力和写作情绪就高，成功的可能性也就越大。

要选好论文的论题，量力而行的原则是很重要的。首先，题目的难易要适中。选题既要有知难而进的勇气和信心，又要做到量力而行。许多同学在选择毕业论文论题时，跃跃欲试，想通过论文的写作，将自己几年来的学习所得充分反映出来，因此着眼于一些学术价值较高、角度较新、内容较奇的选题。这种敢想敢做的精神是值得肯定的，但如果难度过大，超过了自己所能承担的范围，一旦盲目动笔，就很可能陷入中途写不下去的被动境地，而且也容易使自己失去写作的自信心。反之，自己具备了一定的能力和条件，却将论文选题选得过于容易，这样也不能反映出自己真实的水平，而且也达不到通过撰写毕业论文锻炼自己、提高自己的目的。

其次，题目的大小要适度。一般来说宜小不宜大，宜窄不宜宽。选题太大把握不住，难以深入细致，容易泛泛而论。因为大题目需要掌握大量的材料，不仅要有局部的，还要有全局性的，不仅要有某一方面的，而且还要有综合性的。而写作毕业论文的时间有限，业余学习的学生还要受到工作、家务等牵累，要在短时间内完成大量的材料收集工作是比较困难的。当然，题目大小的区分也是相对的，并无绝对的、一成不变的界限。大题可以小作，小题也可以大作，这要根据作者的实际情况来加以确定。

四、学术论文的结构和写法

学术论文通常由标题、署名、内容摘要、关键词、正文、注释与参考文献等六个部分构成。

（一）标题

标题通常是文章的中心论点。标题应简明、扼要、醒目，或点明论题，或概括论点，或提问设疑。总之，要能反映毕业论文的主要内容或基本论点。

（二）署名

标题下一行写明作者的专业、班级和姓名。

（三）内容摘要

即正文之前对全文内容进行概括性陈述的部分。它要求用精练的语言说明毕业论文的主要论点、论据与论证方法，特别是要指出论文的创新之处。摘要的字数一般为150字左右。

（四）关键词

又称主题词。即在论证中起关键作用，反映论文核心内容的名词或名词性词组。一篇毕业论文一般有3至6个关键词。

（五）正文

这是论文最重要的组成部分，一般包括绪论、本论和结论三个部分。

1. 绪论。又称前言、引言、引论等。主要说明全文要论述的问题，论述该问题的目的和社会意义等。

2. 本论。即论文的主体部分,是对要论述的问题展开分析,对其中的观点加以证明,全面、详尽、集中地表述研究成果的部分。它在层次或段落之前,或使用小标题,或使用数码标示。采用的结构形式通常有以下三种:

(1) 并列式,也称横式结构。即围绕总论点并列设立几个分论点,从不同角度、不同侧面对总论点进行阐释、论证的结构形式。毕业论文大多采用这种结构形式。

(2) 递进式,也称纵式结构。即由浅入深,一层一层地对总论点进行阐释、论证的结构形式,后一个层次是前一个层次的深化,后一部分是前一部分的发展。

(3) 混合式,也称纵横式或综合式结构。即综合运用并列结构形式和递进结构形式。或者大层次为并列结构形式,在一些层次中又采用递进结构形式;或者大层次为递进结构形式,而一些层次中又采用并列结构形式;或者并列结构形式和递进结构形式分散用在本论的不同地方。

4. 结论。又叫结尾。一般要以相对独立的段落对本论中的主要观点作出高度概括,表明作者总的看法和意见。结论是对本论的必然延伸。结论应写得简明扼要。

(六) 注释和参考文献

注释指在文后列出文章中引文的出处。一般包括作者、篇名(或书名)、出版社(或刊物名)、页码等。参考文献指在论文写作过程中,自己借鉴和使用了哪些作者的哪些作品,这是对正文必要的补充,也是作者产生创见的根据。参考文献一般包括作者姓名、书名(或篇名)、出版社(或刊物名)以及出版时间、版次(或期刊号)。

五、学术论文常用的论证方法

(一) 例证法

例证法,又叫举例法。即运用归纳推理进行论证的一种方法,即用典型的事例作论据来直接证明论点的议论方法。

(二) 引证法

引证法,又叫引用法。即引用一些权威性的理论、经典作家的言论、党和政府的文件、科学的定义、格言、谚语等作论据来证明论点的方法。

(三) 比喻法

比喻法,即用容易理解的浅显具体的事物、道理作比喻,来说明不易理解的深奥抽象的事物或道理的方法。例如:"调查就像'十月怀胎',解决问题就如'一朝分娩'。"

(四) 比较法

即通过事物之间的比较来证明论点的方法。有比较才有鉴别,这种方法可以使论点更加鲜明突出,文章更有说服力。

(五) 因果法

因果法,即通过分析,揭示论点和论据之间的因果关系以证明论点正确的方法。可由因及果,也可由果溯因。

(六) 归谬法

归谬法,即先假定对方的论点是正确的,接着以此为前提,进行合乎逻辑的推理,但只能引出荒谬的结论,从而证明对方论点错误的论证方法。

一篇毕业论文不可能只用一种论证方法，通常是几种论证方法有机地综合在一起运用。

公告与启事的应用域辨析

徐四海

内容摘要：公告和启事虽然都是公开告知公众有关信息的应用文书，但它们的性质、特点、应用域、语言风格等方面均有很大的差异。公告宣告的庄严性、作者的限定性、事项的重要性、传播的广泛性、发布的权威性、执行的约束性、语言的庄重性是启事所不具备的，而启事内容的事务性、作者的多样性、应用的灵活性、发布的期待性、响应的自主性、语言的诚恳性，也是公告所没有的。使用文书时必须慎重选择文种，不可随意混用。

关键词：公告；启事；性质；特点；应用域

公告与启事是两种不同性质的应用文书，各有自己的应用域，然而，在实践中许多机关、团体、企事业单位，甚至个人无限地扩大公告的应用域，把本该用启事公开的事情用公告来发布，像这类文种使用混乱的现象十分普遍。笔者随手翻阅了2009年11月12日的《扬子晚报》，发现上面刊载的所有启事都误用了公告的形式。例如，《江苏省溧水县国有建设用地使用权挂牌出让公告》、《江苏爱涛拍卖有限公司拍卖公告》、《拍卖公告》(江苏省天衡拍卖有限公司发布)、《注销公告》(南京平江大酒店有限公司发布)、《纪念堂搬迁公告》(南京市秦淮区房产管理局集体土地征地拆迁安置办公室发布)、《减资公告》(南通安迪手套有限公司发布，内容为原注册资本300万美元减至150.2968万美元)、《江苏省洪泽县面向全国公开招聘优秀人才公告》、《售房公告》(张先生发布)等。本文拟从公告、启事的性质、特点、结构等方面进行比较辨析，指出其各自的应用域。

一、公告的性质、特点、应用域与写作结构

据《现代汉语规范词典》，"公告"有两个义项，一为名词，指"以政府或团体名义向国内外宣布重要事项的文告"。二为动词，指"公开宣布"，如"特此公告"[1]。作为法定公文，2000年8月24日国务院发布的《国家行政机关公文处理办法》指出："公告适用于向国内外宣布重要事项或者法定事项。"宣布重要事项的，如：《国务院公告》(内容是"为表达全国各族人民对四川汶川大地震遇难同胞的深切哀悼，国务院决定2008年5月19日至21日为全国哀悼日")、《中华人民共和国财政部公告》(内容为"发行2009年记账式贴现〔二十三期〕国债")、《中华人民共和国全国人民代表大会公告》(内容为公布选举结果："胡锦涛为中华人民共和国主席、习近平为中华人民共和国副主席")；宣布法定事项的，如《北京市人民代表大会常务委员会公告》(内容为公布《北京市制定地方性法规条例修正案》)。

公告具有以下几个主要特征：一是发布主体规格高。公告由国家领导机关或最高权力机关发布，如国务院、全国人民代表大会及其常务委员会。新华社受权可向国外发布公告。二是事项的重要性。公告公布的是国家"重要事项"或者"法定事项"（省级权力机关人民代表大会及其常务委员会也用于公布"法定事项"），非重要事项、非法定事项不宜用公告。三是传播的广泛性。公告告知的地域范围是国内或国外，利用的传播媒介常常是报纸、广播、电视等，一般不利用杂志和网络，也不采用张贴的方式。四是公告的法定事项具有较强的约束力和一定的强制性，必须遵照执行，不需要商量，也没有商量的余地[2]。此外，公告在一定程度上还具有新闻的特点，发布形式也具有新闻性特征。

公告主要用于国家领导机关或最高权力机关向公众公布政策法令，说明采取重大行动的目的，宣布禁止妨害国家和公共利益的行为的有关规定，以及其他需要公众了解的重要事项。例如，公布国家领导机构的选举结果；宣布党和国家主要领导人出访；公布重要领导人或重要人士逝世的消息；宣布重要会议的召开或所形成的重要决议或决定；公布各级立法机构颁布的法律、法令、法规；宣布涉及国内外有关方面重要规定和重大行动，答谢国外有关部门和人士对我国重大政治活动的祝贺等。国家有关部门经授权也可以发布公告。而级别较低的国家行政机关、团体、企事业单位，则不宜使用公告[3]。

公告的结构一般包括标题、正文、落款三个部分。标题，主要有三种形式。其一，由发文机关、事项和文种构成。如《国务院办公厅关于夏时制的公告》。其二，由发文机关和文种构成，省去发文事项。如《中华人民共和国全国人民代表大会公告》。其三，只写"公告"二字，省去发文机关和发文事项。正文，包括公告依据、公告事项、公告结语三项内容。公告事项是公告的核心部分。公告的内容不同，写法也因文而异。有时用贯通式写法，有时分条列出。公告结语一般用"特此公告"的格式化用语。也有专用一个自然段来写执行要求结尾的，或既不写执行要求，也不用"特此公告"结语，事完文止的。落款，包括公告机关名称和日期两项。如果标题中已写明公告机关名称，则可以省略公告机关名称。

写作公告要符合权限要求，明确应用范围。要注意条理清楚，用语准确，简明庄重。语气不容置疑。

二、启事的性质、特点、应用域与写作结构

"启事"一词最初见于晋代典籍。"启"有"陈述"、"告诉"的意思。"事"即"事情"。启事，就是公开陈述事情。《三国志·魏书·董卓传》："召呼三台尚书以下，自诣卓府启事。""启事"后来由动词转化为名词，指陈述事情的书函。《晋书·山涛传》："涛所奏甄拔人物，各为题目，时称山公启事。"在现代汉语中，"启事"是名词，指一种日常应用文体。《现代汉语规范词典》解释，启事是"为了说明某事而公开发表的文字"[4]。地方各级行政机关、企事业单位、团体或个人凡有事需要向公众说明情况并期待公众关心、帮助、协作、支持或参与办理某事的，都可以应用启事这一文体。启事通常在公共场所张贴或利用报刊、广播、电视、网络等媒体向公众广而告之。

启事的文体特点是：其一，内容的事务性。几乎任何一类事项都可以用启事向公众陈述[5]。其二，作者的广泛性。地方各级行政机关、企事业单位、社会团体、个人都可以使用启事。其三，发布的期待性。发布者希望有更多的公众了解公布的事项，并积极支持、帮助或参与告知的事项。其四，没有约束力。启事不是法定公文，因此不具有强制公众承担某种责任或义务的作用。其五，响应的自主性。公众有响应、参与或不响应、不参与的自主性。

启事应用范围十分广泛，种类繁多。根据启事者的身份，可分为公务启事和私人启事两大类。根据启事的形式，可以分为张贴启事、报刊启事、广播启事、电视启事、网络启事五大类。根据内容，可划分为告知类启事、找寻类启事和征求类启事三大类[6]。

告知类启事用于向社会公众说明情况，并希望引起公众注意、关心或参与。例如，开业、庆典、停业、迁址、更名、更正、换证、改期、通联信息变更、票证遗失或作废、致歉、致谢等常用这类启事。找寻类启事用于找寻丢失的钱物、资料等，或因有人走失、下落不明而期待公众协助找寻等。例如，寻人、寻物常用这类启事。征求类启事用于请求公众关照、配合或参与。例如，招聘、招工、招标、招商、招租、招领、征订、征稿、征婚、征地、征兵等常用这类启事。

启事的结构一般包括标题、正文、附启和落款四个部分。标题的写法有五种。其一，由事项和文种构成，如《搬迁启事》、《寻人启事》、《招领启事》等。其二，由单位名称、事项和文种构成。例如，《××中学建校60周年校庆启事》、《××集团公司更名启事》、《××酒店招聘公关部经理启事》、《××晚报社征订启事》等。其三，由单位名称和文种构成。例如，《××电信局启事》、《××有限责任公司启事》等。其四，只写"启事"二字。其五，如果内容重要或紧急，可在文种前加上相关说明，如《重要启事》、《××股份有限公司紧急启事》等[7]。正文，主要说明启事的事项，是启事的核心部分。不同类型的启事有不同的结构。一般包括两个部分。一是说明启事的目的、意义或原由。必要时还可对启事者作一简单介绍。二是启事的事项。应具体说明提请公众了解、关注、支持或参与的事项，操作方式，以及起止时间、地点、条件、要求、特征、声明、致意或酬谢等。启事没有格式化的结语，某报社发布一则与某传媒有限公司的协议到期的"启事"，竟以"特此公告"作结语，混淆公告与启事两种文体的写作结构，这是非常不应该的（详见《扬子晚报》2009年12月5日A8版）。附启，在正文之下，主要写联系地址、联系人姓名、联系电话、有效时间等。落款，包括署名和日期。在附启的右下方写上启事者的名称或姓名，在名称或姓名下写上发布时间。

写作启事应尽量从公众的角度考虑，使公众既能获取自己所需的信息，又便于参与和操作，因此应该说明全面，交代具体，措辞准确。同时用语要热情、恳切、文明、实事求是。只有态度诚恳、语言有礼貌、言辞恳切、不讲空话、假话，才能使公众产生信任感，激起参与的欲望，最终达到启事的目的。

三、公告与启事的主要区别

明确了公告和启事的性质、特点、应用域和写作结构后，我们再来比较一下它们之间的主要区别。

1. 使用者地位不同。公告是法定公文,发布的权力被限制在高层行政机关。公告多以国家的名义向国内外宣布重要事项或法定事项。一些国内外公众普遍关心的事项也使用公告宣布。某些国家部门经授权,也可以代表国家向国内外发布公告。启事是一般性的应用文书,既可以用于处理公务,也可以用于处理个人私事。地方各级行政机关、企事业单位、社会团体及个人需要公众周知某些具体事项,而又不必或不能以通知、通告、公告等文种行文时,均可应用启事这一文种。

2. 事项重要程度不同。公告内容涉及国家重要法规、重大决定、重大事件或重要新闻。有些事项是专门对国外发布的,如新华社受权公告。启事公开的多为事务性的内容或个人的表白,或者是发布者希望得到公众帮助、支持、参与或谅解的请求。

3. 约束力与强制性不同。公告重在"告",具有庄重、严肃的特点和应该了解的要求或必须执行的力量。它要告诉公众某些重要事项或公布法定事项,希望广大公众知道告知的内容,或希望公众明白告知的内容并遵照实行,尤其是禁管性公告有极强的约束力。启事重在"启",也就是说明事项、陈述请求或表白自己。启事只能以说明、动员的方式期待公众的支持、配合或参与,对公众没有任何支配和约束作用。[8]

4. 写作结构与人称不同。国家质量技术监督局于1999年12月27日发布的《国家行政机关公文格式》(国家标准 GB/T9704—1999)是我国目前公告写作格式的唯一标准。启事的格式没有统一的国家标准,内容不同,写作结构也随之变化。公告采用第三人称写作;启事既可以采用第一人称,也可以用第三人写作,有较大的灵活性。

5. 传播方式与范围不同。公告是面向国内或国外发布的,主要借助报纸、广播、电视等大众媒介传播。公告的应用域比较狭小,但传播的范围十分广泛。启事的传播方式十分灵活,张贴、信函、电视、广播、报纸、杂志、网络等都可以作为传播媒介。启事的应用域非常广泛,但通常只在某一区域或更小的范围内发布,因此传播范围相对狭小。

6. 语言风格不同。公告发布者的高层性决定了公告语言庄重严肃的特点;事项的重要性决定了公告语言严谨规范的特点;执行的强制性决定了公告语言不容置疑的特点;传播的广泛性决定了公告语言简洁明了的特点。启事内容的事务性,事项的表白性,诉求的期盼性,决定了启事语言平易、恳切、真诚的特点。

四、结束语

综上所述,公告和启事虽然都是公开告知公众有关信息的应用文书,但它们的性质、特点、写作结构和应用域均有较大的差异。公告宣告的庄严性、作者的限定性、事项的重要性、传播的广泛性、发布的权威性、执行的约束性是启事所不具备的,而启事内容的事务性、作者的多样性、应用的灵活性、发布的期待性、响应的自主性,也是公告所没有的。

在应用文书写作实践中,把重要事项和法定事项用启事发布的很难见到,但把事务启事和私人启事用公告发布的则非常普遍,这除了写作者对公告和启事各自的性质、特点、应用域缺乏了解外,最主要的原因可能是一些写作者的攀高和崇上心理作祟。这种借公告来提高信息的权威性,强调事项的重要性,增加参与的影响力的做法是不可取的。我们希望写作应用文书时必须慎重选择文种,不可随意混用。

参考文献

[1][4] 李行健. 现代汉语规范词典[K]. 北京:外语教学与研究出版社,语文出版社,2004:451,1023.
[2] 姬瑞环,卢颖,崔德立. 商务文书写作与处理(第2版)[M]. 北京:中国人民大学出版社,2008:76.
[3] 郑秀珍,陈桂华,洪涛. 应用写作[M]. 武汉:华中科技大学出版社,2006:20-22.
[5] 张玲莉,张丽莉,郭春燕. 秘书国家职业资格培训教程——五级秘书·国家职业资格五级[M]. 北京:中央广播电视大学出版社,2006:145-147.
[6] 周冠生. 应用文写作[M]. 北京:机械工业出版社,2008:183.
[7] 杨文丰. 高职应用写作[M]. 北京:高等教育出版社,2006:167.
[8] 叶坤妮. 新编实用文体写作教程[M]. 长沙:中南大学出版社,2006:108-109,132.

 教师评析

这篇学术论文紧紧围绕论题展开论述,标题告诉读者文章论述的主要内容;内容摘要概括了文章的主要论点、论据与论证方法;关键词反映文章的核心内容。正文绪论部分提出文章将要分析的问题、分析论证的方法,以及分析研究这一问题的实用价值与理论价值;本论部分采用并列式即横式结构,围绕主题,从三个方面对提出的问题展开分析,并用小标题反映各部分的内容;结论部分照应绪论提出的问题,指出两种应用文书尤其是公告经常被误用的主客观原因,强化了主要论点。参考文献是对正文必要的补充,作者把注释和参考文献合二为一,书写格式规范。

 技能训练

一、正确选择学术论文选题,全面评析学术论文的结构和论述方法

 **分析与写作**

著名科学家爱因斯坦曾经说过:"提出一个问题往往比解决一个问题更重要,因为解决问题也许仅是一个数学上或实验上的技能而已,而提出新的问题,却需要有创造性的想象力,而且标志着科学的真正进步。"提出问题是科学发现的起点,选择有一定价值的论题是写作毕业论文重要的起始环节。学生经过毕业论文指导教师的指点,一般都能做到正确选择毕业论文选题。而缺乏指导的毕业论文选题,往往会给作者带来困扰,结果是劳而无功。

 教学互动

1. 文化产业管理专业王同学的毕业论文选题是《浅谈张爱玲小说的语言艺术》。
2. 一位财会专业的同学经过反复考虑,确定了毕业论文的选题《试论我国经济可持续发展的趋势》。
3. 工商企业管理专业李同学的毕业论文选题是《浅谈东屏县城东4S店的员工招聘

策略》。

以上几个毕业论文选题合适吗？为什么？指导教师会同意他们写作吗？

 教师评析

文化产业管理专业王同学的毕业论文选题是汉语言文学专业的选题，不符合文化产业管理专业的要求；财会专业这位同学的选题太大，肯定没有能力完成；工商企业管理专业李同学毕业论文的选题过小，无法展开写作。以上几个同学的毕业论文选题都不合适，指导教师是不会同意他们写作的。

二、综合测试

（一）填空

1. 科技文书可以分为_____实验报告、_____和科普文章三种类型。
2. 学术论文的选题要注重_____价值和_____价值。
3. 学术论文的正文一般由_____、_____和_____三个部分组成。
4. 学术论文的内容摘要要求用精练的语言说明毕业论文的主要_____、_____与_____方法，特别是要指出论文的创新之处。

（二）解释名词

1. 科技文书
2. 关键词
3. 本论
4. 并列式
5. 例证法

（三）简答

1. 科技文书有哪些特点？
2. 怎样理解学术论文选择论题要量力而行的原则？
3. 编写学术论文写作提纲是为了要实现哪些目的？
4. 学术论文参考文献有什么作用？参考文献要写明哪些项目？

（四）阅读分析

模仿"教师评析"的方法，自选一篇学术论文作全面评析。

附　录

一、党政机关公文处理工作条例
（二〇一二年四月十二日）

第一章　总　则

第一条　为了适应中国共产党机关和国家行政机关（以下简称党政机关）工作需要，推进党政机关公文处理工作科学化、制度化、规范化，制定本条例。

第二条　本条例适用于各级党政机关公文处理工作。

第三条　党政机关公文是党政机关实施领导、履行职能、处理公务的具有特定效力和规范体式的文书，是传达贯彻党和国家方针政策，公布法规和规章，指导、布置和商洽工作，请示和答复问题，报告、通报和交流情况等的重要工具。

第四条　公文处理工作是指公文拟制、办理、管理等一系列相互关联、衔接有序的工作。

第五条　公文处理工作应当坚持实事求是、准确规范、精简高效、安全保密的原则。

第六条　各级党政机关应当高度重视公文处理工作，加强组织领导，强化队伍建设，设立文秘部门或者由专人负责公文处理工作。

第七条　各级党政机关办公厅（室）主管本机关的公文处理工作，并对下级机关的公文处理工作进行业务指导和督促检查。

第二章　公文种类

第八条　公文种类主要有：

（一）决议。适用于会议讨论通过的重大决策事项。

（二）决定。适用于对重要事项作出决策和部署、奖惩有关单位和人员、变更或者撤销下级机关不适当的决定事项。

（三）命令（令）。适用于公布行政法规和规章、宣布施行重大强制性措施、批准授予和晋升衔级、嘉奖有关单位和人员。

（四）公报。适用于公布重要决定或者重大事项。

（五）公告。适用于向国内外宣布重要事项或者法定事项。

（六）通告。适用于在一定范围内公布应当遵守或者周知的事项。

（七）意见。适用于对重要问题提出见解和处理办法。

（八）通知。适用于发布、传达要求下级机关执行和有关单位周知或者执行的事项，批转、转发公文。

（九）通报。适用于表彰先进、批评错误、传达重要精神和告知重要情况。

（十）报告。适用于向上级机关汇报工作、反映情况，回复上级机关的询问。

（十一）请示。适用于向上级机关请求指示、批准。

（十二）批复。适用于答复下级机关请示事项。

（十三）议案。适用于各级人民政府按照法律程序向同级人民代表大会或者人民代表大会常务委员会提请审议事项。

（十四）函。适用于不相隶属机关之间商洽工作、询问和答复问题、请求批准和答复审批事项。

（十五）纪要。适用于记载会议主要情况和议定事项。

第三章 公文格式

第九条 公文一般由份号、密级和保密期限、紧急程度、发文机关标志、发文字号、签发人、标题、主送机关、正文、附件说明、发文机关署名、成文日期、印章、附注、附件、抄送机关、印发机关和印发日期、页码等组成。

（一）份号。公文印制份数的顺序号。涉密公文应当标注份号。

（二）密级和保密期限。公文的秘密等级和保密的期限。涉密公文应当根据涉密程度分别标注"绝密"、"机密"、"秘密"和保密期限。

（三）紧急程度。公文送达和办理的时限要求。根据紧急程度，紧急公文应当分别标注"特急"、"加急"，电报应当分别标注"特提"、"特急"、"加急"和"平急"。

（四）发文机关标志。由发文机关全称或者规范化简称加"文件"二字组成，也可以使用发文机关全称或者规范化简称。联合行文时，发文机关标志可以并用联合发文机关名称，也可以单独用主办机关名称。

（五）发文字号。由发文机关代字、年份、发文顺序号组成。联合行文时，使用主办机关的发文字号。

（六）签发人。上行文应当标注签发人姓名。

（七）标题。由发文机关名称、事由和文种组成。

（八）主送机关。公文的主要受理机关，应当使用机关全称、规范化简称或者同类型机关统称。

（九）正文。公文的主体，用来表述公文的内容。

（十）附件说明。公文附件的顺序号和名称。

（十一）发文机关署名。署发文机关全称或者规范化简称。

（十二）成文日期。署会议通过或者发文机关负责人签发的日期。联合行文时，署最后签发机关负责人签发的日期。

（十三）印章。公文中有发文机关署名的，应当加盖发文机关印章，并与署名机关相符。有特定发文机关标志的普发性公文和电报可以不加盖印章。

（十四）附注。公文印发传达范围等需要说明的事项。

（十五）附件。公文正文的说明、补充或者参考资料。

（十六）抄送机关。除主送机关外需要执行或者知晓公文内容的其他机关，应当使用机关全称、规范化简称或者同类型机关统称。

（十七）印发机关和印发日期。公文的送印机关和送印日期。

第十条　公文的版式按照《党政机关公文格式》国家标准执行。

第十一条　公文使用的汉字、数字、外文字符、计量单位和标点符号等，按照有关国家标准和规定执行。民族自治地方的公文，可以并用汉字和当地通用的少数民族文字。

第十二条　公文用纸幅面采用国际标准A4型。特殊形式的公文用纸幅面，根据实际需要确定。

第四章　行文规则

第十三条　行文应当确有必要，讲求实效，注重针对性和可操作性。

第十四条　行文关系根据隶属关系和职权范围确定。一般不得越级行文，特殊情况需要越级行文的，应当同时抄送被越过的机关。

第十五条　向上级机关行文，应当遵循以下规则：

（一）原则上主送一个上级机关，根据需要同时抄送相关上级机关和同级机关，不抄送下级机关。

（二）党委、政府的部门向上级主管部门请示、报告重大事项，应当经本级党委、政府同意或者授权；属于部门职权范围内的事项应当直接报送上级主管部门。

（三）下级机关的请示事项，如需以本机关名义向上级机关请示，应当提出倾向性意见后上报，不得原文转报上级机关。

（四）请示应当一文一事。不得在报告等非请示性公文中夹带请示事项。

（五）除上级机关负责人直接交办事项外，不得以本机关名义向上级机关负责人报送公文，不得以本机关负责人名义向上级机关报送公文。

（六）受双重领导的机关向一个上级机关行文，必要时抄送另一个上级机关。

第十六条　向下级机关行文，应当遵循以下规则：

（一）主送受理机关，根据需要抄送相关机关。重要行文应当同时抄送发文机关的直接上级机关。

（二）党委、政府的办公厅（室）根据本级党委、政府授权，可以向下级党委、政府行文，其他部门和单位不得向下级党委、政府发布指令性公文或者在公文中向下级党委、政府提出指令性要求。需经政府审批的具体事项，经政府同意后可以由政府职能部门行文，文中须注明已经政府同意。

（三）党委、政府的部门在各自职权范围内可以向下级党委、政府的相关部门行文。

（四）涉及多个部门职权范围内的事务，部门之间未协商一致的，不得向下行文；擅自行文的，上级机关应当责令其纠正或者撤销。

（五）上级机关向受双重领导的下级机关行文，必要时抄送该下级机关的另一个上级机关。

第十七条　同级党政机关、党政机关与其他同级机关必要时可以联合行文。属于党委、政府各自职权范围内的工作，不得联合行文。

党委、政府的部门依据职权可以相互行文。部门内设机构除办公厅(室)外不得对外正式行文。

第五章 公文拟制

第十八条 公文拟制包括公文的起草、审核、签发等程序。

第十九条 公文起草应当做到：

(一)符合国家法律法规和党的路线方针政策,完整准确体现发文机关意图,并同现行有关公文相衔接。

(二)一切从实际出发,分析问题实事求是,所提政策措施和办法切实可行。

(三)内容简洁,主题突出,观点鲜明,结构严谨,表述准确,文字精练。

(四)文种正确,格式规范。

(五)深入调查研究,充分进行论证,广泛听取意见。

(六)公文涉及其他地区或者部门职权范围内的事项,起草单位必须征求相关地区或者部门意见,力求达成一致。

(七)机关负责人应当主持、指导重要公文起草工作。

第二十条 公文文稿签发前,应当由发文机关办公厅(室)进行审核。审核的重点是：

(一)行文理由是否充分,行文依据是否准确。

(二)内容是否符合国家法律法规和党的路线方针政策;是否完整准确体现发文机关意图;是否同现行有关公文相衔接;所提政策措施和办法是否切实可行。

(三)涉及有关地区或者部门职权范围内的事项是否经过充分协商并达成一致意见。

(四)文种是否正确,格式是否规范;人名、地名、时间、数字、段落顺序、引文等是否准确;文字、数字、计量单位和标点符号等用法是否规范。

(五)其他内容是否符合公文起草的有关要求。

需要发文机关审议的重要公文文稿,审议前由发文机关办公厅(室)进行初核。

第二十一条 经审核不宜发文的公文文稿,应当退回起草单位并说明理由;符合发文条件但内容需作进一步研究和修改的,由起草单位修改后重新报送。

第二十二条 公文应当经本机关负责人审批签发。重要公文和上行文由机关主要负责人签发。党委、政府的办公厅(室)根据党委、政府授权制发的公文,由受权机关主要负责人签发或者按照有关规定签发。签发人签发公文,应当签署意见、姓名和完整日期;圈阅或者签名的,视为同意。联合发文由所有联署机关的负责人会签。

第六章 公文办理

第二十三条 公文办理包括收文办理、发文办理和整理归档。

第二十四条 收文办理主要程序是：

(一)签收。对收到的公文应当逐件清点,核对无误后签字或者盖章,并注明签收时间。

(二)登记。对公文的主要信息和办理情况应当详细记载。

(三)初审。对收到的公文应当进行初审。初审的重点是:是否应当由本机关办理,是否符合行文规则,文种、格式是否符合要求,涉及其他地区或者部门职权范围内的事项是否已经协商、会签,是否符合公文起草的其他要求。经初审不符合规定的公文,应当及时退回来文单位并说明理由。

(四)承办。阅知性公文应当根据公文内容、要求和工作需要确定范围后分送。批办性公文应当提出拟办意见报本机关负责人批示或者转有关部门办理;需要两个以上部门办理的,应当明确主办部门。紧急公文应当明确办理时限。承办部门对交办的公文应当及时办理,有明确办理时限要求的应当在规定时限内办理完毕。

(五)传阅。根据领导批示和工作需要将公文及时送传阅对象阅知或者批示。办理公文传阅应当随时掌握公文去向,不得漏传、误传、延误。

(六)催办。及时了解掌握公文的办理进展情况,督促承办部门按期办结。紧急公文或者重要公文应当由专人负责催办。

(七)答复。公文的办理结果应当及时答复来文单位,并根据需要告知相关单位。

第二十五条　发文办理主要程序是:

(一)复核。已经发文机关负责人签批的公文,印发前应当对公文的审批手续、内容、文种、格式等进行复核;需作实质性修改的,应当报原签批人复审。

(二)登记。对复核后的公文,应当确定发文字号、分送范围和印制份数并详细记载。

(三)印制。公文印制必须确保质量和时效。涉密公文应当在符合保密要求的场所印制。

(四)核发。公文印制完毕,应当对公文的文字、格式和印刷质量进行检查后分发。

第二十六条　涉密公文应当通过机要交通、邮政机要通信、城市机要文件交换站或者收发件机关机要收发人员进行传递,通过密码电报或者符合国家保密规定的计算机信息系统进行传输。

第二十七条　需要归档的公文及有关材料,应当根据有关档案法律法规以及机关档案管理规定,及时收集齐全、整理归档。两个以上机关联合办理的公文,原件由主办机关归档,相关机关保存复制件。机关负责人兼任其他机关职务的,在履行所兼职务过程中形成的公文,由其兼职机关归档。

第七章　公文管理

第二十八条　各级党政机关应当建立健全本机关公文管理制度,确保管理严格规范,充分发挥公文效用。

第二十九条　党政机关公文由文秘部门或者专人统一管理。设立党委(党组)的县级以上单位应当建立机要保密室和机要阅文室,并按照有关保密规定配备工作人员和必要的安全保密设施设备。

第三十条　公文确定密级前,应当按照拟定的密级先行采取保密措施。确定密级后,应当按照所定密级严格管理。绝密级公文应当由专人管理。

公文的密级需要变更或者解除的,由原确定密级的机关或者其上级机关决定。

第三十一条　公文的印发传达范围应当按照发文机关的要求执行;需要变更的,应当经发文机关批准。

涉密公文公开发布前应当履行解密程序。公开发布的时间、形式和渠道，由发文机关确定。

经批准公开发布的公文，同发文机关正式印发的公文具有同等效力。

第三十二条　复制、汇编机密级、秘密级公文，应当符合有关规定并经本机关负责人批准。绝密级公文一般不得复制、汇编，确有工作需要的，应当经发文机关或者其上级机关批准。复制、汇编的公文视同原件管理。

复制件应当加盖复制机关戳记。翻印件应当注明翻印的机关名称、日期。汇编本的密级按照编入公文的最高密级标注。

第三十三条　公文的撤销和废止，由发文机关、上级机关或者权力机关根据职权范围和有关法律法规决定。公文被撤销的，视为自始无效；公文被废止的，视为自废止之日起失效。

第三十四条　涉密公文应当按照发文机关的要求和有关规定进行清退或者销毁。

第三十五条　不具备归档和保存价值的公文，经批准后可以销毁。销毁涉密公文必须严格按照有关规定履行审批登记手续，确保不丢失、不漏销。个人不得私自销毁、留存涉密公文。

第三十六条　机关合并时，全部公文应当随之合并管理；机关撤销时，需要归档的公文经整理后按照有关规定移交档案管理部门。

工作人员离岗离职时，所在机关应当督促其将暂存、借用的公文按照有关规定移交、清退。

第三十七条　新设立的机关应当向本级党委、政府的办公厅（室）提出发文立户申请。经审查符合条件的，列为发文单位，机关合并或者撤销时，相应进行调整。

第八章　附　则

第三十八条　党政机关公文含电子公文。电子公文处理工作的具体办法另行制定。

第三十九条　法规、规章方面的公文，依照有关规定处理。外事方面的公文，依照外事主管部门的有关规定处理。

第四十条　其他机关和单位的公文处理工作，可以参照本条例执行。

第四十一条　本条例由中共中央办公厅、国务院办公厅负责解释。

第四十二条　本条例自 2012 年 7 月 1 日起施行。1996 年 5 月 3 日中共中央办公厅发布的《中国共产党机关公文处理条例》和 2000 年 8 月 24 日国务院发布的《国家行政机关公文处理办法》停止执行。

二、公务文书常用模式化特定词语简表

1	起首用语	主要用于文章开头，表示发语、引据	根据、依据、遵照、按照、奉、为、为了、由于、鉴于、兹定于、兹介绍、兹因、由于、接
2	称谓用语	用于表示人称或对单位的称谓	第一人称：我、我县、本人、本院、我们、敝公司 第二人称：你、你局、贵公司、贵方 第三人称：他、该公司、该项目、该同志
3	递送用语	用于表示文、物递送方向	上行：报、呈 平行：送 下行：发、颁发、颁布、发布、印发、下达
4	引叙用语	用于复文引据	悉、接、顷接、据、欣悉、收悉、敬悉、获悉
5	拟办用语	用于审批、拟办	拟办、责成、交办、试办、办理、执行
6	经办用语	用于表明进程	经、业经、已经、兹经、前经、通过、经过
7	过渡用语	用于承上启下	鉴于、为此、对此、为使、对于、关于、如下
8	期请用语	用于表示期望请求	上行：请、恳请、拟请、特请、报请 平行：请、诚请、特请、务请、如蒙、即请、切盼 下行：希、望、尚望、切望、请、希予、勿误
9	结尾用语	用于结尾表示收束	上行：当否；请批示；可否；请指示；如无不当，请批转；如无不妥，请批准；特此报告；以上报告，请批转；以上报告，请审核 平行：此致敬礼、为盼、为荷、特此函达、特此证明、尚望函复 下行：为要、为宜、为妥、希遵照执行、特此通知、此复、为……而努力、……现予公布
10	谦敬用语	用于表示谦敬	承蒙惠允、不胜感激、鼎力相助、蒙、承蒙
11	表态用语	用于上级对下级来文的处理	照办、准予、可行、不可行、同意、原则同意、不同意、准予备案
12	征询用语	用于征请、询问对有关事项的意见、态度	当否、妥否、可否、是否妥当、是否同意、如无不当、如无不妥、如果可行

主要参考书目

[1] 杨忠慧. 应用写作(第2版)[M]. 北京:中国财政经济出版社,2012.
[2] 徐四海. 财经写作训练教程[M]. 南京:河海大学出版社,2012.
[3] 王春. 应用文写作(第2版)[M]. 北京:清华大学出版社,北京交通大学出版社,2012.
[4] [加]荣炳铭. 职场写作力[M]. 上海惠安公司,编译. 上海:复旦大学出版社,2009.
[5] 贾勇. 应用文写作[M]. 北京:北京理工大学出版社,2012.
[6] 张元忠,张东风. 公务应用文写作与评析[M]. 武汉:华中科技大学出版社,2007.
[7] 王敏杰. 应用文写作实训[M]. 镇江:江苏大学出版社,2012.
[8] 王春泉,孙硕. 应用文写作范例大全[M]. 西安:三秦出版社,2004.
[9] 黄荣志. 应用公文写作(第四版)[M]. 广州:暨南大学出版社,2007.
[10] 杨文丰. 现代应用文书写作(第3版)[M]. 北京:中国人民大学出版社,2006.
[11] 李忠实. 新编公文写作必备全书[M]. 北京:中国致公出版社,2007.
[12] 倪浓水,黄雅玲. 应用公文写作[M]. 北京:海洋出版社,2012.
[13] 洪威雷,岳海翔,邱相国. 行政管理应用写作[M]. 北京:中国人民大学出版社,2011.
[14] 韩国海. 现代应用写作教程[M]. 杭州:浙江大学出版社,2002.
[15] 郑秀珍,陈桂华,洪涛. 应用写作[M]. 武汉:华中科技大学出版社,2006.
[16] 丁晓昌,冒志祥,胡元德. 应用写作学[M]. 苏州:苏州大学出版社,2002.
[17] 张芹玲. 应用文写作教程(第2版)[M]. 北京:高等教育出版社,2013.
[18] 李培芬. 最新应用文写作教程(2012版)[M]. 北京:中国人民公安大学出版社,2012.
[19] 牛殿庆,潘莉. 公文与日常应用文写作训练[M]. 北京:机械工业出版社,2008.
[20] 樊秀芳,佟伟. 应用文写作[M]. 北京:机械工业出版社,2012.
[21] 叶坤妮. 新编实用文体写作教程[M]. 长沙:中南大学出版社,2006.
[22] 付晓静,王希文. 新编现代应用文写作大全[M]. 武汉:湖北辞书出版社,2008.
[23] 史英新. 应用文写作[M]. 北京:高等教育出版社,2009.
[24] 薛瑞英. 新编应用文写作[M]. 北京:北京邮电大学出版社,2012.
[25] 赵华,吴公妍,曹众. 怎样写公务信函[M]. 北京:中国民主法制出版社,2011.
[26] 王立厚,丁超,方波. 职业应用文写作[M]. 成都:西南交通大学出版社,2012.